民法典背景下婚姻家庭、继承纠纷处理难点精解

MINFADIAN
BEIJINGXIA
HUNYIN JIATING JICHENG JIUFEN
CHULI NANDIAN JINGJIE

高兴 著

法律出版社 LAW PRESS · CHINA
——北京——

图书在版编目(CIP)数据

民法典背景下婚姻家庭、继承纠纷处理难点精解 / 高兴著. -- 北京 : 法律出版社, 2022
ISBN 978-7-5197-6497-5

Ⅰ. ①民… Ⅱ. ①高… Ⅲ. ①婚姻家庭纠纷-处理-中国②继承法-民事纠纷-处理-中国 Ⅳ. ①D923.9 ②D923.5

中国版本图书馆 CIP 数据核字(2022)第 044260 号

民法典背景下婚姻家庭、继承纠纷处理难点精解
MINFADIAN BEIJING XIA HUNYIN JIATING、JICHENG JIUFEN CHULI NANDIAN JINGJIE

高 兴 著

责任编辑 冯雨春 李 军
装帧设计 汪奇峰

出版发行 法律出版社
编辑统筹 法律应用出版分社
责任校对 晁明慧 王 皓
责任印制 刘晓伟
经　　销 新华书店

开本 710 毫米×1000 毫米 1/16
印张 20.5 **字数** 320 千
版本 2022 年 4 月第 1 版
印次 2022 年 4 月第 1 次印刷
印刷 三河市兴达印务有限公司

地址:北京市丰台区莲花池西里 7 号(100073)
网址:www.lawpress.com.cn
投稿邮箱:info@lawpress.com.cn
举报盗版邮箱:jbwq@lawpress.com.cn
销售电话:010-83938349
客服电话:010-83938350
咨询电话:010-63939796

书号:ISBN 978-7-5197-6497-5
定价:88.00 元

凡购买本社图书,如有印装错误,我社负责退换。电话:010-83938349

前　言

2020年我国《民法典》颁布，恰逢《婚姻法》颁布70周年。被称为“家事法”的婚姻家庭法、继承法回归民法，就理论研究和法律实务而言，都是绕不开的课题。笔者由此萌生了写作本书的想法。

本书选取了家事法领域的30个有争议的实务问题，每个问题独立成篇。所谓实务，是指这些问题直接与当事人诉争的利益相关，在现实生活和司法实践中确实经常发生，是面向实务的问题，而非纯粹的理论问题（尽管实务问题的解决也须以对理论的构建和遵循为基础）。所谓有争议，是指这些问题大多没有定论，或学界观点不一，或审判结果各异，而非翻出法条就能找到“标准答案”的问题。

本书注重将理论研究和司法实践中的不同观点都呈现出来，尽量避免“自说自话”，以偏概全。但这也不是一篇篇观点综述，本书对提出的每一个问题，都会尝试运用《民法典》及司法解释的最新规定和相关民法理论进行分析，并给出见解和结论。同时，本书不是办案心得，多年的家事律师执业经历确实带给笔者许多关于生活、关于工作的感悟，但本书还是只谈法律。

本书不是一本案例集，重在分析问题而非解读案例，但因为写作主题的实务面向，不可避免须引用一些案例。本书的原则是：案例为注解观点服务，而不是观点为注解案例服务。基于这一原则，本书对案例的引用尽可能精简，有的高度概括案情，去除一切不必要信息；有的连案情也略去，只列出法院名称和案号，读者可自行在裁判文书公布平台上查阅。总之，避免因对裁判文书的大段引用而占据篇幅。

本书中的部分内容，曾在一些学术论坛、期刊或集刊、微信公众号上发表。在本书中，笔者对这些已有成果进行了修改完善。其他部分则是笔者在平时积累的基础上进行的全新写作。写作源于思考，尽管这些思考在深度和广度上仍多有不尽如人意之处，甚至不乏误区，但笔者相信，通过对民法的体系化学习和思考来解决家事法律实务问题，即在实务中贯彻“家事法回归民法”的理念，这个路径值得下功夫去探索。本书的不足与谬误，恳请读者批评，也希望这些思考抛砖引玉，引发读者的兴趣和共鸣。

笔者要感谢邦信阳中建中汇律师事务所，特别是赵亮波律师对本书的大力支持，感谢法律出版社冯雨春分社长和李军编辑为本书出版所付出的努力，也感谢郑彬彬、陈晓雯、倪柳青、汪丽莎等同事在材料收集和文字校对方面提供的帮助。

高　兴

2021 年 9 月于苏州河畔

缩略语对照表

本书中法律法规均使用简称，如《中华人民共和国民法典》简称为《民法典》。其他相关规范性文件简称如下：

全称	施行时间	发文字号	简称
《最高人民法院关于贯彻执行〈中华人民共和国继承法〉若干问题的意见》	1985年9月11日（现已失效）	法〔民〕发〔1985〕22号	《继承法解释》
《最高人民法院关于贯彻执行〈中华人民共和国民法通则〉若干问题的意见（试行）》	1988年4月2日（现已失效）	法〔办〕发〔1988〕6号	《民通意见》
《最高人民法院关于人民法院审理离婚案件处理财产分割问题的若干具体意见》	1993年11月3日（现已失效）	法发〔1993〕32号	《离婚案件财产分割问题意见》
《最高人民法院关于人民法院审理离婚案件处理子女抚养问题的若干具体意见》	1993年11月3日（现已失效）	法发〔1993〕30号	《离婚案件子女抚养问题意见》
《最高人民法院关于适用〈中华人民共和国婚姻法〉若干问题的解释（一）》	2001年12月27日（现已失效）	法释〔2001〕30号	《婚姻法解释（一）》
《最高人民法院关于适用〈中华人民共和国婚姻法〉若干问题的解释（二）》	2004年4月1日（现已失效）	法释〔2003〕19号	《婚姻法解释（二）》
《最高人民法院关于人民法院民事执行中查封、扣押、冻结财产的规定》	2005年1月1日（2008年修订、2020年修正）	法释〔2004〕15号	《查、扣、冻规定》

续表

全称	施行时间	发文字号	简称
《最高人民法院关于适用〈中华人民共和国合同法〉若干问题的解释(二)》	2009年5月13日（现已失效）	法释〔2009〕5号	《合同法解释(二)》
《最高人民法院关于适用〈中华人民共和国婚姻法〉若干问题的解释(三)》	2011年8月13日（现已失效）	法释〔2011〕18号	《婚姻法解释(三)》
《最高人民法院关于适用〈中华人民共和国民事诉讼法〉的解释》	2015年2月4日（2022年修正）	法释〔2015〕5号	《民诉法解释》
《最高人民法院关于适用〈中华人民共和国婚姻法〉若干问题的解释(二)的补充规定》	2017年3月1日（现已失效）	法释〔2017〕6号	《婚姻法解释(二)补充规定》
《最高人民法院关于适用〈中华人民共和国公司法〉若干问题的规定(四)》	2017年9月1日（2020年修正）	法释〔2017〕16号	《公司法解释(四)》
《最高人民法院关于审理涉及夫妻债务纠纷案件适用法律有关问题的解释》	2018年1月18日（现已失效）	法释〔2018〕2号	《夫妻债务纠纷解释》
《最高人民法院关于适用〈中华人民共和国民法典〉婚姻家庭编的解释(一)》	2021年1月1日	法释〔2020〕22号	《民法典婚姻家庭编解释(一)》
《最高人民法院关于适用〈中华人民共和国民法典〉继承编的解释(一)》	2021年1月1日	法释〔2020〕23号	《民法典继承编解释(一)》

目 录
CONTENTS

第一章
CHAPTER 01

结婚、离婚制度相关问题

1.“以非真实身份办理结婚登记”有没有法律效力？

案情导入

案例1：甲、乙系姐妹，长相相似。妹妹乙要与丙男结婚，但因其身份证丢失，便拿了姐姐甲的身份证，与丙到婚姻登记处办理结婚登记。登记后，乙与丙共同生活。随后，甲也觅得佳偶，却因婚姻登记系统显示其为已婚状态，无法办理结婚登记。问：甲有何救济途径？乙、丙之间是否存在婚姻关系？

案例2：甲男与乙女准备登记结婚。到了选定的登记日期，因甲临时有事无法亲自前往办理，甲遂委托双胞胎兄弟丙，持甲的身份证原件，以甲的名义与乙办理了结婚登记。此后，甲与乙共同生活。数年后，二人感情不和，甲遂以结婚登记非其本人办理为由，主张双方之间不存在婚姻关系。问：甲的主张是否有法律依据？

案例3：甲男经人介绍，与自称“乙”的某女子相识。几天后，两人即在该县民政局办理婚姻登记，甲给了该女子7万元彩礼。领证第二天，“乙”就带着彩礼消失了，自此杳无音讯。数年后，甲与后来交往的女友欲登记结婚，却因已有婚姻登记而受阻。甲遂根据“乙”的身份信息向乙户籍所在地法院提起离婚诉讼，才得知乙并非当年与其登记的女子,乙多年前曾遗失身份证,恐被人冒用。问:婚姻关系如何认定?

裁判法理

上述案例的共同点在于,结婚登记的一方当事人假冒他人身份而办理结婚登记,并取得结婚证。现实中的情况可能更加复杂,例如,当事人虚构不存在的身份,而不是假冒真实存在的他人身份;又如,双方当事人都使用非真实身份登记。这类问题,可统称为"以非真实身份办理结婚登记"问题。

一、"以非真实身份办理结婚登记"的分类

对该问题的解决,首先需要厘清,"以非真实身份办理结婚登记"包括哪些情况。所谓"非真实身份"的典型特征是,登记时一方主体的真实身份与其所使用证件显示的身份不一致,即"人证不符"。在正常情况下,登记行为人的真实身份、证件身份是一致的。当二者不一致时,则需考察进入婚姻生活的主体——究竟是登记行为人自己进入婚姻生活,还是他人进入婚姻生活,或是根本不存在婚姻生活。按照上述标准,可将"以非真实身份办理结婚登记"分为如下3种情形:

1."真实身份"与"婚姻生活主体"一致,与"证件身份"不符

上述案例1即属此类情形。当事人之所以使用他人证件登记结婚,常见的原因包括自己证件遗失、尚未达到法定婚龄或故意隐瞒自己的真实身份等,本质并无不同。当事人除了使用真实存在的他人证件身份之外,还可能虚构并不存在的身份。总之,上述情形是"拿别人的证,为自己办理结婚登记"。

2."证件身份"与"婚姻生活主体"一致,与"真实身份"不符

上述案例2即属此类情形。法律规定,男女双方当事人应亲自到婚姻登记机关进行结婚登记。然而在一些案件中,当事人因各种原因无法亲自到婚姻登记机关办理结婚登记手续,遂"委托"他人持自己的身份证件,以自己的名义登记结婚。此外,还存在登记机关审核不严,甚至"大开绿灯"的情况。总之,上述情形是"拿别人的证,为别人办理结婚登记"。

3. “真实身份”“证件身份”“婚姻生活主体”均不符

上述案例 3 即属此类情形。此种情况下，使用虚假身份的主体，根本没有缔结婚姻关系的意愿，也不存在婚姻生活，本质是以结婚之名行诈骗之实。假如当事人有建立婚姻生活的意愿，形成了共同生活的事实，即使时间短暂，也会落入上述案例 1 的范围内。

至于“真实身份”与“证件身份”相符，但与“婚姻生活主体”不符（典型的是根本不存在婚姻生活）的情况，则属于“通谋虚伪”之虚假结婚，或者离婚纠纷的讨论范畴，并非“以非真实身份办理结婚登记”的问题，本篇不予论述。

二、对争议解决路径的选择

1. 民事诉讼路径

结婚行为中，当事人需作出意思表示，欲通过该意思表示达成建立婚姻关系的法律效果。通说认为，结婚行为属于法律行为，亦存在是否成立、是否生效的问题，该问题属于民法范畴。当事人可以从法律行为成立、生效的角度，向法院提起民事诉讼，主张婚姻不成立，或存在各种效力瑕疵，以达到否定婚姻关系的目的。

2. 行政诉讼路径

我国的结婚登记被认为是行政确认行为，登记机关负有依法办理结婚登记的职责。若行政登记违法，则当事人可以以登记机关为被告提起行政诉讼，对结婚登记请求确认违法、无效或撤销等，以达到否定婚姻关系的目的。

3. 对两条路径的评价

（1）关于民事诉讼路径

《民法典婚姻家庭编解释（一）》第 17 条对民事诉讼和行政诉讼的受案范围作出区分。根据该条规定，民事诉讼确认婚姻无效情形仅限于《民法典》第 1051 条规定的重婚、有禁止结婚的亲属关系、未到法定婚龄 3 种。当事人以结婚登记程序存在瑕疵为由主张撤销结婚登记的，应通过行政复议或者行政诉讼解决。该条规定与《婚姻法解释（三）》第 10 条规定的精神一致。

该条规定并不能涵盖“婚姻不成立”的情形。对民事法律行为的效果评价，首先要看该行为是否成立。只有符合成立要件的民事法律行为,才存在有效、可撤销、无效的区分;只要承认结婚是民事法律行为,就应承认除了结婚(婚姻)有效、可撤销、无效之外,还存在结婚行为不成立的情形。对结婚行为乃至任何法律行为成立与否的判断,不能脱离主体去评价,意即,不能笼统地说这个"结婚行为"成立或者不成立,而应说"谁和谁之间的结婚行为"成立或者不成立。在"以非真实身份办理结婚登记"的情形中,就真实主体、名义主体分别而言,结论就会有所不同。笔者认为,这仍属民事纠纷处理的范畴,可适用婚姻成立与不成立之诉来解决,实践中也有判例。[1]

(2)关于行政诉讼路径

就行政诉讼路径而言,需对结婚登记这一行政确认行为的合法性进行审查,审查的基本依据为《行政诉讼法》。《行政诉讼法》规定了7种判决方式,其中可以适用于婚姻登记行政诉讼的主要是驳回诉讼请求(第69条)、撤销(第70条)、确认违法(第74条)以及确认无效(第75条)。需注意,行政诉讼中的"撤销""无效"和民事诉讼中的"撤销""无效",从适用对象到构成要件都完全不同。在行政诉讼中,并不是所有的违法行政行为都会被撤销或确认无效。此外,根据《行政诉讼法》第76条的规定,人民法院判决确认行政行为违法或者无效的,可以同时判决责令被告采取补救措施。笔者认为,补救措施应包括对错误登记予以"补正"。这种判决方式在"以非真实身份办理结婚登记"纠纷的行政诉讼中,大有可为。

总之,对"以非真实身份办理结婚登记"纠纷,民事诉讼和行政诉讼均有适用的空间。唯需注意两种诉讼的主体、程序、法律依据、诉讼时效等方面的不同,以及诉讼预期结果的区别:前者为确认或否认结婚这一民事法律行为的效力;后者为否定结婚登记这一行政确认行为的效力,或对其作出补正。最终的目的是,明确所涉及的各方当事人之间的婚姻关系。

---

〔1〕 参见王礼仁、罗红军、黄金波:《借用他人身份证登记结婚的诉讼路径及效力判断》,载《人民法院报》2010年11月11日,第7版。

三、对不同情形的分别讨论

在前述认识的基础上,可逐一解析“以非真实身份办理结婚登记”的各种情形。

1.对案例1(“真实身份”与“婚姻生活主体”一致,与“证件身份”不符)的解析

结婚是人与人的结合,不是身份与身份的结合,更不是证件与证件的结合。无论当事人以什么名义、使用什么证件进行结婚行为,只要行为完成,该法律行为都在真实的行为主体之间成立。至于结婚行为成立后,是否存在无效、可撤销的情形,则依法定标准另行判断。以案例1为例,“人证相符”的丙可以起诉“人证不符”的名义方,即甲,同时追加真实的另一方当事人乙作为第三人,以期在同案中确定丙与甲之间的婚姻不成立(不存在婚姻关系)、丙与乙之间的婚姻成立有效(存在婚姻关系)。另外,变通的做法包括:乙起诉丙要求确认婚姻成立,以甲为第三人;或者甲起诉丙要求确认婚姻不成立,以乙为第三人。以上都是以民事诉讼的方式解决问题。

即便如此,婚姻登记中的主体仍与实际情况不一致。根据民政部《婚姻登记工作规范》第76条的规定,当事人如已就婚姻在何主体之间成立、在何主体之间不成立取得生效的民事裁判文书,可将生效司法文书送至婚姻登记机关,婚姻登记机关应当将相关信息录入婚姻登记信息系统,这样问题即可解决。

当事人能否直接选择行政诉讼路径呢?以往判例中,确有当事人以登记机关为被告提起行政诉讼。如湖南省武冈市人民法院审理的(2017)湘0581行初4号案件,妹妹持姐姐的身份证与男方登记结婚,姐姐以武冈市民政局为被告,以妹妹、男方为第三人提起行政诉讼,要求撤销结婚登记。该诉请获得了法院支持。

笔者认为,这种判决方式有不足之处。它全盘否定了结婚登记的效力,使妹妹与男方的婚姻关系丧失了登记基础,可能产生连锁反应和派生纠纷。如前所述,结婚是人与人的结合,不能因当事人的姓名或身份错误,就彻底否定当事人办理了结婚登记这一客观事实。此种情况如援引《行政诉讼法》第74条和第76条,采用确认行政行为违法并责令补正的判决方式,足以纠正行政行为存在的错

误,且不会对各方当事人的权利产生实际影响。

2. 对案例2(“证件身份”与“婚姻生活主体”一致,与“真实身份”不符)的解析

案例2 常见的情形是,一方委托他人代其到婚姻登记机关进行登记,此时他人仅构成法律意义上的“表意使者”,而非代理人,作出意思表示的仍然是希望进行婚姻登记的当事人。此种情形下,结婚的实质要件皆满足,仅不符合法律规定“亲自办理”的形式要求。核心问题是,符合结婚实质要件的夫妻,未亲自办理结婚登记,是否影响婚姻效力?

例如,轰动一时的乐清婚姻撤销案中,男方在结婚登记时未带齐证明材料,又因急于去外地,遂委托其堂弟于次日携带证明材料再赴登记机关办理,并代领了记载男女双方真实信息的结婚证。后男方不幸去世,留下巨额遗产,家属间发生了截至当时上海地区人民法院受理的标的额最大的一宗遗产继承纠纷案。男方母亲以乐清市民政局为被告提起行政诉讼,以儿子生前与女方的结婚证系他人代办为由,要求撤销结婚登记。该案一审法院认为,结婚登记应由双方当事人亲自到场依法办理,不能委托他人代领,据此作出了撤销该婚姻登记的一审判决。二审法院则认为结婚证书有效,并作出改判。

又如,甘肃省庆阳市中级人民法院(2014)庆中民终字第249号民事判决书显示,男女双方2006年相识,2009年1月举行婚礼并开始同居生活,2009年11月女方之父在当地婚姻登记机关为男女双方办理了结婚证书,后来双方还生育一子。该案一审法院认为,女方之父为双方办理结婚登记,违反了结婚自愿原则。而且女方否认结婚证的效力,要求结束同居关系,男方也无异议。一审法院遂按同居关系作出处理。但二审法院认为,双方缔结婚姻是其真实意思表示。由他人代办结婚登记为双方当事人明知,且对此不持异议。故婚姻登记过程中的瑕疵行为不足以影响其双方婚姻效力,本案应按离婚纠纷定性。

可见,在双方有结婚的真实意愿、符合结婚实质要件的情况下,上述两案的二审法院分别认为,当事人未亲自办理结婚登记,既不足以影响结婚登记行政行为的效力,也不足以影响结婚作为民事法律行为的效力。类似观点在学界也有

支持者。[1] 同时,从一审否定婚姻效力、二审改判肯定婚姻效力也可看出,该问题确实存在一定争议。

有学者认为,此种形式瑕疵的婚姻应为可撤销,理由是:一方面,缔结婚姻的意思表示能够变动身份关系,法律规定了比书面形式更加严格的形式要求,《合同法》第36条的规定[2]不能适用,婚姻的瑕疵不能因为双方当事人开始共同生活便被自动补正。另一方面,双方虽然没有遵守法定形式要求,但并未给社会和他人利益造成损害,此时的形式要求更多的是实现特定形式的警示功能,即让当事人意识到缔结婚姻行为的严肃性,因此应当交由当事人自主决定是否撤销婚姻。[3] 此为立法论上的建议,在我国尚无法律依据。

3. 对案例3("真实身份""证件身份""婚姻生活主体"均不符)的解析

此种情况往往是"以结婚之名行诈骗之实",涉嫌刑事犯罪,使问题呈现跨界于刑事、民事、行政3个领域的局面。

从民事角度看案例3,被骗的甲和被冒用名义的乙之间,因不存在共同的结婚行为,其婚姻不成立。至于甲和冒充"乙"的女子之间,因没有人要求确认其婚姻有效,法院无须作出评价。从行政法角度,当事人可以针对登记机关提起行政诉讼,要求撤销结婚登记。因该登记对当事人权利影响巨大,无从补正;该登记关于相对人主体身份的证据不足,且明显不当,根据《行政诉讼法》第70条的规定,应予以撤销。

江西省丰城市人民法院在(2020)赣0981行初3号行政判决书中认为,与受骗方办理结婚登记的冒名者是真实的,具体身份事项尚未查明,但登记机关作出的此结婚登记行政行为确实对被冒名、"被结婚"的当事人的合法权益造成损害,明显不当,故依法予以撤销。同时法院也指出,导致行政行为明显不当的原因系冒名者隐瞒事实,伪造证据,冒用他人身份所致。婚姻登记机关对当事人身份不具备真实性审查、确认的条件和能力,法律也不作此要求。笔者认为,"形

---

[1] 参见田韶华:《论婚姻登记行政诉讼的判决方式》,载《行政法学研究》2020年第1期。

[2] 《合同法》已废止。该法第36条规定:"法律、行政法规规定或者当事人约定采用书面形式订立合同,当事人未采用书面形式但一方已经履行主要义务,对方接受的,该合同成立。"

[3] 参见李昊、王文娜:《婚姻缔结行为的效力瑕疵——兼评民法典婚姻家庭编草案的相关规定》,载《法学研究》2019年第4期。

式审查”只是判断行政机关是否尽到审核义务的标准，而不是行政行为的合法性审查标准。如行政机关未尽审核义务，将产生行政赔偿责任；即使行政机关作了形式审查，并尽到了审核义务，只能说不产生行政赔偿责任，但不意味着行政行为一定合法，未通过合法性审查的行政行为仍应被裁判撤销、确认无效或者违法。

四、小结

综上所述，处理“以非真实身份办理结婚登记”纠纷，应做到“两个区分”：一是区分“以非真实身份办理结婚登记”的3种类型；二是区分结婚作为民事法律行为的效力和结婚登记作为行政确认行为的效力，进而分别适用相应的法律规定作出判断。在民事诉讼中，不能脱离主体因素判断婚姻成立与否，即一定要明确“谁和谁之间”的结婚行为成立或者不成立。在行政诉讼中，要注意行政行为之撤销与民法中撤销概念的本质不同，并注意“补正”判决方式的运用。具体而言：

对“真实身份”与“婚姻生活主体”一致，与“证件身份”不符的情形，可通过民事诉讼确认真实身份主体之间婚姻关系成立并生效，名义主体的婚姻关系不成立；也可通过行政诉讼，对婚姻登记确认违法并补正。

对“证件身份”与“婚姻生活主体”一致，与“真实身份”不符的情形，因结婚意愿和婚姻生活的存在，一方甚至双方当事人未亲自办理结婚登记的瑕疵，不足以影响双方婚姻的效力。

对“真实身份”“证件身份”“婚姻生活主体”均不符的情形，当事人可以通过民事诉讼确认登记的名义主体之间婚姻不成立，也可以通过行政诉讼撤销该结婚登记。

法条链接

《民法典婚姻家庭编解释（一）》

第17条　当事人以民法典第一千零五十一条规定的三种无效婚姻以外的情形请求确认婚姻无效的，人民法院应当判决驳回当事人的诉讼请求。

当事人以结婚登记程序存在瑕疵为由提起民事诉讼,主张撤销结婚登记的,告知其可以依法申请行政复议或者提起行政诉讼。

《行政诉讼法》

第69条　行政行为证据确凿,适用法律、法规正确,符合法定程序的,或者原告申请被告履行法定职责或者给付义务理由不成立的,人民法院判决驳回原告的诉讼请求。

第70条　行政行为有下列情形之一的,人民法院判决撤销或者部分撤销,并可以判决被告重新作出行政行为:

(一)主要证据不足的;

(二)适用法律、法规错误的;

(三)违反法定程序的;

(四)超越职权的;

(五)滥用职权的;

(六)明显不当的。

第74条　行政行为有下列情形之一的,人民法院判决确认违法,但不撤销行政行为:

(一)行政行为依法应当撤销,但撤销会给国家利益、社会公共利益造成重大损害的;

(二)行政行为程序轻微违法,但对原告权利不产生实际影响的。

行政行为有下列情形之一,不需要撤销或者判决履行的,人民法院判决确认违法:

(一)行政行为违法,但不具有可撤销内容的;

(二)被告改变原违法行政行为,原告仍要求确认原行政行为违法的;

(三)被告不履行或者拖延履行法定职责,判决履行没有意义的。

第75条　行政行为有实施主体不具有行政主体资格或者没有依据等重大且明显违法情形,原告申请确认行政行为无效的,人民法院判决确认无效。

第76条　人民法院判决确认违法或者无效的,可以同时判决责令被告采取补救措施;给原告造成损失的,依法判决被告承担赔偿责任。

《婚姻登记工作规范》

第76条　人民法院作出与婚姻相关的判决、裁定和调解后，当事人将生效司法文书送婚姻登记机关的，婚姻登记机关应当将司法文书复印件存档并将相关信息录入婚姻登记信息系统。

婚姻登记机关应当加强与本地区人民法院的婚姻信息共享工作，完善婚姻信息数据库。

2.“国籍欺诈”的结婚登记是否可以撤销？

案情导入

甲原为中国公民，后取得某外国国籍，未注销中国身份证和户口。甲向婚姻登记机关隐瞒了自己已取得外国国籍的事实，持中国身份证件与乙在某市某区民政局办理了结婚登记手续。多年后，甲、乙产生矛盾，甲欲离婚，乙不同意，甲遂将区民政局作为被告提起行政诉讼，要求撤销结婚登记。理由是：(1)根据《国籍法》的规定，甲在取得外国国籍时自动丧失中国国籍，其结婚登记时提交的中国身份证明材料与事实不符；(2)根据《婚姻登记条例》的规定，中国公民和外国人的结婚登记应由省级民政机关办理，被告作为区民政局无权办理。问：甲的主张能否成立？

裁判法理

受欺诈行政行为是指“行政主体受行政相对人欺诈陷入错误后作出的具体行政行为”。[1] 前述案例中，甲隐瞒自己已取得外国国籍的事实，实为对婚姻登记机关实施了隐瞒真相的欺诈——本书称为“国籍欺诈”，使登记机关误以为他是中国公民并按相应程序办理了结婚登记。

---

〔1〕 肖军：《受欺诈行政行为刍议》，载《时代法学》2007年第2期。

一、司法实践中的不同观点

这种现象绝非个案,且司法实践中存在截然不同的观点,归纳如下:

1."不予撤销说"

上海市杨浦区人民法院在(2014)杨行初字第1号行政判决书中认为,婚姻关系是一种特殊的身份关系,结婚登记行为的法律效力主要取决于《婚姻法》[1]的实体规定,原告在结婚登记后提出结婚登记时第三人提供的居民身份证无效,并不直接产生否定结婚登记的法律后果,也不影响原告和第三人自愿缔结的婚姻关系的效力。

北京市海淀区人民法院在(2020)京0108行初269号行政判决书中认为,结婚登记的本质属性是婚姻登记机关代表国家对要求结婚的男女确立夫妻关系的确认,一经结婚登记,非因有法定无效婚姻与可撤销婚姻的情形,婚姻效力是不容置疑的。本案中,婚姻当事人自愿缔结婚姻关系,不存在无效婚姻与可撤销婚姻的情形,且原告在结婚登记时所提交的中国居民身份证及户口登记未被有权机关注销或确认无效,因此,被告海淀区民政局经审查后,认定原告提交的身份材料真实有效,并据此按照中国公民办理结婚登记规定为双方办理结婚登记并无不当。

上述两案,法院都驳回了原告要求撤销结婚登记的诉讼请求,但裁判理由不完全相同。杨浦区人民法院认为原告结婚登记时提交的身份证件是无效的,虽然证件无效,但并不直接否定结婚登记的法律后果。而海淀区人民法院则认为,原告的身份证件未被有权机关否定,就是真实有效的,婚姻登记机关据此办理结婚登记并无不当。

2."撤销说"

南昌市中级人民法院在(2017)赣01行终77号行政判决书中认为,结婚登记时第三人未如实告知其同时具有外国国籍,导致涉案登记行为实际上不符合法律规定,也不符合被上诉人的职权范围,故该登记行为应予撤销。可撤销的行

---

〔1〕《婚姻法》已废止。

政行为自撤销之日起才没有效力，并不意味该行政行为自始无效。原审判决认定事实基本清楚，但认为撤销登记行为意味着这段婚姻不存在，可能造成这期间两人财产、债权和两人之间关系等问题难以判定的观点错误，应予纠正。

安徽省高级人民法院在(2019)皖行终789号行政判决书中认为，被上诉人未向芜湖市镜湖区民政局如实陈述其已取得外国国籍的事实，导致芜湖市镜湖区民政局作出被诉婚姻登记行为缺乏职权依据，该责任在于被上诉人。被上诉人在进行婚姻登记时未提供《婚姻登记条例》规定的其本人无配偶证明，导致该婚姻登记缺少婚姻符合实质性要件的证据，无法确定登记行为是否符合《婚姻法》的实体性规定。故一审判决撤销该婚姻登记行为并无不当。

上述两份二审判决均支持撤销结婚登记。判决理由包括：登记行为不符合法律规定；不符合职权范围；实质性要件的证据不足。南昌市中级人民法院认为行政行为被撤销的效力没有溯及力，但该观点未见法律依据，使撤销登记发生了类似于离婚的法律后果，值得商榷。通说认为，“被撤销的具体行政行为自行为作出时起即不发生效力，从而将社会关系恢复到行为作出前的状态”。[1]

3.“无效说”

徐州市中级人民法院在(2018)苏03行初139号行政判决书中认为，我国不承认双重国籍，中国公民取得外国国籍的，自动丧失中国国籍。依据相关规定，云龙区民政局婚姻登记处办理梁某、黄某的离婚登记“显然属于事实清楚超越职权的无效行政行为”。《江苏省民政厅关于进一步明确婚姻登记工作有关事项的通知》(苏民事〔2013〕2号)在第4部分关于“完善行政执法监督管理机制”中规定，婚姻登记机关在登记事后自主发现登记瑕疵时，应及时采取补正、更正、确认无效等方式予以纠正，同时将纠正内容存入或记录在婚姻档案中，并告知婚姻当事人纠正事项和内容。因此，云龙区民政局以确认无效方式纠正原违法离婚登记行为并无不当。

本案诉讼针对的是婚姻登记机关主动确认离婚登记无效的行政行为。虽是离婚登记，与本篇所论关于结婚登记的问题，并无不同。

---

〔1〕 章剑生主编：《行政诉讼法学》，高等教育出版社2006年版，第251页。

二、正确认识结婚登记的法律意义

之所以在本书中讨论上述行政诉讼法上的问题，是为了正确认识结婚登记的法律意义。在我国，除极个别的情形外，法律已不再承认未经登记的事实婚姻的效力，结婚登记是创设婚姻关系的唯一方式。结婚登记不是笼统的一个行为，其中至少涉及三方主体——男方、女方、婚姻登记机关，包括两个行为——申请登记行为、予以登记行为。

申请登记行为是由结婚的双方作出的，本质是要求结婚的男女双方在登记机关履行法定职责的工作人员面前作出结婚的意思表示，是典型的民事法律行为。特别是我国法律关于婚姻形式的规定并不采用仪式婚，也没有"以书面为之"[1]等要求，唯一的法定形式就是登记，故"申请登记"本身，就是民事法律行为意义上的结婚行为。结婚是人与人的结合，不是身份与身份的结合。无论当事人以什么名义、什么身份进行结婚行为，只要行为完成，该民事法律行为都在真实的行为主体之间成立。

而"予以登记"是由婚姻登记机关作出的行政确认行为，是公法行为。有观点认为登记是结婚行为的成立要件，这里说的登记应指"申请登记"而非"予以登记"，原因在于法律行为的成立要件是法律行为的构成部分。"予以登记"是公法上的行为，不会成为私法上法律行为的构成部分；登记机关的行为也不会成为婚姻当事人行为的构成部分。因此，应将"予以登记"理解为结婚行为的特别生效要件。

成立且生效的结婚行为，其效力或者法律后果是创设婚姻关系。结婚行为的无效、可撤销是从法律行为瑕疵的角度，自始否定结婚行为的效力。通过行政诉讼撤销结婚登记，撤销的是登记机关的予以登记，而不是当事人的结婚行为，撤销登记后，结婚行为因欠缺生效要件，自始不发生效力。而婚姻关系的消灭，是有效存在的法律关系面向未来地消灭，不具有溯及既往的效力，在当事人都在世的情况下，只能通过离婚（包括协议离婚和诉讼离婚）实现。由此可见，结婚行为、结婚登记、婚姻关系这几个概念并不相同。我国《民法典》及已废止的《婚

---

[1] 如我国台湾地区"民法"第982条。

姻法》中规定的“婚姻”无效、可撤销，更确切的说法应当是，当事人的“结婚行为”无效、可撤销适用民事法律的规定。而行政诉讼中被撤销的只能是行政机关“予以登记”行为适用《行政诉讼法》的规定。至于婚姻关系，它不会被撤销。婚姻关系效力的否定，要么因结婚行为丧失效力而溯及既往地不发生效力，要么因离婚而面向未来地消灭。特殊情况是一方当事人“变性”，根据民政部办公厅的意见，参照协议离婚处理。

综上，本篇讨论的问题可以进一步明确为：已取得外国国籍者以我国公民身份在我国登记结婚，作为结婚行为生效要件的“予以登记”，能否通过行政诉讼撤销。

三、对司法实践中不同观点的评价

行政行为的撤销与民事法律行为撤销，法律依据完全不同。接下来需要聚焦于《行政诉讼法》，考察“予以登记”的合法性。归纳前述司法实践中的不同观点，评判如下：

1.“无效说”不成立

在徐州市中级人民法院(2018)苏03行初139号行政判决书中，法院以“超越职权”为由认定此类离婚登记无效，但根据《行政诉讼法》第70条的规定，超越职权只是行政行为的撤销事由而非无效事由。根据该法第75条的规定，行政行为的无效事由是“实施主体不具有行政主体资格或者没有依据等重大且明显违法情形”，本案中尚不存在。因此，“无效说”不能成立。

2.“不予撤销说”和“撤销说”的比较

在“不予撤销说”中，一种观点认为，加入外籍未注销国内户籍的中国公民，登记机关将其作为中国公民准予结婚登记并不违法。如前述海淀区人民法院的判决认为，其身份证件未被有权机关注销或确认无效，就是有效的，意即，该当事人可以以中国公民的身份，并按照相应程序办理结婚登记，“予以登记”的行政确认行为具有合法性。本书认为，该观点完全架空了我国《国籍法》第3条“中华人民共和国不承认中国公民具有双重国籍”、第9条“定居外国的中国公民，自愿加入或取得外国国籍的，即自动丧失中国国籍”的规定。尽管类似现象绝非个案，基于吸引和留住人才、防止资金外流、促进财富回归、保护海外华人利益等因素考虑，各界也一直有呼吁“松绑”国籍立法的声音，但事实存在不意味着法律认可，立法建议更不能取代现行规定的刚性要求。已加入外国国籍者仍以中国公民身份取得结婚登记，虽为行政相对人实施“国籍欺诈”所造成，但行政行为违法并不以行政机关主观过错为条件，该登记的违法性是显然的。

另一种观点认为，尽管该行政行为存在不符合法律规定、不符合职权范围、证据不足等瑕疵，但尚不足以否定行政行为的效力。行政行为具有稳定性功能，从而形成行政行为的“确定力”。行政行为一经作出，原则上不得随意变更。《行政诉讼法》第 74 条规定了法院判决确认违法但不撤销行政行为的情形，其中就包括“行政行为程序轻微违法，但对原告权利不产生实际影响”。

本书认为，行政机关“予以登记”的行为，不存在行政机关的法效意思，也不产生行政法上权利义务变动，更不会通过行政权的行使对当事人赋予权利或施加义务。当事人婚姻关系的创设，根本上还是源于民事法律行为，是当事人意思自治的结果。该民事法律行为的实质要件，于外国人、中国人并无不同。因此，行政机关“错认”当事人国籍，进而造成登记管辖级别、提交材料有误等程序瑕疵，违法性尚属轻微。

如果当事人的结婚意愿真实，符合结婚的实质要件，且已建立起夫妻共同生活的事实，即使登记存在上述程序瑕疵，不会对当事人权利产生实际影响，也不会损害国家行政机关的公正形象，或损害公共利益。假如因登记程序的瑕疵否定登记效力，反而会对既存的生活事实、人伦秩序造成巨大破坏，且往往被实施“国籍欺诈”、造成违法情形的始作俑者所利用，损害另一方当事人的正当权益，也有损行政机关的公信力。因此，宜采用确认违法但不撤销行政行为的判决方式解决题述问题，而不是将结婚登记予以撤销。

四、小结

结婚是要式行为，法定的方式是“男女双方应当亲自到婚姻登记机关申请结婚登记”。无论双方以什么身份，向哪一地域、哪一层级的婚姻登记机关申请，只要其申请能被受理，都不违反这一规定，从而结婚行为得以成立。

因为当事人隐瞒已取得外国国籍的事实,以中国公民的身份取得结婚登记,会造成结婚登记的行政确认行为存在“超越职权”等违法情形,但考虑到结婚登记的特殊性,这种程序瑕疵尚属轻微违法,维持该登记行为的效力不会对当事人权利造成实质影响,撤销登记反而会破坏既存的人伦秩序。故采用确认违法但不撤销的判决方式是妥当的。如原告要求撤销行政行为,法院直接驳回诉请,也无不当,从而使结婚民事法律行为的生效要件得以保留,加之该民事法律行为不存在其他效力瑕疵,其产生的法律后果即婚姻关系仍然存续。

回到开头的案例问题,尽管司法实践中存在不同观点,本书认为甲的主张不能成立。

法条链接

《婚姻登记条例》

第 5 条第 4 款 办理结婚登记的外国人应当出具下列证件和证明材料:

(一)本人的有效护照或者其他有效的国际旅行证件;

(二)所在国公证机构或者有权机关出具的、经中华人民共和国驻该国使(领)馆认证或者该国驻华使(领)馆认证的本人无配偶的证明,或者所在国驻华使(领)馆出具的本人无配偶的证明。

《民政部办公厅关于婚姻当事人一方变性后如何解除婚姻关系问题的答复》

民办函〔2002〕127 号

湖南省民政厅:

你厅《关于婚姻当事人一方变性后婚姻关系解除问题的请示》收悉。经商最高人民法院、公安部,现答复如下:

从请示内容看,杨某(女)、游某军(男)于 1998 年 5 月 8 日在长沙市雨花区民政局依法办理结婚登记。婚后,游某军生理上的女性特征日渐明显,无法过正常的夫妻生活。2001 年 4 月,经中国医学科学院整形外科医院确诊为易性癖,两性畸形,男性生殖器官停止发育,生理性别为女性。2001 年 4 月 25 日,该院为游某军实施了性别矫正(男性变女性)手术。术后,经游某军本人申请,在其原籍公安局户政管理机关重新办理了女性合法身份证明。现双方向婚姻登记机关申请撤销婚姻关系。

我们的意见是，杨某、游某军在办理结婚登记手续时符合结婚的实质要件和形式要件，结婚登记合法有效，当事人要求登记机关撤销婚姻关系的请求不应支持。如果双方对财产问题没有争议，登记机关可以参照协议离婚处理，离婚的效力自婚姻关系解除之日起算。双方因财产分割发生争议起诉至人民法院的，人民法院在解除当事人婚姻关系的同时一并解决财产问题。

《行政诉讼法》

第70条　行政行为有下列情形之一的，人民法院判决撤销或者部分撤销，并可以判决被告重新作出行政行为：

（一）主要证据不足的；

（二）适用法律、法规错误的；

（三）违反法定程序的；

（四）超越职权的；

（五）滥用职权的；

（六）明显不当的。

第74条　行政行为有下列情形之一的，人民法院判决确认违法，但不撤销行政行为：

（一）行政行为依法应当撤销，但撤销会给国家利益、社会公共利益造成重大损害的；

（二）行政行为程序轻微违法，但对原告权利不产生实际影响的。

行政行为有下列情形之一，不需要撤销或者判决履行的，人民法院判决确认违法：

（一）行政行为违法，但不具有可撤销内容的；

（二）被告改变原违法行政行为，原告仍要求确认原行政行为违法的；

（三）被告不履行或者拖延履行法定职责，判决履行没有意义的。

第75条　行政行为有实施主体不具有行政主体资格或者没有依据等重大且明显违法情形，原告申请确认行政行为无效的，人民法院判决确认无效。

3."重复结婚登记"有什么法律后果?

案情导入

甲、乙系中国内地居民,先在我国香港特别行政区登记结婚,又在内地登记结婚。现因夫妻感情不和,甲欲向人民法院提起离婚诉讼。问:甲、乙之间的婚姻关系应如何认定?假如甲、乙已在内地婚姻登记机关协议离婚,甲又以我国香港特区结婚证件为依据在内地提起离婚诉讼,法院应如何处理?

裁判法理

随着我国内地婚姻登记的信息完善和系统联网,[1]在该系统内进行重复结婚登记,技术层面上越来越难以做到。但当事人在境外的结婚、离婚信息,境内婚姻登记部门不可能共享,重复登记现象也就无法杜绝,题述问题就会不断产生。

一、婚姻关系可否重复缔结?

解决题述问题,首先需要正确理解结婚登记的法律意义。在我国,结婚登记是创设婚姻关系的唯一方式。结婚登记中至少涉及三方主体——男方、女方、婚姻登记机关,包含两个行为——申请登记行为、予以登记行为。其中,"申请登记"是由结婚的双方当事人作出的民事法律行为;"予以登记"是由婚姻登记机关作出的行政确认行为,本身不是民事法律行为的构成部分,故并非民事法律行

〔1〕 2012年7月24日,民政部召开婚姻登记信息全国联网新闻发布会,正式宣布经过全国各级民政部门多年以来的共同努力,截至2012年6月底已实现婚姻登记信息全国联网目标。参见《民政部:婚姻登记信息实现全国联网》,载中央政府门户网,http://www.gov.cn/govweb/fwxx/sh/2012-07/24/content_2190917.htm。

为的成立要件,而是特别生效要件。[1]

成立且生效的结婚行为,其效力或者法律后果是在行为主体之间创设婚姻关系。婚姻虽不同于合同,但同样是双方达成合意的法律行为,不妨以合同作为对比:成立且有效的合同(契约)行为,其法律后果是在主体之间产生合同关系。在绝大多数情况下,合同不止签署一份,甚至不是同时签署,但只要签署的是"一式数份"的合同,当事人之间仅成立一个合同关系。假如签署的内容发生变化,则构成补充约定,或者成立了一个新的合同关系。

婚姻关系作为一种身份关系,其内容即身份权利义务是法定的,不存在当事人意思自治的空间。[2] 夫妻间的财产性权利义务虽然会有不同,但其本质是附随于身份的财产关系的内容,而不是身份关系的内容。法律关系的内容只能是权利义务,故登记机关是谁、登记时间是何时,都不构成婚姻关系的内容,至多是结婚登记的内容。因此,在适用准据法特定的情况下,婚姻关系不存在内容上的区别,若一对当事人已有婚姻关系,无论他们再结多少次婚、在不同国家或地区登记多少次,无非类似于一式数份合同的签署,不可能建立起多个法律关系。

结婚作为民事法律行为,只能使主体之间的夫妻关系从无到有,不能从一个到两个,使业已存在的夫妻关系再成立一遍。婚姻关系在特定的两个主体之间和特定时间点上,要么有,要么无。当事人可以重复进行结婚行为,包括结婚登记,但无法重复缔结婚姻关系。

二、重复结婚登记的法律后果

1. 行政法方面

如案例所述,甲、乙在我国香港特区登记结婚,缔结了婚姻关系,双方已互为配偶。内地《婚姻登记条例》第 6 条第 3 项规定,办理结婚登记的当事人"一方

---

〔1〕 参见前文《"国籍欺诈"的结婚登记是否可以撤销?》。

〔2〕 亲属的身份权义是人伦秩序所赋予的状态权、状态义务,其如何发生,如何消灭,内容又应如何等,均在人伦秩序上有所安排,不容许以法律或当事人效果意思、意思表示擅作决定。亲属的身份人,只能对此权义作全面的接受或不接受的决定。参见陈棋炎、黄宗乐、郭振恭:《民法亲属新论》,台北,三民书局 2018 年版,第 20 页。

或者双方已有配偶的”，婚姻登记机关不予登记。这就产生一个问题：他们后来在内地办理的结婚登记（指予以登记的行政确认行为）是否因合法性欠缺而应被撤销或者确认无效？

对此，司法实践中的观点不一。海南省儋州市人民法院在（2019）琼9003行初57号行政判决书中认为，一对夫妻的婚姻登记并不存在重复婚姻登记情形，原结婚证遗失或者毁损而又领取结婚证，实为补领，非重复登记。原告主张被告颁发结婚证的行为属于重复结婚登记行为，没有任何法律依据，故驳回了原告要求确认结婚登记无效等诉讼请求。河南省沁阳市人民法院在（2019）豫0882行初39号行政判决书中则认为，在婚姻当事人未离婚，原结婚登记行为也未经依法确认无效或撤销的情况下，婚姻登记机关根据当事人的申请又发给当事人新的结婚证，该行为构成了重复婚姻登记，明显属无效的行政行为，应依法确认无效。而重庆市开州区人民法院在（2018）渝0154行初118号行政判决书中认为，重复的结婚登记属于错误的婚姻登记行为，应依法撤销。

笔者认为，婚姻登记机关予以结婚登记，是行政主体对既存的法律事实（指当事人申请结婚登记的民事法律行为）进行审查、认定并宣示其法律效力的行政确认行为，行政法的羁束性决定了行政主体没有自由裁量的空间，唯一的审查标准是当事人是否符合结婚的实质要件。《民法典》明确规定禁止重婚，但重婚指有配偶者与他人另行结婚，或以夫妻名义共同生活。[1] “他人”指配偶以外的人，违反的是一夫一妻原则。而有配偶者与自己的配偶再次登记结婚，并不违反一夫一妻原则，不构成重婚。据此，可认为《婚姻登记条例》对有配偶者不予结婚登记的规定，是禁止重婚的结婚实质要件（消极要件）在行政法规上的反映，这里的“已有配偶”似乎应为“已另有配偶”之意。

但需注意，《民法典》第1049条规定，“要求结婚的男女双方应当亲自到婚姻登记机关申请结婚登记”。“要求结婚”和“要求结婚登记”有差别，前者的效果意思是缔结婚姻关系（实质意思），后者的效果意思是进行结婚登记行为（形式意思）。从文义解释和目的解释来看，应采前者。根据《民法典》这一规定，登

〔1〕 参见黄薇主编：《中华人民共和国民法典婚姻家庭编释义》，法律出版社2020年版，第13页。

记结婚的主体应为要求缔结婚姻关系的男女双方。言下之意,其之间尚不存在婚姻关系。依此理解,《婚姻登记条例》中不予登记的“已有配偶”情形,既包括一方或双方另有配偶,也包括申请登记的双方互为配偶。互为配偶的双方当事人再次结婚登记,该登记作为行政确认行为不具有合法性,且登记时间和婚姻关系成立时间不一致可能被不法利用,应予否定。

2. 民法方面

在后的结婚登记被撤销或确认无效,其对应的结婚行为欠缺生效要件。即使它未被撤销或确认无效,该行政确认行为也只是法律行为的特别生效要件,并非民事法律行为本身。

一方面,就结婚法律行为本身而言,因为双方当事人之间已有婚姻关系,该法律行为不可能产生创设婚姻关系的法律后果,即仍不会发生效力。

另一方面,该法律行为不发生效力,并不涉及对在先的结婚行为效力的评价,业已存在的婚姻关系存续且不会受到影响。双方的婚姻关系,当然从最初登记结婚时起算。

总之,在当事人已有效结婚(无论在境内还是境外)的前提下,重复结婚登记对婚姻关系没有任何影响。民事诉讼的审理,无须等待行政诉讼对重复结婚登记效力作出评价。

前述海南省儋州市人民法院(2019)琼9003行初57号行政判决书中,法院将当事人的重复结婚登记认定为补领结婚证,值得商榷。结婚登记和补领结婚证的行为性质、申请条件、法律后果均不同。当事人申请结婚登记是民事法律行为,以意思表示为要素,行为内容是当事人所欲发生的私法效果。而补领结婚证是《婚姻登记条例》第17条规定的结婚证遗失或者损毁的救济措施,[1]不存在民法上的意思表示以及当事人所欲发生的私法效果,不是民事法律行为。当事人申请的是结婚登记,行政主体予以结婚登记,法院却认定为补领结婚证,该认定缺乏法律依据。试想,假如当事人申请补领结婚证,登记机关依法审查后予以补发,也不会产生该案争议。

---

〔1〕 补领结婚证和补办结婚登记亦不同,补办结婚登记见于《民法典》第1049条,是“未有登记而补办”,补领结婚证是“已有登记而补领”。

三、重复结婚登记后的离婚纠纷应对

1. 对离婚效力的澄清

在我国,离婚有协议离婚和诉讼离婚两种方式。无论采用哪种方式,离婚的效力都是《民法典》第1080条规定的“解除婚姻关系”。或有观点认为,上述案例中的当事人需要针对我国香港特区、内地的结婚登记分别办理离婚手续,才能彻底离婚。甲在内地协议离婚之后,又以我国香港特区结婚证件为依据提起离婚诉讼,可能也是出于这一考虑。这个观点未能正确认识离婚的效力。如前所述,婚姻关系在特定的两个主体之间和特定时间点上,要么有,要么无,如果有也只可能有一个。离婚使婚姻关系从有到无,否定的是婚姻关系,而不是某一次结婚登记。

在司法实践中,离婚诉讼当事人存在重复结婚登记的,法院的通常做法是在事实部分查明多次登记的经过;在判决时则不针对特定结婚登记,判决离婚即可。例如,北京市朝阳区人民法院(2012)朝民初字第03041号、北京市西城区人民法院(2015)西民初字第31104号、浙江省乐清市人民法院(2015)温乐柳民初字第199号民事判决书等,均这样处理。

2. 如在后的结婚登记被否定,离婚登记效力不受影响

基于内地结婚登记的存在,当事人可以选择在内地的婚姻登记机关协议离婚。《婚姻登记条例》第12条第3项规定,结婚登记不是在中国内地办理的,“婚姻登记机关不予受理”其离婚登记。如前所述,重复结婚登记具有违法性,应予撤销或确认无效。如通过行政诉讼撤销重复的结婚登记,双方后来办理的离婚登记效力又将如何?

《民法典》第1076条第1款规定:“夫妻双方自愿离婚的,应当签订书面离婚协议,并亲自到婚姻登记机关申请离婚登记。”协议离婚作为民事法律行为,其主体是“夫妻”。虽然《婚姻登记条例》规定登记机关不受理结婚登记非在中国内地办理的夫妻离婚,但该规定是离婚登记的受理条件,不是离婚的实质要件。离婚的效力根本上还是源于民事法律行为,是当事人意思自治的结果。无论当事人的婚姻在哪里缔结,都不影响离婚的实质要件。因此,内地结婚登记被

撤销或确认无效,导致离婚登记不符合该条规定,应属程序轻微瑕疵,且对当事人权利不会造成实质影响。若否定离婚登记的效力,反而会产生一系列影响,甚至波及第三人(比如,一方在协议离婚后又另外结婚)。故可援引《行政诉讼法》第74条的规定,判决确认离婚登记违法但不撤销,当事人也无须再次进行离婚诉讼。

四、小结

本篇讨论的重点,在于结婚(离婚)行为、结婚(离婚)登记、婚姻关系这几个概念的区分。结婚(离婚)行为是民事法律行为,在我国体现为当事人的"申请登记"(离婚行为更复杂一些)。结婚(离婚)登记是行政确认行为,在我国体现为婚姻登记机关的"予以登记",是民事法律行为的特别生效要件。婚姻关系是当事人间的权利义务关系,结婚行为确立婚姻关系,一旦确立则无法重复确立;离婚行为解除婚姻关系,一旦解除则无法重复解除。

回到题述问题,因甲乙双方在我国香港特区登记在先,婚姻关系自其在我国香港特区登记结婚时起确立。如果双方在内地婚姻登记机关协议离婚,婚姻关系已经解除,甲再向法院提起离婚诉讼的,法院应以原、被告之间不存在婚姻关系为由,判决驳回其诉讼请求。引申出的情况是,如果双方先诉讼离婚,又隐瞒该事实向内地婚姻登记机关办理离婚登记的,因该离婚登记不符合离婚实质要件(主体已非夫妻),且登记时间和婚姻关系解除时间不一致可能被不法利用,该登记的效力应否定之。

重复结婚登记的当事人如果选择诉讼离婚,建议在诉讼中完整披露重复结婚登记的事实,并由法院写入裁判文书。若离婚判决书、调解书缺乏相关记载,未来再次办理结婚登记时,可能会遇到实务操作上的障碍。

法条链接

《婚姻登记条例》

第6条 办理结婚登记的当事人有下列情形之一的,婚姻登记机关不予登记:

（一）未到法定结婚年龄的；

（二）非双方自愿的；

（三）一方或者双方已有配偶的；

（四）属于直系血亲或者三代以内旁系血亲的；

（五）患有医学上认为不应当结婚的疾病的。

第 17 条　结婚证、离婚证遗失或者损毁的，当事人可以持户口簿、身份证向原办理婚姻登记的机关或者一方当事人常住户口所在地的婚姻登记机关申请补领。婚姻登记机关对当事人的婚姻登记档案进行查证，确认属实的，应当为当事人补发结婚证、离婚证。

《民法典》

第 1080 条　完成离婚登记，或者离婚判决书、调解书生效，即解除婚姻关系。

4. 限制民事行为能力人可以办理婚姻登记吗？

——关于身份法律行为的行为能力

案情导入

甲患有精神分裂症，最后一次住院时间为 2014 年 7 月至 2014 年 9 月。此后，甲仍持续到医院配药、治疗，在甲的就诊病例多次记录“神清”“病情可”“意识清”“仪态整”“情感平淡”等。2017 年 4 月 28 日甲与乙登记结婚。甲在婚后有工作，并取得了汽车驾驶证。2021 年 3 月 1 日，甲死亡。甲的父母以甲结婚时不具备完全民事行为能力为由，否认乙是甲的合法配偶。问：甲父母的主张能否成立？

裁判法理

一、民事行为能力的基本问题

1. 相关概念的厘清

行为能力，是指当事人“以独自的意思表示，使其行为发生法律上效果的资格”。[1] 这是理论上的定义,采狭义。据此,行为能力只能针对法律行为,对于其他的行为,如拾得遗失物(事实行为)、殴伤他人(侵权行为)、违反合同约定(债务不履行)等,虽然也会产生法律上的权利义务,但并不存在行为能力的适用空间。

我国《民法典》将行为能力称为“民事行为能力”,采用更广义的定义,不仅针对法律行为即我国法律上所称的“民事法律行为”,还包括“对于自己的违法行为承担民事责任的能力或资格”。[2] 这就使民事行为能力的适用范围扩展到了侵权行为,体现在《民法典》第1188～1190条。

理论上,这种确定对不法行为的制裁后果是否可由行为人承担的能力称为责任能力,与行为能力有所区别。根据《民法典》第1188条第1款的规定,无民事行为能力人、限制民事行为能力不具有侵权行为的责任能力。

民事行为能力和民事权利能力不同,就自然人而言,民事权利能力是自然人依法享有民事权利和承担民事义务的资格,[3]这些权利义务并不一定由主体自己的行为而产生。自然人的民事权利能力具有平等性,无论年龄、性别、国籍、心智状况,均具有同样的民事权利能力;根据《民法典》第16条的规定,在涉及遗产继承、接受赠与等胎儿利益保护的情况下,胎儿也被视为具有民事权利能力。

由此可见,民事权利能力是民事主体之所以成为主体的前提,而民事行为能力是民事主体的行为发生特定法律效果的条件。

2. 民事行为能力的基础:意思能力

根据《民法典》的规定,不满8周岁的未成年人和不能辨认自己行为的成年人为无民事行为能力人,8周岁以上、不满18周岁的未成年人和不能完全辨认自己行为的成年人为限制民事行为能力人。[4] 这就很容易让人觉得,民事行为能力的基础是年龄和“辨认自己行为”的智力,其实不然。

人的行为都是人的意志的外部表现,无论法律行为、侵权行为等,行为效果

---

〔1〕 王泽鉴:《民法总则》,北京大学出版社2009年版,第297页。

〔2〕 王利明、杨立新、王轶、程啸:《民法学》,法律出版社2011年版,第47页。

〔3〕 参见王利明、杨立新、王轶、程啸:《民法学》,法律出版社2011年版,第43页。

〔4〕 其中,16周岁以上的未成年人,以自己的劳动收入为主要生活来源的,视为完全民事行为能力人。

如何,应以行为人能否正常识别、判断自己作出的行为并预期其可能发生的效果作为判断依据。这种识别、判断、预期的能力叫作"意思能力"。意思能力的有无,本应因人因事而定,即具体考察该行为人在进行此项行为时是否具有意思能力,这样才符合实际。但这样一来,意味着必须逐一审查个案,方能得出行为人意思能力有无的结论,进而判断行为效果,这将严重有碍交易安全和便捷性,事实上也不可能做到。因此在意思能力的基础上,大陆法系以德国为代表,依人的年龄和智力为标准设计了行为能力制度,将行为能力分为完全行为能力、限制行为能力、无行为能力三类。至此,行为能力和意思能力发生了分离。

每个人的心智发展有差别,每件事所需要的意思能力也不一样。一位不到8岁的儿童,虽然被法律认为无行为能力,但他未必不能识别、判断、预期购买一包零食的行为。一位限制行为能力人,也许不能理解复杂的理财合同,但未必不能订立遗嘱。"行为能力欠缺者都存在意思能力薄弱的症状,但作为一个独立的个体,每个人薄弱的程度都不尽相同,在欠缺的能力种类上和量上也有或多或少的差别。"〔1〕这些意思能力的个案区别,在现行的行为能力制度中是不考虑的。

由此可见,行为能力类型化、阶段化的划分,是在意思能力的基础上,为了交易安全和便捷的现实需要,人为设置统一标准的技术化产物,而非客观事实本身。年龄与智力不是行为能力的根基所在,它们只是为维护交易秩序而提供的客观判断手段。行为能力的唯一基础仍应是意思能力。〔2〕

3. 个案审查意思能力的必要性

虽然为了照顾交易安全和便捷性,行为能力制度取代了对当事人意思能力的逐一审查,但这并不意味着个案审查被完全抛弃。

根据《民法典》第19条和第22条的规定,限制民事行为能力人可以独立实施纯获利益的民事法律行为或者与其年龄、智力相适应的民事法律行为。何谓"与其年龄、智力相适应的民事法律行为",仍然需要因人因事对意思能力进行个案审查,应当结合限制行为能力人的"智力、精神健康状况、行为的性质、标的

〔1〕 李霞:《论我国成年人民事行为能力欠缺法律制度重构》,载《政治与法律》2008年第9期。

〔2〕 参见张驰:《自然人行为能力新思考》,载《法学》2009年第2期。

数额等因素综合判断,具体情况具体分析,没有统一的标准",[1]不能一概而论。《民法典》第 143 条规定的民事法律行为有效的条件,也是要求行为人具有相应的民事行为能力,与何相应、是否相应,有赖于个案审查。

就结婚、协议离婚等身份法律行为而言,这些行为本身不是交易,与当事人的人格、身份利益密切相关,交易安全和便捷性根本不用考虑,分类型、分阶段的行为能力制度的设计需求不复存在。此外,身份行为必须自愿且亲自完成,不得代理,在我国法律中也不存在法定代理人的同意或追认,[2]故单独划分出限制民事行为能力人并无实益。综上所述,在身份行为的效力判断上,当事人的行为能力等同于意思能力,需要进行个案审查,得出或有或无的结论。

二、结婚行为能力的相关问题

1. 限制民事行为能力人的结婚效力问题

结婚是以创设夫妻身份关系为内容的民事法律行为。既然是法律行为,无行为能力人结婚,自然不会有效,有疑义者,在于限制民事行为能力人。我国的法定婚龄高于成年年龄,故该问题特指成年的限制行为能力人结婚的效力问题。

我国法律、行政法规从未将具有完全民事行为能力作为结婚的有效要件。《民法典》第 1046 条、《婚姻登记条例》第 6 条以及《婚姻登记工作规范》第 28 条都将"双方自愿"作为结婚的必要条件。"自愿"即对自己实施的民事行为的性质和后果能够理解和辨识,行为的实施完全出于自觉。《母婴保健法》第 9 条虽然将"精神病在发病期内"作为"应暂缓结婚"的情形,但未规定精神病人不准结婚。法律关于结婚"自愿"的要求,实际上包含了对当事人具备结婚意思能力的要求——结婚当事人需要能够识别、判断、预期结婚行为,知道婚姻是怎么回事,知道自己对配偶是喜爱的,愿意与其共同生活。只要对结婚有这样的一般认知,就具备结婚的意思能力;即使是限制民事行为能力人,其结婚仍然是有效的。

限制民事行为能力不一定导致婚姻无效。在司法实践中,这一观点不乏例证。例如,北京市西城区人民法院(2015)西民初字第 8582 号民事判决书显示:

---

[1] 黄薇主编:《中华人民共和国民法典总则编释义》,法律出版社 2020 年版,第 64 页。
[2] 如我国台湾地区"民法"允许达到婚龄的未成年人结婚,于此需要法定代理人的同意。

根据司法鉴定意见和另案生效法律文书，该案婚姻当事人之一已被认定为限制民事行为能力人，且其残疾类别为智力残疾，残疾等级为一级。在此情况下法院认为，限制民事行为能力人可以进行与他的精神健康状况相适应的民事活动；《婚姻法》及《婚姻登记条例》等相关法律法规均不存在对限制民事行为能力人结婚的禁止性及限制性规定。该案当事人不存在导致婚姻无效的法定情形。据此驳回另一当事人申请婚姻无效的诉讼请求。

但司法实践中也有不同做法，如南阳市宛城区人民法院（2017）豫1302行初字第94号案件中，作为被告的民政机关答辩称："每个公民都有结婚的权利，其他人不能干涉。不能认为患有失眠及抑郁就认为属于限制民事行为能力或者无民事行为能力，就随意认定结婚登记无效，干涉他人的婚姻自由，进而损害婚姻登记的严肃性和稳定性。"然而，该案法院仍以"原告在办理结婚登记时间内属于限制民事行为能力的人"为由，撤销了当事人的结婚证。

2. 婚龄条件是否属于结婚行为能力

根据《民法典》第1047条的规定，结婚年龄下限为男22周岁、女20周岁。比较法上看，几乎没有比我国更高的法定婚龄立法例，如法国为男18岁、女15岁；德国为男21岁、女16岁；瑞士为男20岁、女18岁；英国男女均为16岁；日本为男18岁、女16岁；韩国为男18岁、女16岁；泰国男女均为17岁；我国台湾地区为男18岁、女16岁。

有观点认为结婚行为能力除意思能力之外，还应包括婚龄。例如，梁慧星教授认为，男女只有达到法定婚龄，才具有结婚的行为能力。[1] 余延满教授认为，有必要规定结婚行为能力，以达到法定婚龄作为具有结婚行为能力的一般标志，以精神健康状况作为例外标准。[2] 但也有持否定态度者，如张作华学者认为："这种认识显然忽略了行为能力之'意思能力'的本质。"[3]

本书认为，年龄与当事人对结婚行为的识别、判断、预期能力不能等同，不能作为结婚行为能力的评价依据。法律对结婚年龄的限制，主要是基于国家人口

---

〔1〕 参见梁慧星：《中国民法典草案建议稿附理由》，法律出版社2006年版，第24页。

〔2〕 参见余延满：《亲属法原论》，法律出版社2007年版，第162页。

〔3〕 张作华：《亲属身份行为基本理论研究》，法律出版社2011年版，第127页。

政策、社会风俗习惯、家庭责任等方面的考虑,而非基于当事人的意思能力,总不能说法国的女孩子15岁就能辨识婚姻,中国的男性要到22岁才能达到同样的认知水平。也无理由认为结婚这一民事法律行为比缔结复杂的商事合同需要更高的意思能力。综上,婚龄条件不属于结婚行为能力的范畴。

3. 相关司法解释与《民法典》的冲突

《婚姻法解释(三)》第1条和现行《民法典婚姻家庭编解释(一)》第17条都规定,当事人以《婚姻法》(《民法典》婚姻家庭编)规定的无效婚姻以外的情形请求确认婚姻无效的,法院应当驳回。问题在于,上述法定无效婚姻情形中并不包括"欠缺民事行为能力",这是否意味着当事人欠缺民事行为能力不会导致结婚行为无效?

《婚姻法》第10条规定了4种无效婚姻情形,分别为:重婚;有禁止结婚的亲属关系;患有医学上认为不应当结婚的疾病,婚后尚未治愈;未到法定婚龄。最高人民法院民事审判第一庭认为,无行为能力的成年人结婚,可归为结婚以前患有医学上认为不应当结婚的疾病,并且在婚姻关系存续期间,该病一直未被治愈,属于法定的无效婚姻的情形,"此时应当提起婚姻无效之诉"。[1] 司法实践中也确实有将行为能力欠缺归为"疾病婚"的判决,如福建省福清市人民法院(2014)融民初字第2017号民事判决书中,法院认为精神病属于医学上认为不应当结婚的疾病,被告在婚前即患有精神疾病且持续进行治疗至诉讼时尚未痊愈,原、被告在此情况下登记结婚,违反了相关规定,是禁止结婚的情形。因此,原、被告婚姻关系自始无效。

值得注意的是,《民法典》第1051条删除了《婚姻法》第10条中的"疾病婚",仅保留3种无效婚姻情形,欠缺结婚行为能力无论如何不能归入其中任何一种。这样一来,《民法典婚姻家庭编解释(一)》第17条仍延续《婚姻法解释(三)》第1条的规定非常令人费解。本书认为,在《民法典》已经实施、婚姻法回归民法的背景下,《民法典》婚姻家庭编理应与总则编保持体系一致,相关司法解释应随着法律的变化有所调整。

---

〔1〕 最高人民法院民事审判第一庭编著:《最高人民法院婚姻法司法解释(三)理解与适用》,人民法院出版社2011年版,第134页。

三、离婚行为能力的相关问题

1. 限制行为能力人的协议离婚效力问题

协议离婚是以解除夫妻身份关系为内容的民事法律行为,无行为能力人协议离婚不发生法律效力。有疑义者,同样在于限制民事行为能力人,特指成年的限制行为能力人协议离婚的效力问题。

关于协议离婚,根据《民法典》第 1076 条的规定,仅要求夫妻双方自愿并亲自办理,与结婚并无不同。但根据《婚姻登记条例》第 12 条的规定,限制民事行为能力人办理离婚登记的,婚姻登记机关不予受理;《婚姻登记工作规范》第 55 条也要求申请离婚登记的双方均具有完全民事行为能力。这就排除了限制民事行为能力人进行协议离婚的可能性。司法实践中,法院对限制民事行为能力人离婚登记予以撤销的案例比比皆是。[1]

如前所述,“限制行为能力人”的划分只是对一个人从事各种民事活动之行为能力“全有或全无”式的概括性划分,与行为主体在从事某一项具体的民事法律行为的当时是否具有识别、判断、预期该行为的意思能力,并不完全一致。如果一个限制民事行为能力人对婚姻具有足够的认知,自愿并且亲自办理了结婚登记,在其意思能力没有进一步下降的情况下,无理由认为该人不能识别、判断、预期离婚行为,进而不允许其办理离婚登记。有观点认为,《婚姻登记条例》第 12 条中对限制行为能力人不加区分地排除适用协议离婚之规定过于简单,忽略了特定民事行为能力的区别和行为能力个体差异性,就那些具有解除婚姻关系能力的限制行为能力人而言,是打着“保护”口号的权利剥夺,[2]与《民法典》第 22 条后半句所体现的尊重限制行为能力人剩余意思能力的精神也是相悖的。

2. 离婚协议复合性的特别考虑

行政法规层面,之所以对结婚登记和离婚登记设置不同的行为能力要求,未

---

〔1〕 如湖北省广水市人民法院行政判决书,(2017)鄂 1381 行初 17 号;湖南省洞口县人民法院行政判决书,(2017)湘 0525 行初 6 号;陕西省合阳县人民法院行政判决书,(2016)陕 0524 行初 12 号。

〔2〕 参见刘俊:《论限制行为能力人的协议离婚——以〈婚姻登记条例〉第 12 条为中心》,华东政法大学 2018 年硕士学位论文,第 21 页。

必是规则制定的疏漏,其原因可能在于离婚协议的复合性。

结婚不需要签订任何协议,只要完成结婚登记,婚姻关系即告确立,夫妻间的权利义务是法定的,无须当事人对相关规定有清晰的理解即应适用。与此不同,《民法典》第1076条要求自愿离婚的当事人签订离婚协议。离婚协议通常包括解除婚姻关系、子女抚养安排、财产处理三部分内容,分别对应不同的效果意思,这些效果意思产生不同的法律后果,故签订离婚协议作为法律行为具有复合性,可视为数个行为的混合。[1]

离婚协议中关于子女抚养的安排和财产的处理,权利义务均为当事人自行设定,而非法律规定,对当事人意思能力的要求就更为复杂。一律排除限制行为能力人协议离婚,可以避免在复杂局面下,民政机关对当事人的意思能力进行个案审查;这当然会"误伤"一批约定内容不那么复杂、剩余意思能力尚能满足其离婚协议要求的限制行为能力人。这样的个案区别,至少在行政法规的制定者看来,未予考虑。

3. 行为能力欠缺者的诉讼离婚问题

限制行为能力人、无民事行为能力人无法办理离婚登记,其婚姻关系的解除,只能通过诉讼离婚实现。完全民事行为能力人固然可以作为原告提起离婚诉讼,无论被告是否具有完全民事行为能力;反之,行为能力欠缺的一方,其配偶本身就是其监护人及法定代理人,该方如何作为原告提起诉讼?

身份行为本应当事人亲自为之,不能代理,但当婚姻关系的存续导致当事人合法权益遭受侵害,当事人又因行为能力欠缺无法作出离婚意思表示时,应例外地允许其监护人代理其提起离婚诉讼,以履行保护被监护人合法权益的监护职责。又因为配偶是欠缺行为能力的成年人第一顺序的监护人,配偶极有可能不愿、怠于或无法履行该项职责,故首先要撤销掉配偶的监护资格,由其他有监护资格的主体担任监护人。根据《民法典婚姻家庭编解释(一)》第62条的规定,无民事行为能力人的配偶有"实施严重损害被监护人身心健康的行为""怠于履行监护职责,或者无法履行监护职责且拒绝将监护职责部分或者全部委托给他

〔1〕 参见许莉:《离婚协议效力探析》,载《华东政法大学学报》2011年第1期。

人,导致被监护人处于危困状态”“实施严重侵害被监护人合法权益的其他行为”之情形的,其他有监护资格的人可以要求法院撤销其监护资格,并依法指定新的监护人;变更后的监护人可代理无民事行为能力一方提起离婚诉讼。该条针对的是无民事行为能力人,对无法亲自提起离婚诉讼的限制民事行为能力人,亦应同理。

欠缺行为能力者参与的离婚诉讼能否调解?法院是否应当征询欠缺行为能力的当事人或其法定代理人的离婚意愿?本书认为,需根据当事人是否具有关于解除婚姻关系的意思能力而定。如有,则应征求其本人的离婚意愿,关于其他事项,则可由其法定代理人决定;如没有,该方包括其法定代理人的离婚意愿是不应考虑的,即使是该方作为原告的离婚诉讼。起诉的意义也仅在于启动诉讼程序,法院应根据案件事实,独立判断双方感情是否确已破裂,进而判决是否准予离婚,不能仅因该方法定代理人和对方都表示同意离婚,就准予离婚。判决准予离婚的,关于其他事项,才可考虑该方法定代理人的意见。

四、小结

行为能力的基础在于意思能力。之所以在意思能力之外另设行为能力制度,是为了交易安全和便捷所需,尽量避免对行为主体的意思能力逐一进行个案审查,但实际上无法完全避免。对于结婚、协议离婚等身份行为,行为能力的判断更应以当事人在进行该行为的时点上的意思能力为准,进而判断行为的效力。但在我国实证法上,结婚者不以完全民事行为能力为限,协议离婚者则以完全民事行为能力为限。

回到上述案例提出的问题,虽然甲曾因精神分裂症住院,此后亦长期接受治疗,但从其病史资料看,其在 2014 年出院以后,一直服用药物,精神稳定,且甲在婚后能正常工作、生活,甲的父母也没有其他证据证明甲进行婚姻登记时没有相应的民事行为能力。因此,甲的父母无论通过行政诉讼要求撤销甲乙的结婚登记,还是通过民事诉讼主张甲、乙婚姻无效,均不应得到法院支持。

法条链接

《民法典》

第143条　具备下列条件的民事法律行为有效：

（一）行为人具有相应的民事行为能力；

（二）意思表示真实；

（三）不违反法律、行政法规的强制性规定，不违背公序良俗。

第1046条　结婚应当男女双方完全自愿，禁止任何一方对另一方加以强迫，禁止任何组织或者个人加以干涉。

第1076条　夫妻双方自愿离婚的，应当签订书面离婚协议，并亲自到婚姻登记机关申请离婚登记。

离婚协议应当载明双方自愿离婚的意思表示和对子女抚养、财产以及债务处理等事项协商一致的意见。

第1188条　无民事行为能力人、限制民事行为能力人造成他人损害的，由监护人承担侵权责任。监护人尽到监护职责的，可以减轻其侵权责任。

有财产的无民事行为能力人、限制民事行为能力人造成他人损害的，从本人财产中支付赔偿费用；不足部分，由监护人赔偿。

第1189条　无民事行为能力人、限制民事行为能力人造成他人损害，监护人将监护职责委托给他人的，监护人应当承担侵权责任；受托人有过错的，承担相应的责任。

第1190条　完全民事行为能力人对自己的行为暂时没有意识或者失去控制造成他人损害有过错的，应当承担侵权责任；没有过错的，根据行为人的经济状况对受害人适当补偿。

完全民事行为能力人因醉酒、滥用麻醉药品或者精神药品对自己的行为暂时没有意识或者失去控制造成他人损害的，应当承担侵权责任。

《母婴保健法》

第9条　经婚前医学检查，对患指定传染病在传染期内或者有关精神病在发病期内的，医师应当提出医学意见；准备结婚的男女双方应当暂缓结婚。

《民法典婚姻家庭编解释(一)》

第17条　当事人以民法典第一千零五十一条规定的三种无效婚姻以外的情形请求确认婚姻无效的,人民法院应当判决驳回当事人的诉讼请求。

当事人以结婚登记程序存在瑕疵为由提起民事诉讼,主张撤销结婚登记的,告知其可以依法申请行政复议或者提起行政诉讼。

《婚姻登记条例》

第6条　办理结婚登记的当事人有下列情形之一的,婚姻登记机关不予登记:

(一)未到法定结婚年龄的;

(二)非双方自愿的;

(三)一方或者双方已有配偶的;

(四)属于直系血亲或者三代以内旁系血亲的;

(五)患有医学上认为不应当结婚的疾病的。

第12条　办理离婚登记的当事人有下列情形之一的,婚姻登记机关不予受理:

(一)未达成离婚协议的;

(二)属于无民事行为能力人或者限制民事行为能力人的;

(三)其结婚登记不是在中国内地办理的。

《婚姻登记工作规范》

第28条　受理结婚登记申请的条件是:

(一)婚姻登记处具有管辖权;

(二)要求结婚的男女双方共同到婚姻登记处提出申请;

(三)当事人男年满22周岁,女年满20周岁;

(四)当事人双方均无配偶(未婚、离婚、丧偶);

(五)当事人双方没有直系血亲和三代以内旁系血亲关系;

(六)双方自愿结婚;

(七)当事人提交3张2寸双方近期半身免冠合影照片;

(八)当事人持有本规范第二十九条至第三十五条规定的有效证件。

第55条 受理离婚登记申请的条件是:

(一)婚姻登记处具有管辖权;

(二)要求离婚的夫妻双方共同到婚姻登记处提出申请;

(三)双方均具有完全民事行为能力;

(四)当事人持有离婚协议书,协议书中载明双方自愿离婚的意思表示以及对子女抚养、财产及债务处理等事项协商一致的意见;

(五)当事人持有内地婚姻登记机关或者中国驻外使(领)馆颁发的结婚证;

(六)当事人各提交2张2寸单人近期半身免冠照片;

(七)当事人持有本规范第二十九条至第三十五条规定的有效身份证件。

5.“假结婚”“假离婚”有效吗?

——关于身份法律行为中的通谋虚伪意思表示

案情导入

电影《我不是潘金莲》讲述了一个典型的“假离婚”的故事,女主角李雪莲为了生二胎,与其丈夫秦玉河合谋“假离婚”。双方商定待孩子生下来后,两人再复婚。然而秦玉河却违背约定,与他人结婚,“假离婚”变成了“真离婚”。为了撤销“假离婚”,李雪莲提起诉讼,但是法院以不存在“假离婚”为由,驳回了其诉讼请求。为了讨个说法,李雪莲踏上了漫漫上访之路。类似的剧情,在现实中不仅有“假离婚”,更有“假结婚”。当事人的动机,或为规避房产限购政策,或为节省房产交易税费,或为征收动迁多得利益,或为逃避对外债务等,不一而足。概言之,当事人并不欲真正确立或解除婚姻关系、发生或消灭夫妻间权利义务,而是欲利用婚姻关系有无之外观,达到婚姻以外的其他目的。这种虚假结婚、虚假离婚行为的效力如何?

裁判法理

一、相对统一的司法实践观点

1.关于虚假结婚效力的司法观点

因虚假结婚产生的纠纷,多见以下两种情况。

一是当事人虚假结婚后,一方突然去世,未留遗嘱,死者的其他继承人和虚假结婚对象之间发生的继承纠纷。

案例:杜某某、朱某某与孟某某、秦某某法定继承纠纷案[1]

2010年1月20日,朱某1与孟某某签订1份协议书,约定:"受朋友委托,为帮助解决谭某1女儿谭2在沪学习深造之方便,特与孟某某女士结婚,婚期为一年,婚前与婚后没有共同财产分割,并无权干涉他人的私人正常生活与行动,婚期到时,即刻办理离婚手续。"二人遂于2010年1月23日登记结婚,此后双方并未办理离婚手续。2013年11月7日朱某1死亡,其生前未立遗嘱。朱某1的母亲杜某某、儿子朱某某提起法定继承纠纷诉讼,女方孟某某未到庭答辩。

法院认为,朱某1的其他法定继承人虽称朱某1与孟某某系"假结婚"、孟某某不应享有继承权,但其二人已登记结婚,在朱某1死亡前其与孟某某并未办理离婚手续,故孟某某作为朱某1的配偶亦系朱某1的合法继承人。由于朱某1与孟某某婚后并未共同生活,互未履行夫妻间的扶养义务,故在分割遗产时孟某某应予少分,法院酌情确定孟某某可继承的份额为遗产的10%。

二是当事人虚假结婚后,因一方要求解除婚姻关系,另一方拒绝解除而发生的离婚纠纷。

案例:郑某与张某离婚纠纷案[2]

原告郑某和被告张某经人介绍认识后于××××年××月××日在黄岩区民政局登记结婚。婚后未生育子女。原告曾于2013年4月18日起诉离婚,后

---

[1] 参见上海市徐汇区人民法院民事判决书,(2017)沪0104民初2923号。

[2] 参见台州市黄岩区人民法院民事判决书,(2016)浙1003民初3492号。

于2013年7月17日撤诉,又于2015年8月27日起诉离婚,法院于2015年10月26日判决不准离婚。此后,夫妻关系未见改善。双方在庭审中对"假结婚"的事实均表示认可,被告辩称,双方结婚的目的是分得村里的地基,现在目的没有实现,不同意离婚。

法院认为:原、被告虽系自主婚姻,但双方缺乏婚前感情基础,只是出于谋取不正当经济利益而登记结婚,且双方婚后也未建立真正的夫妻感情。原、被告在办理结婚登记后各自生活,在上次法院判决不准离婚后,夫妻关系仍未改善,故对原告要求离婚的请求,予以准许。

上述两个案例中,法院对于因虚假结婚产生的纠纷,并不否认结婚行为的效力。

2. 关于虚假离婚效力的司法观点

虚假离婚的情况更复杂一些。《民法典》第1076条要求自愿离婚的当事人签订离婚协议。离婚协议通常包括解除婚姻关系、子女抚养安排、财产处理三部分内容,分别对应不同的效果意思。这些效果意思产生不同的法律后果,故签订离婚协议作为法律行为具有复合性,可视为数个行为的混合。[1]

关于解除婚姻关系,即纯粹的身份行为,司法实践中毫无争议,一概认定行为有效,未见任何相反判决。常见的说法是没有什么假离婚,领取了离婚证就是真离婚。最高人民法院吴晓芳法官认为,《民法典》婚姻家庭编第1080条规定,"完成离婚登记,或者离婚判决书、调解书生效,即解除婚姻关系",也就是说,离婚必须经过法定的程序,这是婚姻家庭编的专门规定,认定假离婚是否有效,应当适用婚姻家庭编的规定,而不是适用一般民事法律行为效力的判断标准,这里没有《民法典》第146条的适用空间。从婚姻家庭编的角度考虑,法律意义上没有所谓真假离婚问题,只要履行了法定的离婚程序,婚姻关系就解除了。[2] 早在1979年,《最高人民法院关于陈建英诉张海平"假离婚"案的请示报告的复函》中,也表达了类似的观点。

---

[1] 参见许莉:《离婚协议效力探析》,载《华东政法大学学报》2011年第1期。

[2] 参见吴晓芳:《最高院法官最新课件:民法典婚姻家庭编修改部分及审判实践中的疑难问题》,载微信公众号"法语峰言"2020年9月14日,https://mp.weixin.qq.com/s/T21Ozey4ZfWSuVWxQZRN7w。

关于子女抚养安排，讨论约定效力的意义不大。无论离婚协议该部分内容的意思表示真实与否，发生争议的，法院都要根据争议时的实际情况，本着未成年人最佳利益等原则作出裁判，完全可以与约定相反，而不受约定内容的左右。

关于财产处理的约定效力，在司法实践中存在分歧。一种观点认为，“假离婚”协议除存在欺诈、胁迫情形外，应属有效。《江苏省高级人民法院关于“新国五条”对法院工作的影响及对策建议的报告》规定：“对于通过假离婚签订协议，约定房屋归配偶一方所有的，另一方事后因弄假成真，难以复婚而主张协议无效的，除能举证证明胁迫或欺诈事由外，不予支持。”北京市第一中级人民法院在(2015)一中民终字第00182号民事判决书中认为：双方在签订离婚协议时并非在感情已完全破裂的情况下慎重考虑所签，故难以体现双方真实意思的表示。但该协议的签订过程确无欺诈和胁迫的情形，仍然有效。另一种观点认为，“假离婚”协议中的财产部分，并非当事人的真实意思表示，应属无效。北京市第三中级人民法院(2014)三中民终字第04984号民事判决书中，法院查明原、被告为了让孩子移民读书，办理了“假离婚”手续。法院认为，当事人以移民为目的办理离婚登记手续，签署离婚协议书为行政备案手续所需，双方真实意图并不在于就解除婚姻关系后的夫妻共同财产和共同债务进行实际分割。因此，离婚协议书中有关财产分割的约定并非当事人真实意思表示，对双方不具有法律约束力。

综上所述，关于虚假结婚、虚假离婚的效力，司法实践的观点基本是统一的，即认为结婚登记、离婚登记具有确立、解除婚姻关系的当然效力，不因当事人意思表示的虚假而无效。但关于虚假离婚的离婚协议中财产分割内容的效力，存在分歧。

二、大相径庭的学界观点

与司法实践观点统一形成鲜明对比的是，学界关于虚假结婚、虚假离婚效力的认识则大相径庭。不考虑财产内容，仅就确立、解除婚姻关系的纯粹身份行为而言(以下同)，至少存在以下不同观点：

1. 虚假婚姻行为无效

我国台湾地区有学者认为,“于身份行为应采取意思主义……身份行为之成立如欠缺意思,即为无效”。[1] 王泽鉴指出,“台湾地区‘民法’第87条第1项关于通谋虚伪意思表示无效之规定,对身份行为亦有适用余地,夫妻双方通谋而为假离婚之意思表示,依照第87条第1项规定,其意思表示无效。但不得以其无效,对抗善意第三人”。[2]

杨晋玲认为:“政策性结婚离婚的情形一再上演,结婚与离婚变成了人们达到某种目的的手段。对于这种滥用婚姻自由的行为,如果不加以一定的规制,则不仅会使婚姻的神圣性与严肃性荡然无存,而且还会导致整个社会基本诚信度的丧失。故面对现实生活中存在的这种现象,除了完善政策和婚姻登记制度外,还有必要将其列为无效婚姻的一种,以体现法律的引导作用和惩戒作用。”[3]

李昊、王文娜认为,婚姻无效制度涉及公共利益。在通谋虚伪的“假结婚”情形,当事人的目的并非缔结《民法典》第1043条意义上的“平等、和睦、文明的婚姻家庭关系”,而是为了获得户口、拆迁补偿款、购房优惠等与婚姻家庭共同生活根本无关的利益。此种通谋虚伪的婚姻不符合婚姻制度的本质,在实质上构成了对婚姻制度的挑战,涉及社会公共利益,因此应为无效婚姻。唯有将通谋虚伪的结婚行为定性为无效,赋予除婚姻当事人以外的利害关系人或机关以申请宣告婚姻无效的权利,才能够保护婚姻,也才能够实现户口政策、购房政策等特定政策的目的。[4]

2. 虚假婚姻行为可撤销

金眉认为,婚姻关系本质是私人关系,如果男女双方的结合仅欠缺婚姻有效的私益要件或者只是一般性违反结婚的公益要件,并未给社会和他人利益造成损害时,将撤销婚姻的权利赋予当事人就比一律将其归之无效更具有制度的弹

[1] 陈棋炎、黄宗乐、郭振恭:《民法亲属新论》,台北,三民书局2018年版,第24页。

[2] 王泽鉴:《民法总则》,北京大学出版社2009年版,第339页。

[3] 杨晋玲:《民法典总则编与亲属编的关系问题——以法律行为与身份行为的关系为视角》,载《中华女子学院学报》2017年第1期。

[4] 参见李昊、王文娜:《婚姻缔结行为的效力瑕疵——兼评民法典婚姻家庭编草案的相关规定》,载《法学研究》2019年第4期。

性,也更符合私法自治的精神。但对撤销权的行使应设定期限。[1]

冉克平认为,虚伪婚姻虽具有表面上的婚姻合意,但是夫妻双方均无建立夫妻共同生活关系的效果意思。我国《婚姻法》第 11 条规定:“因胁迫结婚的,受胁迫的一方可以向婚姻登记机关或人民法院请求撤销该婚姻。”虚伪婚姻与之类似,均属于意思表示有瑕疵。加之当事人的真实意思藏之于内心,难于为外界所探知,因此赋予夫妻双方以撤销权更为合适。[2]

王洪认为,可撤销婚姻制度的主要价值在于保护婚姻当事人的结婚自由权,因受胁迫而结婚属于非自愿的结婚,它与其他形式的非自愿结婚都属于欠缺结婚合意这一法定要件,因此包括虚假结婚在内的各种非自愿结婚也应规定为婚姻撤销的原因。[3]

3. 虚假婚姻行为有效

日本学者栗生武夫认为,“依方式公然缔结之行为,不能因私的密约左右其效力”。[4]

余延满认为,“对于通谋的虚伪婚姻,除规避法律者认定其无效外,只要其构成了法律婚或事实婚,就应肯定其效力”。[5]

蔡立东、刘国栋认为:“当事人意欲离婚的内心效果意思是真实的,因为只有离婚,才能够实现获得计划生育指标、规避现行的限购政策等目的,事实上当事人对离婚的法律效果是积极追求的,并不能说离婚的意思是具有瑕疵的,当事人的意思表示符合《婚姻法》第 31 条‘自愿’离婚的要求。”[6]

4. 对虚假结婚、虚假离婚效力区别对待

有学者仅讨论虚假结婚效力,或仅讨论虚假离婚效力。在同时论及二者的

---

[1] 参见金眉:《论通谋虚伪结婚的法律效力》,载《政法论坛》2015 年第 3 期。

[2] 参见冉克平:《意思表示瑕疵:学说与规范》,法律出版社 2018 年版,第 124 页。他同时认为,在双方建立了夫妻共同生活关系、有共同子女、1 年内未行使撤销权这三种情形下,虚假结婚有效;而对于通过假结婚避税或者购买学区房等情形,则因“以合法形式掩盖非法目的”而无效,随着《民法典》的颁布施行,《民法通则》第 58 条的相关规定已被废止,后一观点已不能成立。

[3] 参见王洪:《婚姻家庭法》,法律出版社 2003 年版,第 93 ~ 94 页。

[4] [日]栗生武夫:《婚姻法之近代化》,胡长清译,中国政法大学出版社 2003 年版,第 57 ~ 67 页。

[5] 余延满:《亲属法原论》,法律出版社 2007 年版,第 184 页。

[6] 蔡立东、刘国栋:《司法逻辑下的“假离婚”》,载《国家检察官学院学报》2017 年第 5 期。

观点中,有学者将虚假结婚、虚假离婚效力区别对待。

如田韶华认为,当事人为虚假的结婚、收养等创设性身份行为,并非以变动法律上身份关系为目的,而是其他目的(例如,为税收优惠、购房、落户以及出国的便利等),应当认为不存在身份意思并构成虚假表示,其行为应属无效。而在当事人具有“虚假”的离婚、解除收养等解消性身份行为的情形,由于办理离婚登记以及解除收养登记的目的就是解除法律上的身份关系(当事人不愿解除的只是事实上的共同生活关系),故不可谓当事人不存在身份意思,也不应认为构成虚假意思表示。[1]

如前所述,王洪认为虚假结婚行为可撤销,但对虚假离婚行为,他认为:“虚假离婚当事人如果均未与第三人再婚,采取实质意思说较为符合身份行为的本质,其离婚可以被宣告无效。但如果虚假离婚后当事人一方已与第三人结婚,应采取形式意思说,承认虚假离婚的效力。”[2]

冉克平虽主张虚假离婚和虚假结婚行为的效力都为可撤销,但他同时认为二者在行为效力能否对抗第三人上又有区别。就虚假结婚而言,因婚姻登记信息已全国联网,第三人理应知晓婚姻登记信息,故第三人与登记结婚的一方不能结婚,即使结婚也不存在善意;而就虚假离婚而言,第三人与登记离婚的一方缔结婚姻的,则在该虚假离婚被撤销前,其不得对抗善意第三人。[3]

三、虚假结婚、离婚行为的效力瑕疵及“治愈”

1. 通谋虚伪的构成

结婚、离婚分别是以确立、解除夫妻身份关系为内容的民事法律行为。结婚行为在我国法律上即当事人申请结婚登记;离婚行为更复杂一些,在我国法律上由签署离婚协议、申请离婚登记、申请发给离婚证三部分组成。婚姻登记机关予以结婚、离婚登记则是行政确认行为,是民事法律行为的形式要件也是特别生效

---

〔1〕 参见田韶华:《民法典编纂中身份行为的体系化构建》,载《法学》2018 年第 5 期。

〔2〕 王洪:《婚姻家庭法》,法律出版社 2003 年版,第 163 页。

〔3〕 参见冉克平:《意思表示瑕疵:学说与规范》,法律出版社 2018 年版,第 124 页。

要件。[1] 当民事法律行为不存在其他效力瑕疵的情况下,形式要件可以确保该行为发生法律效力;但如果民事法律行为本身就存在效力瑕疵,形式要件并非一剂万能解药。"离婚登记只是对该有效的离婚意思表示采用公法手段加以确认而已,其自身并不具有修复意思表示瑕疵的功能。"[2] 尤其不能树立"行政机关确认过的就一定有效"这样的错误观念。

既然结婚、离婚都是民事法律行为,判断行为效力就需要考察意思表示。婚姻行为的意思表示究竟是什么,首先就有争议。"实质意思说"认为,婚姻行为的意思表示包括两个,一是以实际确立或解除婚姻关系为目的的效果意思,二是将效果意思表示于外的表示意思,二者缺一不可。"形式意思说"认为婚姻行为的意思仅有表示意思,并无实质意思存在,也就是说,在"形式意思说"看来,结婚、离婚行为的意思仅为办理登记的意思,而非确立、解除婚姻关系的意思。本书认为,"形式意思说"本质上否认了婚姻关系的确立、解除是当事人意思自治的结果,而将之视为行政机关登记的结果,因而背离了婚姻行为作为民事法律行为的本质。故应采用"实质意思说"。

根据《民法典》第 143 条的规定,意思表示真实是民事法律行为有效的必要条件。当事人双方并无确立、解除婚姻关系的真实意思,其进行结婚、离婚的民事法律行为,存在通谋虚伪意思表示。

2. 虚假婚姻行为的效力

关于虚伪意思表示行为的效力,学理和立法例上有意思主义、表示主义、折中主义三种观点,体现了私法自治和交易安全的平衡。意思主义尊重表意人的内心意思,缺点是危及交易安全;表示主义以表示出的效果意思为准,无论表意人内心真实意思如何,缺点是忽视表意人的利益;折中主义或以意思主义为原则,以表示主义为例外,或反之,以期兼顾。我国《民法典》第 146 条第 1 款规定,"行为人与相对人以虚假的意思表示实施的民事法律行为无效",没有像我国台湾地区"民法"第 87 条那样,采用折中主义规定通谋虚伪意思表示无效,但不得

---

〔1〕 登记机关予以登记,并非婚姻当事人申请登记的民事法律行为的构成部分,故不是成立要件而是生效要件。

〔2〕 参见蔡立东、刘国栋:《司法逻辑下的"假离婚"》,载《国家检察官学院学报》2017 年第 5 期。

以其无效对抗善意第三人,而是完全采用意思主义,规定行为绝对无效。[1] 就虚假结婚、离婚这样的身份行为而言,本身无所谓交易,不存在交易安全的保护之需,[2]在我国法上更加不必向表示主义倾斜,故应采用意思主义认定虚假结婚、虚假离婚行为无效。

虚假结婚、虚假离婚行为之所以无效,不仅在于当事人通谋虚伪的意思表示,还在于该行为本身有悖公序良俗。婚姻家庭是社会的细胞,结婚、离婚都是人生大事,我国法律尤其强调感情在婚姻中的基础作用。虚假结婚、虚假离婚并不以存在感情作为基础,而是当事人假借结婚、离婚的名义谋取婚姻以外的利益特别是物质利益,是对婚姻的物化,违背了婚姻的本质,与社会道德观念不符,有悖公序良俗。《民法典》第 143 条将"不违背公序良俗"作为民事法律行为有效的必要条件;第 153 条第 2 款规定"违背公序良俗的民事法律行为无效"。从这个角度看,也应认定虚假结婚、虚假离婚行为无效。

从正当性的角度分析,如前面提到的案例,虚假结婚后一方去世,其虚假结婚对象竟能取得遗产继承。类似的情况,又如虚假结婚后一方意外丧失行为能力,名下有大量财产,担任其监护人可能有利可图;再如虚假结婚后一方的父母去世且未留遗嘱,该方作为其父母的继承人,除非放弃继承,否则所得遗产就是夫妻共同财产;此外,虚假结婚后一方出于经济目的,在索求未达成前拒绝办理离婚;等等。在虚假离婚的情况下,如虚假离婚后一方意外去世,其他继承人主张排斥另一方参与继承。以上种种局面,若承认虚假结婚、虚假离婚的效力,利益将严重失衡,且挑战道德底线,存在道德风险,毫无正当性可言,有百害而无一利。

对此,最有力的辩解似乎是,当事人双方在行为时都意识健全,必然经过深思熟虑,预估到了所有风险和收益而作出行为,实属自作自受,理应"愿赌服

---

〔1〕 我国《民法总则》(已废止)第 146 条在立法过程中,原先草案有"但是双方均不得以此对抗善意第三人"的但书,后因考虑到该但书规定与物权法上善意取得的规定相矛盾,遂被删除,"理应否认但书规则(不得对抗善意第三人),这样理解符合立法者对本条文字改动的原意"。参见崔建远、韩世远、申卫星等编著:《民法总论》(第 3 版),清华大学出版社 2019 年版,第 167 ~ 168 页。

〔2〕 至于虚假离婚当事人与善意第三人再婚,可解释为其与原配偶已废止亲属身份共同生活,该事实可治愈虚假离婚行为的意思表示瑕疵,从而令离婚行为有效,后文详述。

输”。但需考虑,当事人虚假结婚或虚假离婚,其动机未必有多大的恶,法律从不强人所难,尤其是如“慈母”一般的民法,面对犯了错误却可能承担始料未及的不利后果的“孩子”,更不会也不应指责其自作自受,要求其愿赌服输。当然,钻政策的空子是错误的。政策有漏洞,堵上即可,即令当事人无法享受钻政策空子带来的利益。也唯有将通谋虚伪的婚姻行为定性为无效,赋予除婚姻当事人以外的利害关系人或主管机关请求确认行为无效的权利,才能够发挥相关政策的作用。反之,若承认该行为效力,当事人享受政策利益在逻辑上就顺理成章,公权力机关往往只能采用刑事手段对情节特别恶劣的案件予以个别打击,或在短期内开展“集中打击”,不符合比例原则,难免选择性、运动式执法,效果也不见得好。

案例:男子为拆迁利益“假结婚”被提起公诉〔1〕

四川宜宾市一男子为了获得拆迁款,与自己的妻子离婚,与自己的丈母娘结婚,待到获得拆迁款后,再离婚,与妻子复婚,通过“离婚——结婚——离婚——复婚”的反复折腾,“如愿以偿”实现了多分拆迁款的目的,后因户籍造假,被检察机关以诈骗犯罪提起公诉。

案例:为过户京牌“假结婚”涉嫌犯罪〔2〕

北京市公安局(2020 年)11 月 9 日通报,自 10 月 30 日起,由刑侦总队牵头,组织 16 个分局共 510 余名警力开展集中收网,深挖幕后“黑中介”及利益链条,实施全链条打击。通过 8 天连续作战,截至 11 月 6 日,共抓获嫌疑人 166 人,其中 124 人以结婚为手段骗取、买卖北京市小客车指标的违法犯罪行为,因涉嫌买卖国家机关公文罪已被公安机关依法刑事拘留,起获结(离)婚证及大量电子转账记录。

3. 对虚假婚姻行为效力瑕疵的治愈

如前所述,虚假婚姻行为之所以无效,一方面在于存在通谋虚伪的意思表示瑕疵,另一方面在于其违背公序良俗。但如果在虚假结婚行为之后,当事人双方

---

〔1〕 参见陈凯:《和丈母娘假结婚诈骗了谁》,载《北京日报》2012 年 8 月 22 日,第 18 版。

〔2〕 参见叶婉:《以“结婚”为手段过户京牌,北京 124 人被刑拘!》,载微信公众号“北京青年报”2020 年 11 月 9 日,https://mp.weixin.qq.com/s/Z6De9_CycXWKIXrREspylA。

建立起了夫妻关系的生活事实;或在虚假离婚行为之后,双方废止了夫妻关系的生活事实,情况就会有不同。这种生活事实,即一种“身份的生活事实”,在身份关系的形成中具有重要的意义。日本学者中川善之助最早创立“事实先在性”理论,将身份生活事实作为身份行为的构成要素之一。我国台湾地区学者陈棋炎认为,亲属身份的取得和丧失,是基于“亲属的身份共同生活关系秩序”这一事实,而非当事人的意思表示。在人类生活中,有何身份,而该身份应有何内容,皆无意思表示、效果意思干预之余地。[1]“法律或亲属的身份人效果意思,则仅具有就该业已存在之关系,是否与人伦秩序上事实一致,而又无违反人伦性,加以确认之意义而已,而绝无创设或形成该关系之功能。”[2]本书认为,结婚、离婚行为作为民事法律行为,仍须以意思表示为要素,在行为时尤其是结婚行为时也未必都有身份的生活事实。但建立或者废止身份的生活事实,是由若干具体行为组成的,人的行为都是人的意志的外部表现,据此可以反过来推定双方之间产生了确立婚姻关系或者解除婚姻关系的真实意思,并“覆盖”掉原先的虚假意思,其以虚假婚姻行为谋取利益的违背公序良俗程度也大为缓解,从而使虚假婚姻行为的无效原因得到治愈。

虚假离婚后一方当事人与第三人又结婚的情况比较棘手,离婚行为若无效,后面的结婚就构成重婚。此时善意第三人的“信赖利益”需要保护吗?婚姻登记和不动产登记不同,不动产登记只能在当地的登记机构进行,是唯一的,具有极强的公信力;而离婚登记,并不能说明当事人肯定单身,在婚姻登记信息不联网时如此,即使全国联网了,亦不能排除对方在境外另有婚姻,这与不动产登记的公示公信效力还是有所区别的,离婚登记信息未必值得信赖。但假如第三人与对方建立了婚姻生活事实,基于这种事实的排他性,则意味着对方与原先配偶之间必然废止了婚姻生活事实,此时可认为虚假离婚行为的效力瑕疵被治愈,离婚有效,后面的结婚亦有效。反之,若第三人与对方尚未建立婚姻生活事实,虚假离婚行为应属无效,后面的结婚因重婚而无效,无过错的第三人可依据《民法典》第1054条第2款的规定,向对方主张损害赔偿。

---

〔1〕参见陈棋炎:《亲属、继承法基本问题》,台北,三民书局1980年版,第12~14、127页。
〔2〕陈棋炎、黄宗乐、郭振恭:《民法亲属新论》,台北,三民书局2018年版,第16~17页。

四、小结

关于虚假结婚、虚假离婚的效力，我国司法实践的观点相对统一，即认为结婚登记、离婚登记具有确立、解除婚姻关系的当然效力，不因当事人意思表示的虚假而无效。但在学界，则存在虚假婚姻行为无效、可撤销、有效，以及对虚假结婚、虚假离婚效力区别对待等不同观点。

本书认为，结婚、离婚均为民事法律行为，虚假的结婚、离婚行为因通谋虚伪意思表示以及违背公序良俗而无效，不存在基于登记信息而保护善意第三人的问题。认定其有效的学术观点和司法实践，导致的结果并不具有正当性，不利于对民事主体权利的保护。但如果虚假结婚、离婚行为的当事人随后建立或者废止了婚姻生活事实，则该事实可以治愈虚假婚姻行为的效力瑕疵，使之有效。即便如此，就虚假离婚行为而言，被治愈的也只是解除婚姻关系的纯粹身份行为效力，至于离婚协议中的子女抚养安排、财产处理约定，因存在通谋虚伪意思表示的情况，仍属无效。

法条链接

《最高人民法院关于陈建英诉张海平“假离婚”案的请示报告的复函》

79 反监字第 2029 号

甘肃省高级人民法院：

关于陈某英、张某平、朱某渝婚姻纠纷一案，你院甘法民文(1979)18 号来函征求意见。我们听取了你院乔永强同志、兰州市中级人民法院魏致中同志对该案的情况介绍，查阅了案卷材料，经研究后认为：陈某英与张某平是经过双方申请，于 1976 年 8 月 16 日去兰州市七里河区革委会协议离婚的，双方对子女抚养和财产也达成了一致意见，领取了离婚证。张某平与朱某渝于 1978 年 1 月 9 日在北京经合法手续登记结婚，领取了结婚证。从法律上说，张某平与陈某英的离婚是合法的，张某平与朱某渝的结婚也是合法的。现在陈某英以他们的离婚登记，是张某平用先离婚后复婚的欺骗手段造成的假离婚，要求予以撤销；并要求废除张某平与朱某渝的婚姻关系，维持她与张某平的夫妻关系。这种要求，在法律上是站不住脚的。陈某英与张某平在离婚当时，都是具有法律行为能力的公民，双方依法办理了离婚手续，并已经发生了法律效力，从那时起，他们之间的婚姻关系，在法律上已经消灭。根据案卷的调查材料，造成他们离婚，双方都有责任，张某平的责任可能多一些。但从案件情况来看，都还是批评教育问题，使他们今后能严肃慎重地处理婚姻家庭问题，不影响已经登记离婚的合法性。

因此，我们原则上同意你院来函中的第一种处理意见。为了更好地解决这一案件，在具体处理中，希注意做好以下工作：

一、要耐心地对陈某英做好说服教育工作，在子女抚养方面，要适当地照顾她的合理要求。

二、对这一案件，群众中有些舆论，应通过有关单位做好工作。

三、各级法院内部对本案的处理有不同意见，建议你院召集各院与本案有关人员，展开讨论，统一认识，共同做好工作。

以上意见，供你院参考。并将处理结果，函告本院备查。

《民法典》

第 143 条　具备下列条件的民事法律行为有效：

(一)行为人具有相应的民事行为能力；

(二)意思表示真实；

(三)不违反法律、行政法规的强制性规定，不违背公序良俗。

第 146 条　行为人与相对人以虚假的意思表示实施的民事法律行为无效。

以虚假的意思表示隐藏的民事法律行为的效力，依照有关法律规定处理。

第 1043 条　家庭应当树立优良家风，弘扬家庭美德，重视家庭文明建设。

夫妻应当互相忠实，互相尊重，互相关爱；家庭成员应当敬老爱幼，互相帮助，维护平等、和睦、文明的婚姻家庭关系。

第 1054 条　无效的或者被撤销的婚姻自始没有法律约束力，当事人不具有夫妻的权利和义务。同居期间所得的财产，由当事人协议处理；协议不成的，由人民法院根据照顾无过错方的原则判决。对重婚导致的无效婚姻的财产处理，不得侵害合法婚姻当事人的财产权益。当事人所生的子女,适用本法关于父母子女的规定。

婚姻无效或者被撤销的,无过错方有权请求损害赔偿。

6. 彩礼要不要返还?

——关于不当得利规则在“以结婚为目的”赠与上的适用

案情导入

原告郭某与被告吕某于2009年8月经人介绍相识,于2011年3月7日登记结婚,于2011年3月12日举行结婚仪式。从双方相识到结婚这段时间内,被告吕某共接收原告郭某彩礼金21,200元。另查明:双方相识4年来,确实未共同生活过。原告郭某起诉与被告吕某离婚,并以双方没有共同生活过为由请求返还彩礼21,200元,被告吕某承认原告郭某所述是事实,同意离婚,但以自己是原告郭某明媒正娶的妻子为由不同意返还彩礼。[1] 问:哪一方的主张能得到法院支持?

裁判法理

婚前给付彩礼的现象,在一些地区还相当盛行,甚至有着较为统一的“行情”和价格,相对于当地人的生活水平而言,给付的数额往往很大。有的当事人为了满足对方提出的彩礼要求,不得不全家举债,因婚致贫;因彩礼引起的激烈纠纷乃至恶性案件,屡见不鲜。2021年4月7日,民政部发布《关于同意将河北省河间市等单位确认为全国婚俗改革实验区的批复》(民函〔2021〕33号),针对“天价彩礼”等陋习,开展为期3年的婚俗改革实验。关于彩礼的返还问题,最

---

〔1〕《最高人民法院12月4日公布婚姻家庭纠纷典型案例》第13件,载最高人民法院官网2015年12月4日,http://www.court.gov.cn/zixun-xiangqing-16211.html。

高人民法院相关司法解释已有规定,彩礼规则在民法上的依据是什么?仍有探讨的空间。

一、彩礼的历史与现实

1. 我国古代的彩礼

彩礼源于西周的“六礼”制度。所谓“六礼”,是指从议婚至完婚过程中的6种礼节,按顺序为:纳采、问名、纳吉、纳征、请期、亲迎。其中,纳征的“征”指的是币帛即金钱财物,纳征就是说男方赠送、女方收取特定财物,标志着订婚阶段的完成。北宋仁宗名赵祯,因征与祯同音,为了避讳,纳征被改为纳成或纳财,民间谓之“下财礼”、下礼、聘礼、过定等,指的都是这件事。因六礼制度较为烦琐,后世对其进行了不同程度的简化,如宋以后简化的“四礼”(纳采、纳吉、纳征和亲迎)、朱熹《家礼》中的“三礼”(纳采、纳成、亲迎),但以男方向女方送出特定财物作为正式订婚的标志,这一环节始终被保留。

在我国古代社会,以收取彩礼为标志的订婚具有强制约束力,而且对男方和女方的约束程度是不同的。依唐律,女方受娉财而辄悔者,杖六十,婚仍如约,而男方反悔的无罪,仅不追娉财而已。若女方除了悔约,还另许他人者,则杖一百,已成者徒一年半,后娶者知情减一等,女归前夫;前夫不娶,还娉财。元朝时,女方悔约者笞三十七,男家悔者不追聘财;女方另许他人的,笞四十七,已成婚者笞五十七,女归前夫,惟已生有子女者,则有追还聘财与前夫别娶之例。明、清律也有类似规定,且变本加厉,若女方另许他人而前夫不愿娶的,前夫可加倍追还彩礼。[1]

2. 比较法上的类似制度

如前所述,彩礼与订婚密切相关。比较法上,关于订婚,许多国家或地区规定了婚约制度。婚约,是指男女双方以结婚为目的而作的事先约定。在罗马法上,婚约不是结婚的必经程序,而习惯上人们在结婚前都要订立婚约。婚约不得强制履行,任何一方可自由解除,但对订婚时收受他方的礼物,应行归还。缔约

---

〔1〕 参见陈顾远:《中国婚姻史》,上海文艺出版社1987年版,第158~159页。

以后,聘礼是否返还需视不履行婚约有无正当的理由,男方无正当理由毁约的,要丧失聘礼;女方无正当理由毁约的,除返还聘礼外,还需另付一定金额的罚金。但如因担任神职、患有不能结婚的疾病或对方有污名、从事贱业等而解除婚约,则由双方互退聘礼和赠与。[1] 在教会法上,男女一经订婚,当事人即受婚约之拘束,互负贞操义务,他方如不履行婚约,则可请求损害赔偿。[2] 近现代,有的国家如日本、法国不对婚约作出规定,而德国和我国台湾地区,虽然在法律中专门规定了婚约制度,但不将婚约作为结婚的必经程序,双方当事人也不因婚约在身份上取得任何效果。

我国台湾地区"民法"第 979 - 1 条规定:"因订定婚约而为赠与者,婚约无效、解除或撤销时,当事人之一方,得请求他方返还赠与物。"这里的"因订定婚约而为赠与"与我国大陆传统意义上的彩礼,相当类似。无独有偶,《德国民法典》第 1301 条规定:"婚姻不缔结的,订婚人任何一方可以依关于返还不当得利的规定,向另一方请求返还所赠的一切或作为婚约标志所给的一切。"[3]需注意,现代社会倡导婚姻自由,不允许预先设定婚约未履行的责任以影响当事人的自主决策,故婚约之不履行至多发生损害赔偿的法律后果,但不能像古代法那样,导致丧失聘礼或者加倍追还。

3. 我国法律史上的彩礼

新中国成立前,革命根据地的相关法令明确要求完全取消彩礼,如 1931 年《中华苏维埃共和国婚姻条例》、1934 年《中华苏维埃共和国婚姻法》都规定:"废除聘金、聘礼及嫁妆。"[4]

新中国成立后,1950 年《婚姻法》第 2 条规定,"禁止任何人藉婚姻关系问题索取财物"。1980 年《婚姻法》第 3 条规定,"禁止包办、买卖婚姻和其他干涉婚姻自由的行为。禁止借婚姻索取财物"。该条文沿用至今,被《民法典》第 1042 条第 1 款继承。除此之外,法律再未有关于彩礼的直接规定,有所规定者,主要

---

[1] 参见周枏:《罗马法原论》(上册),商务印书馆 1994 年版,第 181 ~ 182 页。

[2] 参见陈棋炎、黄宗乐、郭振恭:《民法亲属新论》,台北,三民书局 2018 年版,第 54 页。

[3] 陈卫佐译注:《德国民法典》,法律出版社 2010 年版,第 416 页。

[4] 参见韩延龙、常兆儒编:《中国新民主主义革命时期根据地法制文献选编》(第 4 卷),中国社会科学出版社 1984 年版,第 789、793 页。

源于最高人民法院的相关意见。

20 世纪 50 年代初，最高人民法院等机关对彩礼问题，首先区分是“买卖婚姻”还是“赠与”。其中买卖婚姻性质的彩礼是非法的，“所谓买卖婚姻就是婚姻法第二条所禁止的‘借婚姻关系问题索取财物’”，又包括公开的买卖婚姻和变相的买卖婚姻，[1]所收取财物不是返还或不返还的问题，而是是否要没收、是否要处罚的问题。赠与性质的彩礼则是合法的，不但不没收，原则上也不允许请求返还，但如婚约取消，当事人可协商解决，或由法院酌定返还或部分返还。[2]

1979 年《最高人民法院关于贯彻执行民事政策法律的意见》定义买卖婚姻为“第三者（包括父母）以索取大量财物为目的，包办强迫他人婚姻”，也就是说，买卖婚姻不仅是索取财物，还要求具备强迫当事人结婚、干涉婚姻自由的情节。而“对于婚姻基本上自主自愿，但女方向男方要了许多财物，或父母从中要了一部分财物的，属于剥削阶级的旧习俗，主要是进行批评教育，提倡破旧立新，移风易俗，婚事新办和勤俭节约的新风尚，不要以买卖婚姻对待”。非法的买卖婚姻的范围有所缩小。

1984 年《最高人民法院关于贯彻执行民事政策法律若干问题的意见》重申，“包办强迫买卖婚姻所得的财物”，离婚时原则上依法收缴。借婚姻关系索取的财物，离婚时，“如结婚时间不长，或者因索要财物造成对方生活困难的，可酌情返还”。[3] 据此，若双方根本未成婚，更应酌情返还；若双方结婚时间已久且未因索要财物造成对方生活困难的，则不需返还，借婚姻关系索取财物一定程度上被“合法化”了。

1993 年《离婚案件财产分割问题意见》已不再提及公法色彩浓厚而与私法格格不入的收缴，但保留了前述 1984 年规定关于返还索取财物的部分。同时第 19 条规定，“对取得财物的性质是索取还是赠与难以认定的，可按赠与处理”。

---

〔1〕 根据《“有关婚姻法施行的若干问题与解答”之四》，公开的买卖婚姻指“嫁女或嫁寡妇要一定身价，以及贩卖妇女与人为妻等”；变相的买卖婚姻指“以索取对方一定的财物为结婚条件者”。

〔2〕 参见 1951 年 5 月《最高人民法院回复华东分院关于取消婚约时应否返还聘礼问题的批复》、1951 年 6 月《司法部关于“聘金”或“婚礼”处理原则的批复》、1951 年 10 月《最高人民法院、司法部关于婚姻案件中聘金或聘礼的处理原则问题对华东分院、华东司法部的指示信》。

〔3〕 参见《最高人民法院关于贯彻执行民事政策法律若干问题的意见》第 17 条、第 18 条。

2003 年《婚姻法解释(二)》第 10 条首次在规范性文件中使用“彩礼”概念。根据该规定,按照习俗给付的彩礼,如果双方未办理结婚登记手续,或者虽办理结婚登记手续但确未共同生活,或者婚前给付并导致给付人生活困难的,应予返还(后两种情况要以离婚为条件)。

2021 年《民法典婚姻家庭编解释(一)》第 5 条完全继承了上述 2003 年司法解释的规定。

二、彩礼行为的法律性质

法律上的彩礼问题,核心是彩礼的返还问题。现行司法解释只是规定了 3 种应返还彩礼的情形,但为何返还,还需要从法释义学角度对其进行定位,这就涉及如何理解彩礼行为的法律性质。需注意的是,司法解释的制定者并未对此作出明确规定。[1]

1.“附解除条件赠与说”

有观点认为,彩礼授受是附解除条件的赠与,意即已经发生效力的赠与行为,在当事人所约定的条件不成就时,赠与行为有效存在;当条件成就时,赠与行为失效,当事人之间的权利义务消灭。具体而言,彩礼行为所附的解除条件是婚约解除或者婚姻未能缔结,彩礼基于不当得利可主张返还。

司法实践中,如福州市鼓楼区人民法院在(2019)闽 0102 民初 10812 号民事判决书中认为:原告是出于结婚的目的而与被告交往,并为了巩固双方的恋爱关系而向被告汇款,该行为符合以结婚为目的的附解除条件的赠与行为。

对此观点,反对者认为,当事人授受彩礼,总是期待将来履行婚约,缔结婚姻,而法律行为所附的条件是意定条件,应符合当事人预先作出的意思表示。当事人应不会附以解除条件,对将来返还聘礼应为意思表示,若将彩礼视为附解除条件的赠与,与当事人的意思表示不符。[2] “以聘金为附解除条件的赠与,纯属

---

〔1〕 参见最高人民法院民事审判第一庭编著:《最高人民法院婚姻法司法解释(二)的理解与适用》,人民法院出版社 2004 年版,第 100 ~ 102 页。

〔2〕 参见陈棋炎、黄宗乐、郭振恭:《民法亲属新论》,台北,三民书局 2018 年版,第 75 页。

对当事人意思的拟制。"[1]

2."附义务赠与说"

有观点认为,彩礼授受是附义务的赠与。如《民法典》第661条规定,赠与可以附义务。赠与附义务的,受赠人应当按照约定履行义务。具体而言,彩礼所附义务即缔结婚姻,若未能履行该义务,赠与人可以依《民法典》第663条第1款第3项撤销赠与,并依《民法典》第665条主张返还彩礼。

司法实践中,如秦皇岛市海港区人民法院在(2020)冀0302民初2331号民事判决书中认为:原告在与被告恋爱期间购买了诉争车辆。在与被告确定恋爱关系后将原告车辆赠与被告,并以买卖的方式办理了过户手续,实质上是附义务的赠与行为。本案中,原告是建立在将来缔结婚姻、共同生活的基础上的,因此赠与是具有针对性和有条件的。在双方没有办法继续履行婚约并结婚的情况下,被告继续占有财物就失去了事实上和法律上的依据,构成不当得利,理应返还。

对此观点,反对者认为,若将彩礼行为视为附义务的赠与,无异于承认当事人因收取彩礼而负担结婚的义务,与婚姻自由的原则不合。[2]

3."目的性赠与说"

有观点认为,彩礼行为是以婚姻的成立为目的的赠与,目的不达则给付构成不当得利。根据《民法典》第122条的规定,不当得利的构成要件之一是"没有法律根据"[3]。就给付型的不当得利[4]而言,没有法律根据即为欠缺给付目的,[5]又分为自始无给付目的、给付目的嗣后不存在和给付目的不达三种。其

---

[1] 王泽鉴:《不当得利》(第2版),北京大学出版社2015年版,第105页。

[2] 参见陈棋炎、黄宗乐、郭振恭:《民法亲属新论》,台北,三民书局2018年版,第75页;王泽鉴:《不当得利》(第2版),北京大学出版社2015年版,第105页。

[3] 其他构成要件,包括一方取得利益、他方受到损失、一方取得利益和他方受到损失之间有因果关系,在彩礼返还问题上应无疑义。

[4] 不当得利在理论上一般区分为给付型不当得利和非给付型不当得利,参见黄薇主编:《中华人民共和国民法典合同编释义》,法律出版社2020年版,第1045~1049页。

[5] 关于给付不当得利无法律上原因的判断基准有两种见解:一为债之关系("客观说"),二为给付目的("主观说")。"客观说"认为,无债之关系时,给付无法律上原因;"主观说"认为,给付系为一定目的而对他人财产有所增益,这种目的既包括清偿债务,也包括直接创立一种债之关系。通说采"主观说"。参见王泽鉴:《不当得利》(第2版),北京大学出版社2015年版,第68~69页。若采"客观说",给付彩礼基于赠与合同之债,则不存在不当得利。但若采"主观说",可以认为给付彩礼的目的是结婚(创立亲属法上的债之关系),该目的不达,给付行为即因欠缺目的,从而构成不当得利。

中,给付目的不达是说本来意图实现将来某种目的而为给付,但日后并未达成其目的。具体而言,当事人赠与彩礼,显然期待将来缔结婚姻,如果婚姻最终未能缔结,则赠与彩礼的目的并未达成,赠与人可以依据不当得利的规则主张返还赠与物。

司法实践中,如随州市中级人民法院(2017)鄂13民终2号民事判决书显示,该案一审法院认为:所谓彩礼是指按照习俗男方家庭以男女双方结婚为目的在婚前送给女方的礼金或物品。从法律性质上来看,彩礼属于一种特殊的赠与即目的赠与(以双方结婚为目的)。目的赠与是指为达到将来某种目的的一种无偿给付,当给付目的不能按照给付意图实现时,受领给付即欠缺保有给付利益的正当性,构成不当得利,应当返还。

对此观点,反对者认为,在民法中单纯的目的或动机通常没有法律意义,只有将目的或动机作为法律行为的附款,目的或动机才受法律保护。[1]

三、彩礼规则的局限性

1. 彩礼概念与“借婚姻索取财物”难以区分

由前文可知,新中国的历次《婚姻法》条文始终坚持禁止借婚姻索取财物,但司法机关的态度似乎在不断向民俗习惯妥协。在最高人民法院的规范性文件中,借婚姻索取财物,从一开始被视为买卖婚姻而完全非法,到和买卖婚姻分离——索取财物干涉婚姻自由的才非法、“婚姻基本自主自愿”的则仅需“批评教育”,再到特定情形下应返还、其他情形下不需返还的实际合法化,司法解释与法律规定出现了明显抵牾。2003年《婚姻法解释(二)》首次使用“彩礼”概念,似乎消弭了冲突。最高人民法院民事审判第一庭在对该司法解释的解读中,以是否具有违法性为标准,强调彩礼与借婚姻索取财物有所区别:“彩礼问题不具有违法性”,“借婚姻索取财物……是一种违法行为”,但若追问怎样才算合法、怎样才算违法,似乎又会陷入“彩礼合法、借婚姻索取财物违法”的循环论

〔1〕 参见余延满:《亲属法原论》,法律出版社2007年版,第157页。

证。该解读同时承认彩礼给付的非自愿性,是迫于压力不得不给。[1] 这与被索要而给付的情形,并无不同。这种"为和立法保持一致不得不区分"与"实际上无法区分"的两难体现在司法实践中,有判决书一方面依据《婚姻法解释(二)》来决定是否准许男方请求返还彩礼,另一方面又宣示彩礼是"借婚姻索取的财物",法律不予保护,[2]造成了判决说理的自相矛盾。

2. 彩礼规则的覆盖面不足

现行司法解释中的彩礼规则,还存在对现实情况覆盖不足的问题。例如,最高人民法院民事审判第一庭认为,彩礼规则的适用"必须是本地区确实存在这种结婚前给付彩礼的习俗的",但彩礼在今日中国的存在已经碎片化,在一些地域偏远、经济落后的地区固然有较为普遍的彩礼习俗,而在经济发达地区,也未必能够完全杜绝个体的彩礼行为。现代城市生活,同一小区的居民都可能来自五湖四海,很难说有什么统一的当地习俗,对于这些个体所遭遇的彩礼困境,如何解决?又如,彩礼通常被认为是结婚前男方(或男方家庭)向女方(或女方家庭)给付,若反过来,女方向男方给付的情况,或者是一方父母向自己的子女以其结婚为目的的给付,如何处理?再如,彩礼与婚约密切相关,通常在订婚时一次性给付。若当事人不是在订婚时而是在其他场合给付,或者不是一次性给付而是多次给付、累积给付的,如果该等给付与当事人关于未来缔结婚姻的期待密切相关,难道就不存在返还问题吗?此外,如前所述,最高人民法院民事审判第一庭认为彩礼给付是非自愿的,假如男方完全自愿,甚至主动向女方支付大额钱款作为订婚信物,双方若最终未能结婚,恐怕也需要返还。而上述情形,都是现行的彩礼规则所不能覆盖的。司法实践中,有法院对这些不属于彩礼的情形,强行套用彩礼规则,以实现利益平衡。

案例:结婚半年即离婚,结婚时的赠房如何处置?[3]

2020年1月,大民和阿惠登记结婚,双方系再婚夫妻。考虑到给无依靠又

---

[1] 参见最高人民法院民事审判第一庭编著:《最高人民法院婚姻法司法解释(二)的理解与适用》,人民法院出版社2004年版,第98~100、103页。

[2] 参见甘肃省庆阳市合水县人民法院民事判决书,(2015)合民初字第582号。

[3] 参见朱晨希、陈倩琳:《结婚半年即离婚,结婚时的赠房如何处置?》,载《人民法院报》2021年6月12日,第3版。

要独自抚养幼女的阿惠一个保障,两人协商确定,大民将其婚前财产中的某房产赠与阿惠所有。领证当日,双方签订协议约定该房屋的产权归阿惠单独所有,并在不动产登记中心办理了过户手续。然而,赠送房屋的事情遭到了大民家人的强烈反对。2020 年 4 月中旬,大民提出对房产份额进行重新分配,给阿惠 25% 的份额。阿惠不同意,双方产生隔阂并分居。阿惠遂提起离婚诉讼,并要求判决该房产归其所有。

法院认为,大民将涉案房产转让给阿惠,是以双方结婚及婚后感情生活的长久稳固为真正目的。换言之,涉案房产成为维持双方婚姻关系的担保。从这一层面来看,涉案房产具有彩礼的性质。双方在登记结婚后不足半年开始分居生活直至起诉离婚,且赠与行为足以导致大民生活面临困境。现大民要求阿惠返还涉案房产,法院予以支持。然而,双方婚后毕竟经历过共同生活,从适当照顾女方权益的角度考虑,判决准予阿惠与大民离婚,阿惠将房屋返还给大民,大民一次性支付阿惠经济补偿 13 万元。

四、对彩礼规则的扬弃:目的性赠与之不当得利返还

关于彩礼行为的性质,本书赞同“目的性赠与说”。事实上,上述这些情形中的财物授受与典型的彩礼行为一样,都属于以结婚为目的的赠与。其共性既不在于当地习俗,也不在于是否自愿,而在于“以结婚为目的”。

虽然反对者认为,单纯的目的或动机通常没有法律意义,不应受法律保护,但仍有例外。动机之所以通常不受法律保护,是因为动机存于内心,难以为他人所探知,若动辄予以考虑有害交易安全,例如,在意思表示错误的样态中,动机错误的风险就以表意人自己承担为原则。但假如是“关于当事人之资格或物之性质”的动机错误,在交易上认为重要者,并为相对人所明知或可得而知,[1]就需要将该动机错误视为意思表示内容错误,而不得不考虑。同理,结婚的目的虽然没有纳入赠与合同的内容,故只能认为是一种动机,但假如该赠与行为在客观上

〔1〕 王泽鉴先生认为,交易重要性的认定不需以“为相对人所明知或可得而知”为要件,而采客观标准,就该法律行为的典型交易目的加以认定,参见王泽鉴:《民法总则》,北京大学出版社 2009 年版,第 355 ~356 页。

显然包含着未来婚姻缔结的重要目的,而该目的就受赠方而言,在其主观上也明知或可得而知,该动机就不能再被视为"难以为他人所探知",反对"目的性赠与说"的理由也就不能成立。

按照现行彩礼规则,返还彩礼的情形既包括未登记结婚,也包括虽登记结婚但确未共同生活,以此类推至"以结婚为目的的赠与"。这里的结婚,也不应仅指结婚登记,当事人的目的不仅在于办理结婚登记手续,还在于建立符合婚姻本质的共同生活。如前所述,当该目的不达时,赠与的给付行为欠缺给付目的,从而构成受赠人的不当得利。对包括彩礼行为在内的所有"以结婚为目的"的赠与,目的不达时,适用《民法典》第 122 条以及第 985 ~988 条的不当得利规则,可以应对现行司法解释的彩礼规则覆盖面不足的局限,解决更多现实问题。例如,女方父母将收到的男方彩礼送给女方的弟弟,但婚姻未能缔结,男方可依据《民法典》第 988 条直接要求女方的弟弟返还。

现行彩礼规则中,"婚前给付并导致给付人生活困难"也是可请求返还彩礼的情形之一,此种情形下,目的已然达成,为什么还要返还呢?"目的性赠与说"似乎不能回答。从内容来看,该条规定与《民法典》第 666 条关于赠与合同"穷困抗辩权"的规定类似,而且更进一步,不仅是未履行的(赠与合同)可以不再履行,已履行的部分也可以要求返还。司法解释制定者认为,该规则是针对"绝对困难"的情况而制定的,"体现了法律及审判实践对生活确有困难一方的帮助",[1]这种说法似乎找不到法律依据。本书认为,如果以结婚为目的的赠与一开始就导致赠与人陷入绝对生活困难的境地,该法律行为足以因违背公序良俗而无效,从而发生返还的效果,无须借助现行司法解释中的彩礼规则。

在司法实践中,不乏基于"目的性赠与说"在结婚不成的情况下支持返还财物的先例,且所涉财物未必属于彩礼。如黑龙江省牡丹江市中级人民法院(2019)黑 10 民终 963 号民事判决书显示,在张某、李某恋爱期间,张某将114,500 元交予李某,用于购置婚房。该案一审法院认为,张某向李某给付钱物时双方处于恋爱期间,其赠与行为与双方系恋人的身份关系密不可分,而恋爱属

---

〔1〕 最高人民法院民事审判第一庭编著:《最高人民法院婚姻法司法解释(二)的理解与适用》,人民法院出版社 2004 年版,第 104 页。

于缔结婚姻关系的前期准备阶段,张某是以结婚购置房屋为目的给付李某钱物。现双方无法缔结婚姻关系,张某的赠与财物目的无法实现,此时接受赠与的李某构成不当得利,因此张某有权要求李某予以返还。

五、小结

纵观我国法律制度在不同时期对彩礼问题的规定,不难发现:一方面,在社会革命的背景下,彩礼被斥为封建陋习,是需要被改造和消灭的对象;另一方面,民间传统的力量强大,制定法若完全脱离民俗习惯、现实生活,势必难以推行。就民法而言,其根本作用是革命理想的宣示,还是私法利益的调整?应不在前者。从这个角度看,《民法典》第1042条中"禁止借婚姻索取财物"的规定,更像是反映我国婚姻立法理念和传统的宣示性条款,而不宜作为私法裁判规范。最高人民法院关于彩礼的相关司法解释,也只是顾此失彼、覆盖面有限的权宜之计。

其实,彩礼以及其他"以结婚为目的"的赠与,都可以被认定为目的性赠与,通过适用关于不当得利的法律规范,解决在结婚未能缔结时已赠与财物的返还问题,而无须专门设置彩礼规则。司法实践中有一种倾向,对于明明不属于彩礼的婚前给付,法院为了实现利益平衡,强行向彩礼规则靠拢。彩礼本来只是目的性赠与的一种特殊形式,带有鲜明的民俗性。法院这样认定,使所有目的性赠与都成了彩礼的特殊形式,这就混淆了特殊和一般的关系。当然,现行有效的司法解释,实务中应被严格遵守;但在司法解释无法覆盖的相关情形下,当事人不必纠结于标的物是否属于彩礼,大可另辟蹊径,转而寻求其他规则的适用。

回到文初案例提出的问题,法院最终判决双方离婚,被告吕某返还原告郭某彩礼14,840元。之所以没有判决全额返还,是因为"彩礼应返还多少尚没有明确法律条文进行详细规定,一般是根据双方婚姻维持时间长短,还有双方的过错确定"。[1]

---

〔1〕《最高人民法院12月4日公布婚姻家庭纠纷典型案例》第13件,载最高人民法院官网2015年12月4日,http://www.court.gov.cn/zixun-xiangqing-16211.html。

法条链接

《民法典》

第 122 条　因他人没有法律根据，取得不当利益，受损失的人有权请求其返还不当利益。

第 663 条　受赠人有下列情形之一的，赠与人可以撤销赠与：

（一）严重侵害赠与人或者赠与人近亲属的合法权益；

（二）对赠与人有扶养义务而不履行；

（三）不履行赠与合同约定的义务。

赠与人的撤销权，自知道或者应当知道撤销事由之日起一年内行使。

第 665 条　撤销权人撤销赠与的，可以向受赠人请求返还赠与的财产。

第 666 条　赠与人的经济状况显著恶化，严重影响其生产经营或者家庭生活的，可以不再履行赠与义务。

第 988 条　得利人已经将取得的利益无偿转让给第三人的，受损失的人可以请求第三人在相应范围内承担返还义务。

第 1042 条　禁止包办、买卖婚姻和其他干涉婚姻自由的行为。禁止借婚姻索取财物。

禁止重婚。禁止有配偶者与他人同居。

禁止家庭暴力。禁止家庭成员间的虐待和遗弃。

《民法典婚姻家庭编解释（一）》

第 5 条　当事人请求返还按照习俗给付的彩礼的，如果查明属于以下情形，人民法院应当予以支持：

（一）双方未办理结婚登记手续；

（二）双方办理结婚登记手续但确未共同生活；

（三）婚前给付并导致给付人生活困难。

适用前款第二项、第三项的规定，应当以双方离婚为条件。

7. 离婚协议中向子女赠与的约定能否任意撤销?

——以“利益第三人合同”为视角

案情导入

于某某与高某某于2001年11月11日登记结婚,婚后于2003年9月生育一子高某。因感情不和,双方于2009年9月2日在法院调解下离婚。离婚协议约定,双方共同共有的位于北京市某小区59号房屋所有权在高某某付清贷款后归双方之子高某所有。2013年1月,于某某起诉至北京市东城区人民法院:59号房屋贷款尚未还清,房屋产权亦未变更至高某名下,即还未实际赠与给高某,目前还处于于某某、高某某共有财产状态,故不计划再将该房屋属于自己的部分赠给高某,主张撤销之前的赠与行为,由法院依法分割59号房屋。[1] 问:于某某要求撤销赠与,能否得到法律支持?

裁判法理

一、关于离婚协议中向子女赠与约定的司法观点

《民法典》第658条第1款(《合同法》第186条第1款)规定:“赠与人在赠与财产的权利转移之前可以撤销赠与。”这就是赠与合同中赠与人的任意撤销权。照此规定,离婚协议中向子女赠与财产的约定在权利转移——如房产过户之前,似乎可以任意撤销赠与。司法实践中,也确有支持判例。[2]

---

〔1〕《最高人民法院12月4日公布婚姻家庭纠纷典型案例》第1件,载最高人民法院官网2015年12月4日,http://www.court.gov.cn/zixun-xiangqing-16211.html。

〔2〕参见最高人民检察院民事行政检察厅编:《人民检察院民事行政抗诉案例选》(第19集),中国检察出版社2014年版,第107~113页。

但更多司法观点则持截然相反的态度，包括：

1.《北京市高级人民法院关于审理婚姻纠纷案件若干疑难问题的参考意见》第45条

夫妻双方离婚时协议约定将夫妻个人财产或共有财产赠与对方或第三人，离婚后交付或变更登记之前，一方依据《合同法》第186条第1款的规定请求撤销赠与的，法院不予支持。

2.《浙江省高级人民法院关于审理婚姻家庭案件若干问题的解答》第10条

夫妻双方在离婚协议中约定将共同财产赠与子女，离婚后一方反悔，请求撤销赠与，能否予以支持？

答：根据《婚姻法司法解释（二）》第8条、第9条的规定，离婚协议中关于财产分割的条款或者当事人因离婚就财产分割达成的协议，对当事人具有法律约束力；除存在欺诈、胁迫等情形之外，当事人请求撤销财产分割协议的不能予以支持。离婚协议涉及身份关系，各条款内容相互关联，如双方约定将夫妻共同财产赠与子女，该条款作为离婚协议的组成部分，夫妻双方应实际履行。离婚后夫或妻一方反悔，请求撤销赠与的，一般不予支持。

夫妻一方要求另一方履行离婚协议中对子女的财产赠与约定的，可以另一方为被告、子女为第三人提起诉讼。受赠子女也可起诉要求履行。

3.《江苏省高级人民法院家事纠纷案件审理指南（婚姻家庭部分）》第36条

离婚协议中涉及对第三人赠与的条款，离婚后赠与人以赠与财产权利尚未转移为由能否申请撤销？受赠人有无独立的给付请求权？

离婚协议是夫妻双方权衡利益、考量利弊后，围绕婚姻关系解除而形成的一个有机整体，各项内容既相互独立，又相互依存。因此，离婚后赠与人以赠与财产权利尚未转移为由申请撤销离婚协议中涉及对第三人赠与条款的，不予支持，但符合《婚姻法解释二》第9条规定情形的除外。

离婚协议约定将特定财产赠与第三人，离婚后夫妻一方不履行给付义务，夫妻另一方可以起诉主张其履行。受赠人非离婚协议一方，仅为赠与条款的受益人，并无独立的给付请求权，其起诉主张夫妻一方或者双方履行给付义务的，裁定不予受理，已经受理的，裁定驳回起诉。

4. 最高人民法院民事审判第一庭观点

最高人民法院民事审判第一庭认为:"离婚协议中关于房屋赠与的约定并不构成一般意义上的赠与合同。根据合同法第一百八十五条'赠与合同是赠与人将自己的财产无偿给予受赠人,受赠人表示接受赠与的合同'之规定,构成赠与合同的前提是赠与人将自己的财产无偿给予受赠人而不要求受赠人为此付出代价或承担任何义务。具体到离婚协议中的赠与而言,实务中很少出现受赠人在离婚协议上确认接受赠与的情形。也即,离婚协议中的所谓赠与并未在赠与人与受赠人之间达成一致,不构成赠与合同。既然不构成赠与合同,那么一般也就不存在赠与人依据合同法加以撤销的可能。"〔1〕

二、否定任意撤销的各种理由述评

上述司法观点基本都不支持对离婚协议中向子女赠与约定的任意撤销,理论和实务界对此多有赞同,但给出的理由各种各样,简要述评如下:

1. "身份协议说"

有观点认为,离婚协议是有关身份关系的协议,根据《合同法》第 2 条第 2 款,不适用《合同法》而应适用其他法律的规定,故《合同法》中关于赠与合同任意撤销权的规定无从适用。但是,《民法典》第 464 条第 2 款改变了前述规定的立场,使有关身份关系的协议在特定情况下可以参照适用合同编的规定。更何况,既然司法解释已明确夫妻间房产赠与可以适用任意撤销权,〔2〕同样与身份关系相关的离婚协议中向子女的赠与,为何不能类推适用呢?

2. "道德义务赠与说"

有观点认为,离婚协议中赠与子女财产的约定,属于履行道德义务的赠与,根据《民法典》第 658 条第 2 款(《合同法》第 186 条第 2 款)的规定,不得任意撤销。〔3〕

---

〔1〕 最高人民法院民事审判第一庭编:《民事审判指导与参考》(2013 年第 3 辑)(总第 55 辑),人民法院出版社 2014 年版,第 236 ~ 237 页。

〔2〕 参见《婚姻法解释(三)》第 6 条、《民法典婚姻家庭编解释(一)》第 32 条。

〔3〕 参见吴卫义、张寅编著:《婚姻家庭案件司法观点集成》,法律出版社 2015 年版,第 510 页;郑文龙:《离婚时签订的赠与子女房屋协议能否撤销》,载《云南法制报》2021 年 3 月 10 日,第 7 版。

为履行道德义务而赠与,仍不失赠与属性,此时已然存在一个赠与合同,对其履行是履行法律上的义务,但之所以要订立该赠与合同,则是基于道德上的义务。例如,"虽无扶养义务之人,对于其亲属为扶养给付,生父对于婚外子女,虽未经认领或未经判决确定其为生父,而为扶养费之约束"。[1] 亲属间纵无法律上的扶养义务,仍有互相扶助的道德义务;亲子关系虽未经法律确认,生父仍有抚养非婚生子女的道德义务。至于为救灾、扶贫、助残而赠与,在我国《民法典》中被定性为具有公益性质的赠与,与道德义务赠与并列,也不得任意撤销。值得思考的是,父母在离婚时是否负有向子女赠与财产的道德义务?[2]假如父母协商一致变更离婚协议,应无可非议,为何此时就可以不顾"道德义务"而撤销?

3."类推经过公证的赠与说"

有观点认为,既然《民法典》第658条第2款(《合同法》第186条第2款)规定经过公证的赠与不能任意撤销,通过法院调解离婚的离婚协议经过人民法院生效法律文书确认,其真实性和合法性应高于以公证形式所证明的赠与,故离婚协议中赠与子女财产的约定不得任意撤销。[3] 至于登记离婚的离婚协议,至少也经过婚姻登记机关的确认,可以类推适用相关规则。

离婚财产约定未必都要在办理离婚登记时提交于登记机关,在登记机关备案的离婚协议也不具有当然的优先效力,假如当事人在提交登记机关的离婚协议之外,私下另行签署含有赠与子女财产内容的离婚协议或者补充协议,无从比照经过公证的赠与合同,难道就可以任意撤销吗?

4."特别法优于一般法说"

有观点认为,关于离婚协议的撤销,相关司法解释有特别规定,特别法优于

---

〔1〕 史尚宽:《债法各论》,1961年自版发行,第119页。

〔2〕 王泽鉴先生认为,道德上的义务,应依社会观念加以认定。参见王泽鉴:《不当得利》(第2版),北京大学出版社2015年版,第110页。陆青认为,即使在离婚纠纷中,父母或其中一方可能会基于对子女的愧疚之情,在履行法定的抚养义务之外,向成年或未成年子女提供房屋等更好的物质保障,但这种安排似乎也更应局限在行为动机上,而不能得出离异父母对子女存在提供此类财物的"道德上义务"的一般结论。如果子女已经独立成家,认定存在此类"道德上义务"显然更为困难。参见陆青:《离婚协议中的"赠与子女财产"条款研究》,载《法学研究》2018年第1期。

〔3〕 参见保定市竞秀区人民法院民事判决书,(2016)冀0602民初833号。

一般法，故离婚协议中的赠与不能任意撤销。[1] 具体而言，《民法典婚姻家庭编解释（一）》第69条第2款（《婚姻法解释（二）》第8条）表明，离婚协议具有确定的效力，对双方"具有法律约束力"；第70条（《婚姻法解释（二）》第9条）则表明，仅有"欺诈、胁迫等情形"才能成为撤销离婚财产分割协议的事由。但需注意，前述司法解释说的是民事法律行为因意思表示瑕疵而可撤销，撤销的后果是该行为自始没有法律约束力。与此不同，当事人主张撤销赠与，与意思表示瑕疵无关，也不欲否定赠与合同本身的效力，而是在承认赠与合同有效的前提下行使专属于赠与人的任意撤销权。这些司法解释与赠与合同任意撤销实无关联。

5."离婚协议整体说"

有观点认为，离婚协议中的赠与条款与整个离婚协议是一个整体，不能单独撤销。具体而言，离婚协议中向子女赠与财产的约定，与解除婚姻关系、子女抚养、共同财产分割、共同债务清偿、离婚损害赔偿、家务贡献补偿、离婚经济帮助等内容构成了一个有机整体，当事人是在综合考虑上述因素基础上，对人身关系和财产关系达成的"一揽子"解决方案。该方案中任何一项财产的处分都与其他内容互为前提，互为结果。如果允许任意撤销赠与，离婚协议的"整体性"将被破坏，并将助长先离婚再恶意反悔的有违诚信的行为。前述江苏省高级人民法院的意见即属此类。

6."不属于赠与说"

还有观点从根本上否认离婚协议中向子女"赠与"财产的约定属于赠与。例如，有学者认为此类约定在性质上属于身份法上的"离婚财产清算协议"，虽名为"赠与"，实则缺乏赠与的意思，不应界定为赠与协议，故可以排除赠与合同之任意撤销权的适用。[2] 此外，前述最高人民法院民事审判第一庭的观点也认为该约定不构成赠与合同，故不存在任意撤销的适用空间。

三、利益第三人视角下的离婚协议中向子女赠与约定

子女并非离婚协议的当事人，却因父母离婚协议中向其赠与财产的约定，从

---

[1] 参见吴晓芳主编：《婚姻家庭继承案件裁判要点与观点》，法律出版社2016年版，第144～145页。

[2] 陆青：《离婚协议中的"赠与子女财产"条款研究》，载《法学研究》2018年第1期。

而可接受赠与人的给付，有观点认为该约定符合“利益第三人合同”的构成要件。[1]

1. 利益第三人合同的基本概念

利益第三人合同，又称向第三人履行的合同、利他合同。我国台湾地区学者说的第三人利益契约，所指亦同。利益第三人合同，是指“当事人一方约使他方向第三人给付，第三人即因而取得直接请求给付权利之契约”。[2] 在该类合同中，第三人取得了对债务人的履行请求权。[3]

利益第三人合同不同于“不真正的利益第三人合同”，区别在于利益第三人合同的第三人取得对债务人的履行请求权，而“不真正的利益第三人合同”的第三人仅可以接受债务人的履行，不享有对债务人的履行请求权。《民法典》第522条第1款规定的是“不真正的利益第三人合同”，延续了《合同法》第64条的规定，第三人对债务人无请求权；第2款是《民法典》的新增内容，明确了第三人对债务人的履行请求权，是立法上首次对利益第三人合同的规定。

依其功能，利益第三人合同可分为两个基本类型：一是以缩短给付目的，旨在简化给付关系；二是具有生计扶养照顾的性质，其特点是合同中的给付自始以归于第三人为目的，以第三人利益保险合同为典型。[4]

2. 是不是真正的利益第三人合同

根据合同相对性原则，合同权利与义务本应只由合同当事人享有或者承担，履行请求权本应只归债权人享有。而利益第三人合同赋予第三人履行请求权，这是对合同相对性原则的突破，应当严格掌握。根据《民法典》第522条第2款的规定，第三人取得履行请求权，必须以有法律规定或者当事人约定为前提。法律规定者，如保险合同关系中，被保险人或者受益人即使不是投保人，在保险事故发生后，也有向保险人请求给付保险金的权利；当事人约定者，则遵从合同当事人（不包括第三人）的意思自治，如果合同当事人仅约定由债务人向第三人履

---

〔1〕 参见王文静：《离婚协议中“赠与”子女财产条款探析》，华东政法大学2020年硕士学位论文，第22~23页；陆青：《离婚协议中的“赠与子女财产”条款研究》，载《法学研究》2018年第1期。

〔2〕 王泽鉴：《民法学说与判例研究》（重排合订本），北京大学出版社2015年版，第1066页。

〔3〕 参见黄薇主编：《中华人民共和国民法典合同编释义》，法律出版社2020年版，第137页。

〔4〕 参见王泽鉴：《民法学说与判例研究》（重排合订本），北京大学出版社2015年版，第1067页。

行,没有赋予第三人履行请求权的,不属于真正的利益第三人合同。[1]

离婚协议中向子女赠与财产的约定,是否属于真正的利益第三人合同?子女是否享有履行请求权?如前文所述,江苏省高级人民法院和浙江省高级人民法院对此问题的观点就截然相反,前者认为子女无此权利,后者则认为受赠子女也可起诉要求履行。根据《民法典》第522条的规定,假如夫妻明确约定子女享有,自无疑义,有疑义的是双方没有作此约定的情况。

关于第三人是否享有独立的履行请求权,根据《德国民法典》第328条的规定,"必须由情事,特别是由合同目的"[2]来判断。王利明教授也认为,应以事件的具体情况为基础,考虑合同性质、目的、交易习惯等情况确定第三人是否取得权利。[3] 就离婚协议中向子女赠与约定而言,该约定自始以使子女受益为目的,暗含着由子女享有履行请求权的内容。如此解释,符合当事人的一般想法,也有利于未成年子女主张自己的权利,符合未成年人最佳利益原则。

综上,这种约定属于真正的利益第三人合同,子女直接享有履行请求权。需注意,父母中非给付义务人的一方作为合同当事人,也有权请求对方向子女为给付。

3. 与一般的利益第三人合同相比的特殊性

与一般的利益第三人合同相比,离婚协议中向子女赠与的约定有特殊性。通常而言,利益第三人合同关系涉及三方主体:债权人、债务人、受益人,并同时存在3个法律关系:一是补偿关系,即为使债务人对第三人负担债务原因的债务人与债权人间的法律关系;二是对价关系,即债权人自己不受给付,而约使第三人取得权利之债权人与第三人间的原因关系;三是第三人向债务人直接请求给付的权利。[4] 如甲向丙购买某画,甲转赠该画予乙,甲与丙约定,乙对丙有直接请求权。这其中,甲和丙的买卖关系即为补偿关系,甲和乙的赠与关系即为对价关系,二者各自独立。

---

〔1〕 参见黄薇主编:《中华人民共和国民法典合同编释义》,法律出版社2020年版,第138页。

〔2〕 陈卫佐译注:《德国民法典》,法律出版社2006年版,第122页。

〔3〕 参见王利明:《合同法研究》,中国人民大学出版社2011年版,第55~57页。

〔4〕 参见王泽鉴:《不当得利》(第2版),北京大学出版社2015年版,第222~223页。

在离婚协议向子女赠与约定中，补偿关系是什么？它既不像“缩短给付类型”的利益第三人合同那样，在夫妻之间存在一个原本就有的、以给付该财产为内容的债的关系——如果不是令子女取得该财产，夫妻往往不愿意让对方取得；也不像“生计扶养照顾类型”的利益第三人合同（如第三人利益保险合同）那样，法律关系内容单一。离婚协议当事人之间存在的是一个复合的离婚协议，该协议内容不仅涉及该财产，还涉及其他财产甚至人身关系，且这些内容构成不可分割的整体。在这个关系中，双方互负权利义务，互为债权人和债务人。更重要的区别是，在一般的利益第三人合同中，债务人与第三人素无牵连，债务人之所以向第三人为给付，仅在于债权人在补偿关系项下对其给付以作为补偿，这也是“补偿关系”得名的由来。而若称离婚协议为补偿关系，名不副实。

再看对价关系。例如，离婚协议约定父亲将归其个人的财产赠送给子女，这里不存在“母亲自己不受给付，而约使子女取得权利之母亲与子女间的原因关系”，不能说父亲向子女为给付是因为母亲与子女之间的关系，更非母亲就标的财产向子女为赠与。这种情况下父亲一定认为是他在向子女赠与财产，母亲则会认为这是她在离婚协议其他方面妥协让步的结果，是她为子女争得的利益。因此，该约定中也不存在一般意义上的对价关系。

在离婚协议中向子女赠与的约定项下，给付义务人之所以向子女给付，并非基于离婚协议另一方的要求，而是双方博弈的结果，包含双方的意愿。

四、相关实务问题的解决

从利益第三人合同的视角，为解决离婚协议中向子女赠与约定的相关实务问题提供了路径。

1. 能否单方任意撤销

利益第三人合同本身并不是一个固有的合同类型，“并不存在抽象的利他契约，而仅有利他租赁契约、利他买卖契约等具体利他契约”。[1] 可以将利益第三人合同视为一个关系架构，这个架构仍然是由若干基础的合同关系组成的，这

〔1〕 王泽鉴：《不当得利》（第2版），北京大学出版社2015年版，第222～223页。

些基础合同的类型,可能是买卖、赠与、离婚协议,甚至是无名合同等。在典型的利益第三人合同架构中,存在补偿关系和对价关系,分别由某种基础合同充当。但利益第三人合同并不以补偿关系、对价关系的存在为必要,如前所述,本篇讨论的离婚协议中向子女赠与的约定就是如此。

离婚协议中向子女赠与的约定搭起了一个利益第三人合同架构,涉及两个基础合同关系:一是离婚协议,事实上,该约定就是夫妻之间离婚协议不可分割的组成部分;二是赠与合同,本书不否认该架构包含的赠与属性——子女不是该约定的当事人,利益第三人合同也不是固有合同类型,子女总要与当事人之间存在合同关系才能接受给付,而子女取得标的财产所有权又是无偿的,故这个合同关系只能是赠与。

关键的问题是,谁是赠与人?无论赠与标的物是夫妻一方的个人财产还是夫妻共同财产,赠与的意思表示都是夫妻双方通过离婚协议以合意的方式作出的,而不能说财产是谁的,谁就是赠与人,赠与合同的主体与赠与物的归属,本来就没有必然联系。即便赠与物是一方的个人财产,也无非该方将其个人财产纳入离婚财产清算的范围内,然后由双方共同作出了向子女赠与的意思表示。这样解释,也更容易为当事人情感上所接受——这是父母共同送给孩子的,而不是来自单方的赠与。

因此,如果要任意撤销赠与合同,也应由赠与人共同作出撤销的意思表示。不能认为“一方若依法行使任意撤销权,理论上反而会因其单方的撤销行为影响到之前双方所达成的共同处分合意。”〔1〕照此逻辑,任何共同意思表示乃至共同法律行为都可随意反悔。更何况这个意思表示还是离婚协议不可分割的组成部分,不容单方随意变更、撤销。同时,这也能够解释为什么离婚协议的双方可以协商一致取消赠与——双方合意可以变更离婚协议,作为赠与人也可以共同任意撤销赠与。

2. 受赠人拒绝接受赠与,应如何处理

利益第三人合同是为第三人的利益而设置,按照民法的自愿原则,即使是为

---

〔1〕 陆青:《离婚协议中的“赠与子女财产”条款研究》,载《法学研究》2018年第1期。

他人赋予利益，他人也有权拒绝。《民法典》第 522 条第 2 款包含了第三人的拒绝权，第三人在合理期限内可以拒绝。离婚协议中向子女赠与财产的约定，子女当然也有权拒绝。如果离婚协议订立时子女是完全民事行为能力人，父母不能代子女作出接受赠与的意思表示，子女拒绝赠与意味着赠与合同尚未成立，权利义务从未产生。即使赠与合同已成立，受赠人仍可拒绝赠与，构成债的免除，赠与合同即不复存在。在利益第三人合同架构中，离婚协议当事人可以请求对方向子女为给付，一旦赠与合同这一基础合同关系确定不存在了，利益第三人合同架构无以为继，离婚协议当事人也就无此履行请求权。至此，离婚协议中向子女赠与的内容，无法形成权利义务关系即法律上的债（不是债务不履行或给付不能）。

但离婚协议的其他内容仍在。通常情况下，离婚协议中的全部内容互相依存，互为基础条件，当其中的一部分因受赠人的拒绝注定无法实现时，可以视为离婚协议的基础条件发生了订立时无法预见的重大变化，若继续履行离婚协议的剩余内容对一方当事人明显不公平的，该方可依据《民法典》第 533 条关于情势变更的规定，请求变更或者解除离婚协议，重新处理离婚财产事宜。

3. 受赠人在权利转移前死亡的，应如何处理

包含有向子女赠与内容的离婚协议订立后，如果发生赠与标的物权利转移前子女死亡的不幸事件，不能说相关法律关系立即终止，毕竟合同地位尚可由继承人继承。但需注意，离婚协议中向子女赠与的约定，其目的是使子女获益，不能期待当事人在子女死亡后继续向子女的继承人履行，这绝非合同目的。故子女据此约定享有的接受赠与的权利，专属于子女，是《民法典》第 1122 条规定的“根据其性质不得继承的遗产”，一旦权利人死亡，因给付义务没有对象，该权利及义务也即丧失。[1] 至于离婚协议中的其他内容，同上一种情形，当事人可依据情势变更规则，请求变更或者解除离婚协议，重新处理离婚财产事宜。

4. 因不可抗力而无法履行，应如何处理

赠与关系成立后，如果发生不能预见、不能避免且不能克服的客观情况，导

---

〔1〕 参见最高人民法院民法典贯彻实施工作领导小组：《中华人民共和国民法典婚姻家庭编继承编理解与适用》，人民法院出版社 2020 年版，第 500 页。

致赠与标的物灭失而无法给付,则构成给付不能。这种情况下,债权债务仍在,但作为债之客体的给付处于不可能的状态,且属于嗣后不能、客观不能、永久不能、全部不能、事实上的不能。[1]

给付不能,不影响债的效力。导致标的物灭失的不能预见、不能避免且不能克服的客观情况作为不可抗力,既是一种法定的免责事由,当事人不需承担违约责任;又是一种法定的合同解除事由,根据《民法典》第563条第1款第1项的规定,因不可抗力致使不能实现合同目的,当事人可以解除合同。这里的合同指的是赠与合同以及离婚协议中向子女赠与的约定(前者一旦解除,后者也不会发生权利义务),而不是整个离婚协议。离婚协议中的其他内容是否继续履行,也有情势变更规则适用的空间。

五、小结

回到文初的案例,该案中,离婚协议的另一方高某某抗辩称:"离婚时双方已经将房屋协议赠与高某,正是因为于某某同意将房屋赠与高某,我才同意离婚协议中其他加重我义务的条款,例如在离婚后单独偿还夫妻共同债务4.5万元。我认为离婚已经对孩子造成巨大伤害,出于对未成年人的考虑,不应该支持于某某的诉讼请求。"

最高人民法院将该案作为典型案例公布,认为其典型意义在于:本案中双方争议的焦点是在离婚协议中约定将夫妻共同共有的房产赠与未成年子女,离婚后一方在赠与房产变更登记之前是否有权予以撤销。在离婚协议中双方将共同财产赠与未成年子女的约定与解除婚姻关系、子女抚养、共同财产分割、共同债务清偿、离婚损害赔偿等内容互为前提互为结果,构成了一个整体,是"一揽子"的解决方案。如果允许一方反悔,那么男女双方离婚协议的"整体性"将被破坏。在婚姻关系已经解除且不可逆的情况下,如果允许当事人对财产部分反悔将助长先离婚再恶意占有财产之有违诚实信用的行为,也不利于保护未成年子女的权益。因此,在离婚后一方欲根据《合同法》第186条第1款之规定单方撤

---

〔1〕 参见韩世远:《合同法总论》,法律出版社2018年版,第522~524页。

销赠与时亦应取得双方合意,在未征得作为共同共有人的另一方同意的情况下,无权单方撤销赠与。[1]

本书认为,离婚协议中向子女赠与的约定构成了利益第三人合同架构,子女直接享有履行请求权。但它又不具备利益第三人合同中典型的补偿关系和对价关系。这种特殊的利益第三人合同,其基础合同关系是夫妻之间的离婚协议,以及父母共同向子女赠与财产的赠与合同。鉴于父母都是赠与人,任意撤销权的行使只能由离婚协议双方共同为之。在这样的解释路径下,结合情势变更、不可抗力等相关规则,其他一些实务问题也能得到解决。

法条链接

《民法典》

第464条第2款　婚姻、收养、监护等有关身份关系的协议,适用有关该身份关系的法律规定;没有规定的,可以根据其性质参照适用本编规定。

第522条　当事人约定由债务人向第三人履行债务,债务人未向第三人履行债务或者履行债务不符合约定的,应当向债权人承担违约责任。

法律规定或者当事人约定第三人可以直接请求债务人向其履行债务,第三人未在合理期限内明确拒绝,债务人未向第三人履行债务或者履行债务不符合约定的,第三人可以请求债务人承担违约责任;债务人对债权人的抗辩,可以向第三人主张。

第533条　合同成立后,合同的基础条件发生了当事人在订立合同时无法预见的、不属于商业风险的重大变化,继续履行合同对于当事人一方明显不公平的,受不利影响的当事人可以与对方重新协商;在合理期限内协商不成的,当事人可以请求人民法院或者仲裁机构变更或者解除合同。

人民法院或者仲裁机构应当结合案件的实际情况,根据公平原则变更或者解除合同。

---

〔1〕《最高人民法院12月4日公布婚姻家庭纠纷典型案例》第1件,载最高人民法院官网2015年12月4日,http://www.court.gov.cn/zixun-xiangqing-16211.html。

第563条　有下列情形之一的,当事人可以解除合同:

(一)因不可抗力致使不能实现合同目的;

(二)在履行期限届满前,当事人一方明确表示或者以自己的行为表明不履行主要债务;

(三)当事人一方迟延履行主要债务,经催告后在合理期限内仍未履行;

(四)当事人一方迟延履行债务或者有其他违约行为致使不能实现合同目的;

(五)法律规定的其他情形。

以持续履行的债务为内容的不定期合同,当事人可以随时解除合同,但是应当在合理期限之前通知对方。

第658条　赠与人在赠与财产的权利转移之前可以撤销赠与。

经过公证的赠与合同或者依法不得撤销的具有救灾、扶贫、助残等公益、道德义务性质的赠与合同,不适用前款规定。

《民法典婚姻家庭编解释(一)》

第69条第2款　当事人依照民法典第一千零七十六条签订的离婚协议中关于财产以及债务处理的条款,对男女双方具有法律约束力。登记离婚后当事人因履行上述协议发生纠纷提起诉讼的,人民法院应当受理。

第70条　夫妻双方协议离婚后就财产分割问题反悔,请求撤销财产分割协议的,人民法院应当受理。

人民法院审理后,未发现订立财产分割协议时存在欺诈、胁迫等情形的,应当依法驳回当事人的诉讼请求。

第二章
CHAPTER 02

夫妻关系制度相关问题

8. 忠诚协议有效吗?

——法律义务与道德义务之辨

案情导入

甲男与乙女于2000年登记结婚时,签署了1份忠诚协议书,约定如果任何一方有“婚外情”,应赔偿对方30万元。二人结婚不久,乙女发现甲男与其他异性有婚外情,甲乙夫妻之间产生严重矛盾。2002年,甲男向法院提出离婚。同时,乙女以甲男违反忠诚协议为由,要求法院判令甲男赔偿30万元。问:乙女的要求能否得到法院支持?

裁判法理

现实生活中,常有婚姻当事人书面约定彼此之间的忠实义务,并约定如一方婚内有不忠实于配偶的行为,须承担特定的后果,姑且称为忠诚协议。此类协议中,关于不忠实行为,有笼统约定的,有针对特定行为的,也有针对特定对象的。关于不忠实的后果,有涉及解除婚姻关系及子女抚养安排的,有约定“净身出户”的,也有约定经济赔偿或承担其他不利后果的。关于此类协议签署的时机,可能在双方婚前或结婚之初,体现了保障婚姻稳固的愿望;或者一方已有不忠实行为被对方发现,兼具“悔过”和“防止再犯”的意思。

忠诚协议本非法律概念,学理上的定义更是不一而足。[1] 本篇所讨论的忠诚协议特征有二:一是以一方违反夫妻忠实义务为条件;二是以财产法律关系变动为后果。至于以离婚、子女抚养安排为效果的协议,本质上属于离婚协议,不能附条件,故此类协议自然不会发生效力。本篇仅讨论效力存疑的忠诚协议。

一、司法实践中的不同观点

关于忠诚协议的效力,总体上分为肯定说、否定说两种观点。

1. 肯定说及其理由

对忠诚协议持肯定态度的,如《深圳市中级人民法院关于审理婚姻家庭纠纷案件的裁判指引》第 37 条规定:“一方当事人以另一方当事人违反忠诚协议导致离婚为由请求另一方当事人在离婚时履行其在忠诚协议中所作损害赔偿承诺的,人民法院应予支持,但该忠诚协议约定的损害赔偿数额过高时,人民法院可以适当调整。”

司法实践中不乏支持肯定说的判例。例如,上海市浦东新区人民法院(2020)沪 0115 民初 46816 号民事判决书中,法院认为:“该借条名为借条,实质上包含了忠诚协议的内容。该内容是双方在平等自愿未受任何胁迫的前提下作出的真实意思表示,是夫妻双方合意的结果,符合婚姻法的原则及公序良俗,内容没有违反法律的禁止性规定,也不损害他人和社会公共利益,故该协议内容应当受到法律保护。”[2] 又如,重庆市江津区人民法院(2016)渝 0116 民初 3035 号民事判决书中,法院认为:“原、被告签订的《夫妻忠诚协议书》系双方自愿签订,是双方的真实意思表示,其中,关于‘一方有违反忠诚义务的行为造成离婚的,自愿放弃夫妻共同财产的所有权’的部分,不违反法律规定,合法有效,对双方均具有约束力。”

支持肯定说的主要理由包括:忠诚协议符合婚姻法的基本精神,是对婚姻法

---

〔1〕 参见卢文捷:《夫妻忠实义务制度研究》,中国政法大学出版社 2015 年版,第 97 ~ 99 页。

〔2〕 上海市浦东新区人民法院在该案中的观点和上海市高级人民法院相关指导性意见的规定并不一致,详见后文。

中的"夫妻应当互相忠实"规定的具体化;[1]忠诚协议把法定义务变成了约定义务,法院应当予以认可;[2]忠诚协议是当事人的真实意愿,法律并不禁止;[3]单纯的道德调整已无法满足当事人对"夫妻应当互相忠实"的要求,赋予夫妻忠诚协议以法律效力是大势所趋;[4]夫妻签订忠诚协议追究过错方责任,是公民自我救济的有效方式,是对婚内侵害配偶权制度的填补,通过有限认可契约的效力,对受害方进行一定的补偿和慰藉,对违法者进行惩罚,体现了正义、公平的价值,有助于树立健康文明的婚姻价值观;[5]给付的赔偿金具有违约赔偿性质,这种协议应当受到法律保护;[6]等等。

2. 否定说及其理由

对忠诚协议持否定态度的,又有两种不同观点。第一种观点认为,含有"净身出户""离婚时如何如何"等内容的忠诚协议实为以离婚为条件的财产分割协议,参照适用《民法典婚姻家庭编解释(一)》第 69 条第 1 款(《婚姻法解释(三)》第 14 条)的规定,在双方协议离婚未成、一方在离婚诉讼中反悔的情况下,认为协议并未生效。浙江省高级人民法院民事审判第一庭在《关于审理婚姻家庭案件若干问题的解答》中即持此观点。

浙江省高级人民法院民事审判第一庭认为:"婚姻关系存续期间,夫妻双方订立如一方发生婚外情或实施家庭暴力等行为,离婚时放弃财产的协议,或者一方出具的前述内容的承诺或保证书,是对特定条件成就后离婚时夫妻财产分割的约定,非属《婚姻法》第十九条规定的夫妻财产约定。参照《婚姻法司法解释(三)》第十四条'当事人达成的以登记离婚或者到人民法院协议离婚为条件的财产分割协议,如果双方协议离婚未成,一方在离婚诉讼中反悔的,人民法院应当认定该财产分割协议没有生效,并根据实际情况依法对夫妻共同财产进行分

---

〔1〕 参见王歌雅:《夫妻忠诚协议:价值认知与效力判断》,载《政法论丛》2009 年第 5 期。

〔2〕 参见李明舜:《妇女权益法律保障研究》,国家行政学院出版社 2003 年版,第 399 页。

〔3〕 参见王旭东:《"忠诚协议"引发的法律思考》,载《南通师范学院学报(哲学社会科学版)》2004 年第 4 期。

〔4〕 参见包静雅、王英秀:《论夫妻"忠诚协议"的效力》,载《襄樊学院学报》2010 年第 7 期。

〔5〕 马忆南接受《法治周末》采访时的观点,参见李恩树:《有限承认夫妻忠诚协议或能填补"侵害配偶权"制度空缺》,载《法治周末》2010 年 11 月 11 日,第 A6 版。

〔6〕 参见吴晓芳:《当前婚姻家庭案件的疑难问题探析》,载《人民司法》2010 年第 1 期。

割’的规定，一方在离婚诉讼中反悔的，对此协议、承诺或保证书的效力应不予确认。法院应根据实际情况对财产进行分割。一方存在婚外情、家庭暴力等过错且导致离婚，另一方无过错的，在夫妻共同财产分割时，可综合考虑过错情况等，对无过错方酌情予以照顾，以平衡双方利益。”〔1〕

具体判例，如江苏省南京市中级人民法院(2016)苏01民终2502号民事判决书、河南省商丘市中级人民法院(2019)豫14民终4699号民事判决书等。按此观点，假如忠诚协议明确表示不以离婚为条件，一方后来违反忠实义务的，或者忠诚协议虽以离婚为条件，但当事人因一方违反忠实义务已协议离婚的，似乎应承认忠诚协议的法律效力。

第二种观点则从根本上否认忠诚协议的法律效力。如上海市高级人民法院民事审判第一庭认为："婚姻法第4条所规定的忠实义务，是一种道德义务，而不是法律义务，夫妻一方以此道德义务作为对价与另一方进行交换而订立的协议，不能理解为确定具体民事权利义务的协议……夫妻双方签有忠实协议，一方仅以对方违反忠实协议为由，起诉要求对方履行协议或支付违约金及赔偿损失的，人民法院不予受理。"〔2〕此外，江苏省高级人民法院在2019年7月18日印发的《家事纠纷案件审理指南(婚姻家庭部分)》中指出："夫妻是否忠诚属于情感道德领域的范畴，夫妻双方订立的忠诚协议应当自觉履行。夫妻一方起诉主张确认忠诚协议的效力或者以夫妻另一方违反忠诚协议为由主张其承担责任的，裁定不予受理；已经受理的，裁定驳回起诉。"最高人民法院民法典贯彻实施工作领导小组认为："夫妻之间签订忠诚协议，应由当事人本着诚信原则自觉自愿履行，法院并不禁止夫妻之间签订此类协议，但也不赋予此类协议强制执行力。""从整体社会效果考虑，法院对夫妻忠诚协议纠纷以不受理为宜。"〔3〕司法实践中，为数不少的判决书持类似观点，或从程序上认为当事人要求履行忠诚协议

---

〔1〕 参见浙江省高级人民法院民一庭发布的《关于审理婚姻家庭案件若干问题的解答》第6条。

〔2〕 参见《上海市高级人民法院民一庭民事法律适用问答选登》，载《民事审判指导与参考》2004年第2集(总第18集)，法律出版社2004年版，第238页。

〔3〕 最高人民法院民法典贯彻实施工作领导小组：《中华人民共和国民法典婚姻家庭编继承编理解与适用》，人民法院出版社2020年版，第39页。

“不在人民法院受理民事诉讼的范围”,[1]或从实体上认为忠诚协议“不应作为确定双方具体民事权利义务的协议,也不应作为双方夫妻共同财产分割以及原告所主张的精神损害赔偿、经济补偿的依据”。[2]

支持否定说的主要理由包括:如果相关忠诚协议得到法院的支持,当事人为了获取证据,窃听电话、私拆信件以及对个人隐私权更为严重的侵犯情形都可能发生,其负面效应不可低估。鼓励当事人在婚前签订一个可以“拴住”对方的忠诚协议,不仅会加大婚姻成本,而且也会使建立在双方情感和信任基础上的婚姻关系变质;[3]国外社会学调查统计资料表明,婚外性关系的发生率一般在40%左右,中国的这一发生率可能要低得多,但即使只有20%的人搞婚外恋,这一法律执行起来的调查取证工作量会达到天文数字;[4]忠诚协议会形成对人身自由的约束,也会侵犯当事人尤其是第三者的隐私权;[5]法律关于忠实义务的规定仅为倡导性条款,而非法定义务;[6]忠诚协议只是一种“情谊行为”或“社会层面的行为”,[7]更多可能是情绪化的产物,可能沦为情感游戏的裁判或私房钱的索取工具;[8]等等。

二、夫妻忠实义务的本质

1. 忠实义务是不是法律义务

《婚姻法解释(一)》中的理解与适用认为:“该条款(指《婚姻法》第4条)只是以立法形式明确告知社会,我国所提倡的婚姻家庭关系,体现的是德治结果,

---

〔1〕 参见江苏省苏州市姑苏区人民法院民事判决书,(2018)苏0508民初5795号。

〔2〕 参见上海市黄浦区人民法院民事判决书,(2011)黄民一(民)初字第2838号。

〔3〕 参见吴晓芳:《〈民法典〉婚姻家庭编涉及的有关争议问题探析》,载《法律适用》2020年第21期。值得注意的是,吴法官在该文中改变了原先肯定忠诚协议效力的立场。

〔4〕 李银河:《在修改婚姻法时要警惕倒退》,载李银河、马忆南主编:《婚姻法修改争论》,光明日报出版社1999年版,第110页。转引自杜万华主编:《中华人民共和国婚姻法案典》,人民法院出版社2014年版,第30页。

〔5〕 参见陈旺:《不能赋予“忠诚协议”强制执行力》,载《人民法院报》2003年1月10日,第6版。

〔6〕 参见杨晋玲:《夫妻“忠实协议”——一个不应成为问题的法律话题》,载《云南大学学报(法学版)》2010年第6期。

〔7〕 余延满:《亲属法原论》,法律出版社2007年版,第10~14页。

〔8〕 参见陈甦:《婚内情感协议得否拥有强制执行力》,载《人民法院报》2007年1月11日,第5版。

而非法治之标。”进而认为,“夫妻应互相忠实、互相尊重不是一项法定的权利义务”。[1] 前述上海市高级人民法院的指导性意见等观点也认为,夫妻忠实义务只是道德义务,不是法律义务。

但是,如果夫妻一方违反了忠实义务,依法是要承担法律责任的。《婚姻法》第46条规定了夫妻一方有重婚、与他人同居这两种违反忠实义务的严重过错情形的,离婚时需承担损害赔偿责任。关于偶发的“出轨”“一夜情”等情形,相对而言可称为“一般过错”,应无疑义,但是否要承担法律上的不利后果,最高人民法院的司法解释和全国人大常委会法工委的法律释义曾有不同观点。前者认为,离婚案件对夫妻共同财产的处理应照顾无过错方;[2] 后者则认为,如存在《婚姻法》第46条规定的严重过错情形,适用离婚损害赔偿,否则,“在夫妻共同财产分割时,法院考虑的因素仅是子女权益和女方权益,不涉及过错或无过错的因素”。[3] 这一观点之争随着《民法典》的颁布已不复存在,《民法典》第1087条关于离婚财产分割新增了“照顾无过错方”原则。可见,无论违反夫妻忠实义务的过错严重程度,该方都将面临法律上的不利后果。

若将夫妻忠实义务仅理解为道德义务,无法解释为什么当事人违反道德义务,却要承担法律上的不利后果。本书认为,《民法典》第1043条(包括《婚姻法》第4条)固然具有道德层面的倡导作用,同时也体现了法律层面的规范要求,夫妻忠诚义务应属法律义务。

2. 忠实义务是不是契约义务

关于这一点,根本问题在于是否承认婚姻是契约。有观点认为,婚姻具有契约的性质。1791年法国大革命胜利后的宪法规定,“法律谨承认婚姻为市民契约”,《葡萄牙民法典》规定,“婚姻是男女两性以成立家庭、建立夫妻一体生活为目的,依据本法典的规定而缔结的合同”。英美法系也多持此观点。另一种观

---

[1] 人民法院出版社编:《司法解释理解与适用全集·家事卷》,人民法院出版社2019年版。转引自最高人民法院民法典贯彻实施工作领导小组:《中华人民共和国民法典人格权编理解与适用》,人民法院出版社2020年版,第127~128页。

[2] 参见最高人民法院发布的《离婚案件财产分割问题意见》。

[3] 全国人民代表大会常务委员会法律工作委员会编、胡康生主编:《中华人民共和国婚姻法释义》,法律出版社2001年版,第162~163页。

点认为，婚姻是一种制度，当事人固然须有结婚的合意，但婚姻成立的条件和程序、婚姻的效力、婚姻解除的原因等都是法定的，而不是当事人意定的，当事人仅有“制度”上的权能。“在我国内地，绝大多数学者似主张制度说。”[1]本书认为，契约天然地鼓励意思自治，而婚姻显然有排斥意思自治的特性，婚姻契约化不符合婚姻的本质，故本书赞同制度说。既然婚姻不是契约，婚姻关系中的夫妻忠实义务也就不是契约义务或者合同义务。

如果忠诚协议中约定夫妻双方应互相忠实，能否说当事人并非基于婚姻关系，而是基于忠诚协议约定创设了互相忠实的契约义务，所谓“忠诚协议把法定义务变成了约定义务”？该观点的悖论在于，人无法创设一个原本就有的东西。夫妻间忠诚义务，在结婚的那一刻起就已经存在，不需要另行创设，任何意图创设的行为也无非对既存的法定义务的重复，不会发生法律行为设立权利义务关系的效果。正如在法律行为中，附法定条件等同于未附条件，约定法定义务也等同于未作约定。因此，忠诚协议本身也不会产生夫妻互相忠实的契约义务。

3. 忠实义务对应什么权利

义务一定有权利与之相对应，忠实义务对应什么权利？一种观点认为，夫妻一方与配偶以外的人通奸是对他方配偶权利的侵犯，应承担侵权责任。但关于侵犯了配偶的什么权利，学说观点不一。我国台湾地区司法实务上认为，配偶间因婚姻而成立一种以互负诚实义务为内容的权利，受侵权行为法的保护；并认为配偶之他方应与通奸者构成共同侵权行为。此项见解扬弃夫权，而肯认一种配偶间的权利，王泽鉴先生称为由“夫权”到“配偶权”。此外，学说上有主张婚姻具有人格关系，通奸同时侵害他方配偶的人格权，得构成对名誉权的侵害。[2]总之，该观点认为忠实义务所对应的权利是一种绝对权。

另一种观点认为，违反忠实义务构成债务不履行。所谓债，指特定当事人间得请求一定给付的法律关系；给付是指特定行为，包括作为与不作为。[3] 忠实义务就是一种不作为的给付义务。债的发生原因，可分为意定、法定两种。前者

[1] 余延满：《亲属法原论》，法律出版社2007年版，第134～135页。
[2] 参见王泽鉴：《侵权行为》，北京大学出版社2016年版，第194～195页。
[3] 参见王泽鉴：《债法原理》，北京大学出版社2013年版，第55页。

主要指契约;后者包括侵权行为、不当得利、无因管理以及亲属法上的规定、继承法上的规定等。[1] 在此基础上,若认为婚姻是契约,忠实义务即为契约义务,是意定之债;本书否认婚姻是契约,忠实义务就是一种法定之债。总之,该观点认为忠实义务所对应的权利是一种债权,即相对权。

我国法律关于忠实义务的规定是"夫妻应当互相忠实"。"我国目前的司法实践是不承认婚外第三者侵犯配偶权的行为构成侵权的。"[2]2001 年 12 月 28 日最高人民法院民事审判第一庭负责人就《婚姻法》司法解释答记者问时指出:"无过错方的请求只能以自己的配偶为被告,不能向婚姻外的其他人提出。"[3]由此可见,在我国忠实义务对应的不是绝对权。但对于第三人侵害相对权即债权是否必然排除侵权责任法的调整,"本次编纂民法典,对这个问题的争议仍然很大,没有形成共识,因此仍没有明确规定。对这个问题,我们认为,如果第三人侵害债权的行为足够恶劣,第三人有过错,能够构成相应侵权行为的,可以适用本编(侵权责任编)规定"。[4]

三、忠诚协议的效力辨析

1. 忠诚协议的本质

如前所述,忠实义务不是契约义务,忠诚协议约定违反忠实义务的法律后果就不会是违约责任。忠实义务是债,而且是一种亲属法上的法定之债,故忠诚协议其实是对债务不履行的法律后果的约定。忠实义务是一种不作为的义务,一旦违反,即构成给付不能,属于可归责于债务人的事由致给付不能,其法律后果是损害赔偿。[5] 忠诚协议签订时,债务不履行的事实尚未发生,因此,忠诚协议的本质是预先约定损害赔偿责任的协议。

---

〔1〕 参见王泽鉴:《债法原理》,北京大学出版社 2013 年版,第 57 ~ 58 页。

〔2〕 参见最高人民法院民法典贯彻实施工作领导小组:《中华人民共和国民法典人格权编理解与适用》,人民法院出版社 2020 年版,第 125 ~ 126 页。

〔3〕 余延满:《亲属法原论》,法律出版社 2007 年版,第 243 页。

〔4〕 黄薇主编:《中华人民共和国民法典侵权责任编释义》,法律出版社 2020 年版,第 3 页。

〔5〕 民事损害赔偿,指因违反法令或约定义务,致他人受损害,应予赔偿,以恢复原状,包括侵权行为及债务不履行损害赔偿责任。参见王泽鉴:《损害赔偿》,北京大学出版社 2017 年版,第 10 页。

2. 预先约定损害赔偿责任的效力

损害赔偿责任可否在损害事由发生之前预先约定？不可一概而论。就仅涉及财产关系的情形而言，当事人通过意思自治，预先约定损害赔偿的数额或计算方法，不失为提高交易效率、纾解举证困难的办法，该约定可作为法院裁判的依据。[1] 但就涉及人身关系的约定而言，情况有所不同。

损害赔偿法的基本目的在于填补被害人所受的损害，学说上称为"损害填补原则"。[2] 既不能少赔——损害赔偿义务人应对被害人权益所受损害负全部损害赔偿责任，即"全部损害赔偿原则"；也不能多赔——被害人不能请求或保有损害赔偿以外的利益，即"禁止得利原则"。在财产关系中，基于理性经济人的假设，可以认为当事人对尚未发生的损害有较为准确合理的预判，尚可允许其预先约定损害赔偿责任（假如约定内容与实际发生的损害结果有明显偏差，仍需进行相应调整）。而在人身关系，尤其是身份关系中，不存在理性经济人假设，损害多为非财产上的损害，因人而异，因事而异，因时而异，没有可依托的市场评估依据。当事人对损害赔偿责任的事先约定，很难说与实际的损害相符，少赔固然有悖于被害人救济，多赔又不符合禁止得利原则。损害的不可预测性，此其一也。

人的行为是人的意志的外部表现，是综合考虑各种因素的结果。当事人之所以预先约定损害赔偿责任，往往是为了锁定将来可能承担的法律后果，以便其行为决策。在财产关系中，这种预先约定对当事人行为决策的影响，无可非议，本身就是通过法律行为实现当事人意思自治所带来的益处。但在人身关系中，这种影响的妥当性就大有问题。以夫妻忠实义务为例，该义务是法定的，不容当事人基于预定的损害赔偿责任考量，选择遵守或者不遵守；哪怕只对当事人遵守（或者违反）义务的动机产生些许影响，都难谓妥当。对当事人行为决策可能造成的不当影响，此其二也。

预先约定损害赔偿责任的协议，从法律行为的角度来看，是附条件的法律行

---

〔1〕 参见最高人民法院民事判决书，(2013)民提字第116号。

〔2〕 参见王泽鉴：《损害赔偿》，北京大学出版社2017年版，第25页。

为。其所附条件,是一方当事人侵权行为或债务不履行的发生,应属积极条件[1]、随意条件[2]、不法条件[3]。《日本民法典》第132条规定:“附不法条件之法律行为,无效。以不为不法行为为条件者,亦同。”施启扬先生认为:“台湾地区‘民法’未作规定,在法理上可作同一解释。”[4]郑玉波先生认为:“此种条件表面上似属奖励守法,但实际上不为不法行为乃法律上当然应有之义务,以之为条件反足助长不法,故亦为不法条件。”[5]所附条件不法,此其三也。

由以上三者可见,在人身关系中,预先约定损害赔偿责任的协议有悖公序良俗,应属无效。需注意,违反忠实义务的行为本身固然有悖公序良俗,但这绝不意味着,以预防、制止违反忠实义务行为为目的的忠诚协议,就一定符合公序良俗,应避免“非黑即白”的思维。

3. 忠诚协议是否属于民事诉讼受案范围

如前所述,上海市高级人民法院、江苏省高级人民法院乃至最高人民法院民法典贯彻实施工作领导小组都认为由忠诚协议引发的纠纷不属于民事诉讼的受案范围,程序上即应不予受理。本书认为,仅以此类协议不发生法律上的权利义务为由,就将相关纠纷排除出民事诉讼受案范围,理由并不充分。照此理解,协议必须要能发生,至少是可能发生法律上的权利义务,相关纠纷法院才受理,问

---

〔1〕 以将来某事实之发生或状态之改变作为条件之成就者,对应消极条件。

〔2〕 依当事人一方之意思而决定条件之成就与否者,对应偶成条件。参见史尚宽:《民法总论》,1980年自版发行,第429页。

〔3〕 指以违法或有悖于公序良俗之事项为内容之条件,参见王泽鉴:《民法总则》,北京大学出版社2009年版,第401页。但史尚宽先生认为,“不法条件,谓以之为条件而使法律行为带有反社会乃至违法性之条件”,即不法条件不是说条件不法,而是附该条件后使法律行为“不法”。参见史尚宽:《民法总论》,1980年自版发行,第435页。

〔4〕 施启扬:《民法总则》(修订第8版),中国法制出版社2010年版,第263页。

〔5〕 郑玉波、黄宗乐:《民法总则》(修订第11版),台北,三民书局2008年版,第310页。但有学者反对附不法条件的法律行为无效,如史尚宽先生认为,“如不因此而使法律行为带有反社会性时,应不以之为无效”,参见史尚宽:《民法总论》,1980年自版发行,第436页;朱庆育学者质疑道:“莫非‘若不赌博,则房屋租住于你’(停止条件)或‘房屋租住于你,你若赌博,则废约收房’(解除条件)具有助长赌博之效用?与萌生杀意之人约定‘若不杀人,赠金10万’,所起效用难道不是阻止迫在眼前的不法行为?何以‘反足助长杀人’?”参见朱庆育:《民法总论》,北京大学出版社2016年版,第132页。本书认为,人皆有趋利性,若一概认可此类约定的效力,当事人为获取利益或者免除给付义务,可能趋向于纵容甚至诱使他人为不法行为;若以“不为不法行为”作为得到报酬的条件,如果报酬未能兑现,也可能诱发不法行为,所以有“助长不法”之虞。

题是未经实体审理,如何判断协议能否发生法律上的权利义务？民事诉讼的实体审理,很大程度上就是由法院来判断民事权利义务的有无;即使民事权利义务不存在、不发生,也是审理的结果,而非不审理的理由。民法对社会生活的方方面面有着非常广泛的包容性,如酒桌上的玩笑许诺,民法仍可将其归于单独虚伪表示中的“非诚意表示”(戏谑表示),进而作出该法律行为无效的评价。[1]《民事诉讼法》中关于受案范围的起诉限制,主要针对涉及民事以外其他法律关系的纠纷,如行政纠纷;而民事权利义务的有无之争,仍属于民事纠纷的范畴。动辄以不属于法院受理民事诉讼的范围为由拒绝裁判,无法令人信服。

四、小结

回到题述案例,该案例即为2002年上海市闵行区人民法院一审、上海市第一中级人民法院二审的国内首例夫妻忠诚协议案概略。该案一审法院认为,忠实是婚姻关系本质的要求,虽然法律对违反一般忠实义务应如何承担责任未作具体规定,但法律也未明文禁止当事人的自行约定。当事人的忠诚协议正是对《婚姻法》中一般忠实义务的具体化,遂支持了女方的要求。一审判决后,男方不服上诉,二审以调解结案。此后不久,上海市高级人民法院即出台了文中所述的指导性意见,认为忠实义务是道德义务,不是法律义务,相关纠纷法院不予受理。

本书认为,夫妻忠实义务是法律义务,而不仅是道德义务。由于婚姻并非契约,以法定义务为内容作出约定也不改其法定义务性质,故忠实义务不是契约义务。在我国法律上,忠实义务是一种法定之债,对应的是相对权,而非绝对权。违反忠实义务,即为债务不履行中的给付不能,后果是损害赔偿,故忠诚协议的本质是预先约定损害赔偿责任的协议。在人身关系中,预先约定损害赔偿责任有悖公序良俗,应属无效。该约定效力之有无,仍属民事诉讼的受案范围,相关纠纷法院应予受理。

在具体案件中,当事人签订的忠诚协议内容固然不妨作为法院裁判的参考,

---

[1] 参见朱庆育:《民法总论》,北京大学出版社2016年版,第264页。

甚至裁判结果可能恰巧与约定内容一致,但这应该是法院综合考量各种因素,对损害赔偿责任作出的认定,是法律规定的结果而非约定的结果,不能说忠诚协议约定有效。忠诚协议虽然无效,但一方确有违反忠实义务行为的,法院完全可以通过离婚损害赔偿、财产分割比例调整的方式,令出轨者承担相应的不利法律后果。

法条链接

《民法典》

第1043条　家庭应当树立优良家风,弘扬家庭美德,重视家庭文明建设。

夫妻应当互相忠实,互相尊重,互相关爱;家庭成员应当敬老爱幼,互相帮助,维护平等、和睦、文明的婚姻家庭关系。

第1087条　离婚时,夫妻的共同财产由双方协议处理;协议不成的,由人民法院根据财产的具体情况,按照照顾子女、女方和无过错方权益的原则判决。

对夫或者妻在家庭土地承包经营中享有的权益等,应当依法予以保护。

《民法典婚姻家庭编解释(一)》

第69条第1款　当事人达成的以协议离婚或者到人民法院调解离婚为条件的财产以及债务处理协议,如果双方离婚未成,一方在离婚诉讼中反悔的,人民法院应当认定该财产以及债务处理协议没有生效,并根据实际情况依照民法典第一千零八十七条和第一千零八十九条的规定判决。

9. 约定给配偶的财产还能要回吗?

——关于夫妻间赠与和夫妻财产制约定的区分

案情导入

甲乙即将结婚时,签订《婚前财产协议》1份,约定甲个人名下位于A市的某套房屋在结婚后归甲乙共同共有。甲乙结婚后,未办理该房产的变更登记手续,仍登记于甲名下。多年后双方感情破裂,乙要求将该房屋作为夫妻共同财产分割，甲主张《婚前财产协议》关于该房屋的约定系赠与，在房产权利转移之前赠与人有权撤销赠与合同。问：甲的主张是否有法律依据？

裁判法理

一、法律规范的争议和司法实践的不统一

1. 现行法律规范的争议

根据《民法典》第1065条（《婚姻法》第19条）第1款、第2款的规定，当事人可以通过书面形式，将婚前的个人财产约定为共同所有，或者部分各自所有、部分共同所有；也可以将婚姻关系存续期间所得的财产约定为各自所有，或者部分各自所有、部分共同所有。而且，这样的约定"对双方具有法律约束力"。但根据《民法典婚姻家庭编解释（一）》第32条的规定，夫妻约定将一方所有的房产赠与另一方，或约定为共有，可以适用赠与合同任意撤销权的规则，在权利转移之前无理由地撤销赠与。

上述司法解释，承继2011年《婚姻法解释（三）》第6条的规定。早在《婚姻法解释（三）》施行之初，该问题就引发了争议——夫妻间赠与的任意撤销，会不会导致夫妻财产制约定被架空？此外，《婚姻法解释（三）》第6条仅规定"将一方所有的房产赠与另一方"这一种情形，有人追问：假如没有将整个房产赠与，而是赠与99%份额给对方，是不是就不能撤销赠与呢？假如在协议中没有使用"赠与"一词，而是约定某房产"归对方所有"，是否适用赠与规则？假如约定的是将原本共有的房产归一方个人所有，或者调整双方对房产的份额比例，是否可以参照适用？假如约定的是房产之外的其他不动产，甚至是动产呢？新的司法解释增加了"将一方所有的房产共有"的情形，算是解决了其中一个问题，但其他问题的答案似乎仍不明朗。[1]

---

〔1〕 有观点认为："只要明确了夫妻之间的赠与行为同样适用合同法的规定，赠与动产时发生的纠纷，按照合同法赠与一节相应条款处理就是了。"参见杜万华、程新文、吴晓芳：《〈关于适用婚姻法若干问题的解释（三）〉的理解与适用》，载《人民司法》2011年第17期。

2. 司法实践的不统一

《婚姻法解释(三)》施行后,各地的司法实践莫衷一是。

(1)倾向于按赠与合同处理

如《浙江省高级人民法院民一庭关于审理婚姻家庭案件若干问题的解答》(高法民一〔2016〕2 号)第 12 条规定:"夫妻双方约定一方个人所有的房屋归夫妻共同所有,但未办理房屋产权变更登记。离婚时,一方主张依据《婚姻法司法解释(三)》第六条及《合同法》第一百八十六条规定,其有权撤销赠与;另一方则主张依据《婚姻法》第十九条夫妻财产约定的规定,房屋应作为夫妻共同财产予以分割,对此应如何处理?

答:《婚姻法司法解释(三)》第六条规定表明夫妻间赠与关系应受《合同法》关于赠与合同规定的调整。夫妻双方约定一方个人所有的房屋归夫妻共同所有但未办理产权变更登记手续的,赠与方主张依据《婚姻法司法解释(三)》第六条规定处理的,可予支持。"

检索裁判文书,如西安市中级人民法院(2017)陕 01 民终 3345 号民事判决书、宁波市中级人民法院(2018)浙 02 民终 2197 号民事判决书等,都倾向于将相关纠纷按赠与合同处理。

(2)倾向于按夫妻财产制约定处理

如上海市高级人民法院民事审判第一庭指出:"婚内购房,房屋产权登记份额与嗣后约定份额不符,离婚诉讼中如何分割产权?倾向性意见认为,根据《婚姻法》第 19 条规定,夫妻可以约定婚姻关系存续期间所得的财产归各自所有、共同所有或部分各自所有、部分共同所有。房屋产权登记后,夫妻双方就调整各自的份额进行约定,系婚内约定财产权利的调整,对双方具有约束力,当事人基于约定主张产权分割的,可予支持。但以协议离婚为条件的财产分割协议除外。"

检索裁判文书,如北京市第三中级人民法院(2014)三中民终字第 5398 号民事判决书、广东省广州市中级人民法院(2020)粤 01 民终 15350 号民事判决书等,都倾向于将相关纠纷按夫妻财产制约定处理。

（3）以约定对象范围和当事人目的区分

如 2019 年江苏省高级人民法院民事审判第一庭发布的《家事纠纷案件审理指南（婚姻家庭部分）》第 29 条指出："如何区分夫妻财产制契约与夫妻财产赠与约定，其效力应当如何认定？夫妻财产制契约是夫妻双方在《婚姻法》第十九条规定的三种夫妻财产制形态，即分别财产制、一般共同制和限定共同制中进行选择的约定，对夫妻财产关系产生一般性、普遍性的约束力，其效力一般及于夫妻财产的全部。夫妻财产赠与约定是夫妻双方对于个别财产的单独处分，具有一次性、个别化的特点，其效力不及于其他未经特殊处分的财产。前者的目的在于排除法定财产制的适用，后者的目的在于改变一项特定财产的权利归属，并不涉及财产制的选择。"

二、应然的区分标准：以利益局面为核心

判断当事人约定的内容到底是赠与合同还是夫妻财产制，本书认为区分标准有如下几个方面。

1. 当事人主观状态不同

赠与合同中，赠与人的意图是无偿给予财产价值给对方。其动机往往是为了表达慷慨或情谊，以期获得他人的好感、正面评价或赠与人自己的心安理得。正如托马斯·阿奎那所言："在一个人向另一个人转让某物时，他要么是要求取得等价物的有关交换正义的行为，要么是有关慷慨德行的行为。"[1]赠与就关乎后者。有些情况，赠与合同甚至和好意施惠关系界限模糊。比如，好友相见，甲夸赞乙的水杯非常别致，乙称下次我去产地出差，定购买一个送给你，甲欣然接受。次月，乙果然去该地出差，但不愿购买水杯赠甲。可以说二人先前只形成好意施惠关系，并无受法律约束之意，也不妨理解成赠与合同，乙行使了任意撤销权。

而夫妻财产制约定，指夫妻或即将成为夫妻之人，就夫妻之间的财产关系采

---

〔1〕　参见［美］詹姆斯·戈德雷：《私法的基础：财产、侵权、合同和不当得利》，张家勇译，法律出版社 2007 年版，第 580 页。

用何种夫妻财产制所订立的契约。[1] 当事人的意图,是排除法定的夫妻财产制的适用,即另行约定其他的财产制。

2. 针对的客体不同

赠与合同法律关系的客体是赠与行为,其标的物是特定的、明确的赠与物。而夫妻财产制约定的客体,是夫妻之间适用的财产制度,适用对象在大多数情况下是不特定的财产。但这一区别也非绝对。由于我国夫妻约定财产制采“独创式”,[2] 约定自由度大,有的夫妻财产制约定可能仅针对特定财产,这也是造成财产制约定和赠与约定边界不清的原因之一。

3. 时间面向不同

赠与合同一般针对过去已取得的财产,赠与人需对赠与物享有所有权或者处分权。赠与尚未取得的财产虽然不至于影响赠与合同效力,但“慷他人之慨”的情况,总不是生活常态。

而夫妻财产制约定,既可能涉及已有的财产,如将已取得的婚前财产约定为共同所有;也可能涉及尚未取得的财产,如双方在结婚时约定,未来各自取得的财产归各自所有。

4. 要式要求不同

赠与合同并无要式要求,可以书面为之,也可以采用口头或其他形式。而关于夫妻财产的约定,根据《民法典》第 1065 条的规定,必须采用书面形式,也就是说,如果未采用书面形式,则无须考虑双方之间成立夫妻财产制约定。

5. 利益局面不同

赠与合同是典型的无偿合同,受赠人无须支付对价,是纯获利益者。赠与人财产直接减少,受赠人财产直接增加。赠与关系的利益局面是简单的,可以较为容易地判断处于利益失衡状态。法律赋予赠与人任意撤销权以平衡双方利益,

---

〔1〕 参见余延满:《亲属法原论》,法律出版社 2007 年版,第 286 ~ 287 页。

〔2〕 约定财产制的通行立法模式包括“选择式”和“独创式”两种,区别在于意思自治程度不同。前者只能在规定的有限几种夫妻财产制中选择,当事人不能选择立法设置之外的财产制;后者则允许当事人根据自己的意愿选择或创设夫妻财产制,自由度更大。《民法典》第 1065 条第 1 款虽然规定了有限的约定类型,但“部分共有、部分分别”的内容明显不确定,当事人意思自治空间极大,因此我国的约定财产制更接近“独创式”。

赠与人行使任意撤销权,虽然弱化了诚实信用原则,但一般不会损害受赠人的现有利益,也符合正义的要求。

而夫妻约定财产制,是由当事人在权衡各种因素之后作出的,其考虑的因素甚至超越了财产范畴,包括婚姻的缔结、婚姻关系持续的长短、是否存在单方过错以及各自对家庭的贡献等,利益局面是复杂的,因而也很难以形式上的无偿简单断定利益是失衡的。反过来讲,假如夫妻财产约定呈现明显的利益失衡局面,则不妨认定为赠与。

上述标准可以作为判断的参考依据,但一定会有模棱两可的情况。如前所述,赠与也可以面向未来,附条件、附期限赠与即是;夫妻财产制约定也可以针对个别财产,既然可以约定"部分",极端情况就是个别财产。最本质的区别在于利益局面不同。如果出现了类似赠与关系的利益失衡局面,可以以赠与合同中的任意撤销权规则予以平衡;反之,则宜尊重当事人的意思自治,定性为夫妻财产制约定。利益是否失衡,本就不泾渭分明,个案中所要判断的不在于当事人的约定到底是什么(事实判断),而在于是否呈现利益失衡的局面需要作出调整(价值判断)。调整的工具——赠与合同任意撤销权规则未必是最优选项,[1]可能也不止这一个选项。有学者就提出,"在离婚案件中类推适用情势变更规则对该约定予以变更或者解除,以使给予不动产的一方获得适当的救济"。[2] 该观点值得赞同。

三、赠与任意撤销权能否放弃

本篇所述争议在实务中集中体现为任意撤销权能否行使。假如在约定之初,就写清楚即使该协议被认定为赠与合同,赠与人也放弃任意撤销权,问题是否就能迎刃而解?

---

〔1〕 有学者和律师对用合同法规则调整夫妻财产关系提出批评。参见薛宁兰、许莉:《我国夫妻财产制立法若干问题探讨》,载《法学论坛》2011 年第 2 期;杨晓林、段凤丽:《再论夫妻财产约定与夫妻赠与的关系——兼评〈婚姻法〉司法解释(三)第六条》,载夏吟兰、龙翼飞主编:《家事法实务 · 2015 年卷》,法律出版社 2016 年版,第 147 ~ 148 页。

〔2〕 冉克平:《夫妻之间给予不动产约定的效力及其救济——兼析〈婚姻法司法解释(三)〉第 6 条》,载《法学》2017 年第 11 期。

一种观点认为,任意撤销权是对整个赠与合同的否定,其中包括对放弃任意撤销权内容的否定;法律之所以规定赠与合同的任意撤销权,正是为了平衡赠与合同中当事人意思自治所导致的利益失衡局面,仅多了一句"放弃任意撤销权",失衡局面丝毫未有改观,仍有平衡的需要,故仍应允许赠与人行使任意撤销权。另一种观点认为,行使任意撤销权的前提是赠与合同合法有效,赠与合同中既然包括放弃任意撤销权的约定,该约定当然也是有效的,故任意撤销权已无从行使。最高人民法院发布的《婚姻法解释(三)》中的理解与适用认为,"赠与人自愿放弃自己的民事权利应受到法律保护,行使任意撤销权应受到一定限制,故应认定夫妻房产赠与合同中的放弃任意撤销权的约定有效"。[1]

本书赞同前述第一种观点。一个契约行为的作出,从逻辑上讲,本身就暗含着不反悔的意思。但针对赠与,法律之所以规定权利转移之前可以任意撤销,源于赠与合同的无偿性,是对失衡的利益局面的平衡。即便赠与人在赠与时作出了放弃任意撤销权的承诺,利益失衡局面仍然存在,法律应予以同样的调整和保护,即对赠与、赠与不反悔的双重意思表示都可以任意撤销。这与明示不可撤销的要约是不同的。在一般的要约场合,并没有这样的利益失衡局面,法律侧重考虑受要约人的信赖利益保护,故明示不可撤销的要约依法不可任意撤销。因此,赠与的任意撤销权不存在放弃,即使当事人约定放弃,在权利转移之前赠与人仍可依法撤销赠与。

四、小结

夫妻不因婚姻身份的产生而丧失其独立人格,已婚双方仍是独立的民事主体,即使采用夫妻共同财产制也不排除个人财产的存在,双方可以约定各类以财产为内容的协议,包括赠与,逻辑上当然适用《民法典》第 658 条关于任意撤销权的规定。而《民法典》第 1065 条第 1 款、第 2 款规定的则是夫妻约定财产制。这本是两套规则,适用于不同情形,不存在婚姻编、合同编哪个优先适用的问题。

情形的判断,尽管有当事人主观状态、针对客体、时间面向、要式要求等标

---

〔1〕 最高人民法院民事审判第一庭编著:《最高人民法院婚姻法司法解释(三)理解与适用》,人民法院出版社 2011 年版,第 113 页。

准,但最核心的还在于双方之间的利益局面,这一判断的本质是价值判断而非事实判断。司法解释关于适用赠与合同任意撤销权的规定,并非因为它是赠与合同所以适用,而是因为它呈现和赠与合同一样的利益失衡局面,需要将它视为赠与合同,以便适用任意撤销规则进行利益平衡。这也是"先有正当性确信,再作一致性审查"的又一例证。[1]

回到题述案例的问题,仅凭案例中给出的信息,其实很难判断甲的主张是否会得到法院支持,实践中结论截然相反的裁判文书比比皆是。可以参考的是,假如《婚前财产协议》同时约定乙的一些婚前个人财产也归甲乙共同共有,或者乙在婚姻关系存续期间为家庭作出了较多贡献,则该协议就有较大可能被视为夫妻财产制约定;假如双方婚姻关系存续时间极短,或者乙是导致双方感情破裂的过错方,则该协议被视为赠与合同的可能性就会大增。当然,在实务中为促使协议得以履行,不妨建议当事人办理公证,或者尽快完成产权过户;若目的相反,反其道而行之即可。

法条链接

《民法典》

第 658 条　赠与人在赠与财产的权利转移之前可以撤销赠与。

经过公证的赠与合同或者依法不得撤销的具有救灾、扶贫、助残等公益、道德义务性质的赠与合同,不适用前款规定。

第 1065 条第 1 款、第 2 款　男女双方可以约定婚姻关系存续期间所得的财产以及婚前财产归各自所有、共同所有或者部分各自所有、部分共同所有。约定应当采用书面形式。没有约定或者约定不明确的,适用本法第一千零六十二条、第一千零六十三条的规定。

夫妻对婚姻关系存续期间所得的财产以及婚前财产的约定,对双方具有法律约束力。

---

〔1〕 参见[德]卡尔·拉伦茨:《法学方法论》,陈爱娥译,商务印书馆 2003 年版,第 91 页。

《民法典婚姻家庭编解释(一)》

第32条 婚前或者婚姻关系存续期间,当事人约定将一方所有的房产赠与另一方或者共有,赠与方在赠与房产变更登记之前撤销赠与,另一方请求判令继续履行的,人民法院可以按照民法典第六百五十八条的规定处理。

10.夫妻共同债务如何认定?如何清偿?
——以多数人之债为视角

案情导入

2014年1月2日,北京小马奔腾文化传媒股份有限公司(以下简称"小马奔腾")原董事长李某突然离世。此前两天,正是李某与建银文化产业投资基金(天津)有限公司(以下简称建银投资公司)所签对赌协议到期的日子。"小马奔腾"未能成功上市,李某对赌失败。基于这份对赌协议产生的债务,建银投资公司将李某的遗孀金某告上法庭。一审法院根据《婚姻法解释(二)》第24条的规定,认定上述债务属于夫妻共同债务,判决金某应在2亿元的范围内承担连带清偿责任。与一审判决几乎同期,最高人民法院于2018年1月16日发布《夫妻债务纠纷解释》,推翻并重构了《婚姻法解释(二)》第24条的相关规则。该案二审会不会发生反转,一时引人关注。从民法角度理解,究竟什么是夫妻共同债务?这种债务又该如何清偿?

裁判法理

一、我国夫妻债务问题的立法流变

梳理我国法律(包括最高人民法院作出的司法解释等文件)涉及夫妻债务[1]的规定,主要包括以下几种。

---

[1] 未必称为"夫妻共同债务",这个概念出现较晚,后文详述。

1.1950 年《婚姻法》

该法第 24 条规定:“离婚时,原为夫妻共同生活所负担的债务,以共同生活时所得财产偿还;如无共同生活时所得财产或共同生活时所得财产不足清偿时,由男方清偿。男女一方单独所负的债务,由本人偿还。”

2.1980 年《婚姻法》

该法第 32 条在 1950 年《婚姻法》第 24 条的基础上,就共同财产不足时的清偿规则有所改动,规定:“离婚时,原为夫妻共同生活所负的债务,以共同财产偿还。如该项财产不足清偿时,由双方协议清偿;协议不成时,由人民法院判决。男女一方单独所负债务,由本人偿还。”

3.1988 年《民通意见》

该司法解释第 43 条规定:“在夫妻关系存续期间,一方从事个体经营或者承包经营的,其收入为夫妻共有财产,债务亦应以夫妻共有财产清偿。”

4.1993 年《最高人民法院关于曹彩凤等诉许莉债务案如何适用法律问题的复函》

该复函认为:“……赵海平在从事承包经营期间所欠债务为夫妻共同债务,赵海平死亡后,其妻许莉作为连带债务人有义务继续清偿全部债务。”该文件首次出现“夫妻共同债务”的固定搭配,并认为非举债方为连带债务人,别具意义。

5.1993 年《离婚案件财产分割问题意见》

该司法解释第 17 条规定:“夫妻为共同生活或为履行抚养、赡养义务等所负债务,应认定为夫妻共同债务,离婚时应当以夫妻共同财产清偿。下列债务不能认定为夫妻共同债务,应由一方以个人财产清偿:

(1)夫妻双方约定由个人负担的债务,但以逃避债务为目的的除外。

(2)一方未经对方同意,擅自资助与其没有抚养义务的亲朋所负的债务。

(3)一方未经对方同意,独自筹资从事经营活动,其收入确未用于共同生活所负的债务。

(4)其他应由个人承担的债务。”

该司法解释第 18 条规定:“婚前一方借款购置的房屋等财物已转化为夫妻共同财产的,为购置财物借款所负债务,视为夫妻共同债务。”

6.2001 年修正的《婚姻法》

该法第 19 条第 3 款规定:“夫妻对婚姻关系存续期间所得的财产约定归各自所有的,夫或妻一方对外所负的债务,第三人知道该约定的,以夫或妻一方所有的财产清偿。”对此,2001 年《婚姻法解释(一)》第 18 条规定,夫妻一方对“第三人知道该约定”负有举证责任。此外,该法第 41 条在 1980 年《婚姻法》第 32 条的基础上,对于“为夫妻共同生活所负的债务”,将“以共同财产偿还”改为“共同偿还”,并删除了“男女一方单独所负债务,由本人偿还”的规定。

7.2003 年《婚姻法解释(二)》

该司法解释在第 23 ~26 条集中设定了关于夫妻债务问题的一系列裁判规则,其中:

第 23 条规定:“债权人就一方婚前所负个人债务向债务人的配偶主张权利的,人民法院不予支持。但债权人能够证明所负债务用于婚后家庭共同生活的除外。”这一规定与 1993 年《离婚案件财产分割问题意见》第 18 条相比,都是关于一方婚前个人债务在婚后转化为共同债务的规定,但范围更广,不仅限于“转化为夫妻共同财产”,还包括共同消费等“用于婚后家庭共同生活”的情况。

第 24 条规定:“债权人就婚姻关系存续期间夫妻一方以个人名义所负债务主张权利的,应当按夫妻共同债务处理。但夫妻一方能够证明债权人与债务人明确约定为个人债务,或者能够证明属于婚姻法第十九条第三款规定情形的除外。”该条将婚内个人负债推定为夫妻共同债务,被认为造成大量婚姻当事人尤其是女性在不知情的情况下“被负债”,引发了后来的巨大争议。

8.2014 年至 2017 年最高人民法院及其内设机构的若干复函、答复

面对《婚姻法解释(二)》第 24 条带来的司法难题和以所谓“反 24 条联盟”为代表的汹汹舆论,最高人民法院及其内设机构在 2014 年至 2017 年,通过各种形式密集回应,具体包括:

(1)2014 年 7 月 12 日发布的《最高人民法院民一庭关于婚姻关系存续期间夫妻一方以个人名义所负债务性质如何认定的答复》,该文件明确规定,如果举债人的配偶举证证明所借债务并非用于夫妻共同生活,则其不承担偿还责任。

(2)2015 年 1 月 1 日发布的《最高人民法院民一庭关于夫妻一方对外担保

之债能否认定为夫妻共同债务的复函》，该文件明确规定，夫妻一方对外担保之债不应当适用《婚姻法解释(二)》第24条的规定认定为夫妻共同债务。

(3)2016年3月17日最高人民法院网站通过“院长信箱”作出的《关于“撤销婚姻法司法解释(二)第24条的建议”的答复》，该答复在夫妻共同债务的认定问题上，主张“内外(法律关系)有别”，并强调夫妻共同债务应当通过审判程序来认定，不能由执行程序认定。

(4)2017年8月24日最高人民法院办公厅作出的《对十二届全国人大五次会议××号建议的答复》，该答复介绍了《婚姻法解释(二)》第24条的制定背景、有关夫妻债务认定问题不断增多的现状、最高院的裁判思路以及下一步工作打算等。

9. 2017年《婚姻法解释(二)补充规定》

该司法解释在《婚姻法解释(二)》第24条的基础上增加两款，分别作为该条第2款和第3款：

“夫妻一方与第三人串通，虚构债务，第三人主张权利的，人民法院不予支持。

夫妻一方在从事赌博、吸毒等违法犯罪活动中所负债务，第三人主张权利的，人民法院不予支持。”

同时发布的还有《最高人民法院关于依法妥善审理涉及夫妻债务案件有关问题的通知》，该通知要求：坚持法治和德治相结合原则，保障未具名举债夫妻一方的诉讼权利，审查夫妻债务是否真实发生，区分合法债务和非法债务，把握不同阶段夫妻债务的认定标准，保护被执行夫妻双方基本生存权益不受影响，制裁夫妻一方与第三人串通伪造债务的虚假诉讼。该通知明确规定：“未经审判程序，不得要求未举债的夫妻一方承担民事责任。”

10. 2018年《夫妻债务纠纷解释》

该司法解释规定：

“夫妻双方共同签字或者夫妻一方事后追认等共同意思表示所负的债务，应当认定为夫妻共同债务。”

“夫妻一方在婚姻关系存续期间以个人名义为家庭日常生活需要所负的债

务,债权人以属于夫妻共同债务为由主张权利的,人民法院应予支持。”

“夫妻一方在婚姻关系存续期间以个人名义超出家庭日常生活需要所负的债务,债权人以属于夫妻共同债务为由主张权利的,人民法院不予支持,但债权人能够证明该债务用于夫妻共同生活、共同生产经营或者基于夫妻双方共同意思表示的除外。”

同时,该司法解释明确取代此前与之相抵触的司法解释,推翻并重构了《婚姻法解释(二)》确立的规则。

11. 2020 年《民法典》

该法第 1064 条基本采纳了 2018 年《夫妻债务纠纷解释》之内容,规定:

“夫妻双方共同签名或者夫妻一方事后追认等共同意思表示所负的债务,以及夫妻一方在婚姻关系存续期间以个人名义为家庭日常生活需要所负的债务,属于夫妻共同债务。

夫妻一方在婚姻关系存续期间以个人名义超出家庭日常生活需要所负的债务,不属于夫妻共同债务;但是,债权人能够证明该债务用于夫妻共同生活、共同生产经营或者基于夫妻双方共同意思表示的除外。”

此外,该法第 1065 条第 3 款基本承继了 2001 年修正的《婚姻法》第 19 条第 3 款;该法第 1089 条基本承继了 2001 年修正的《婚姻法》第 41 条。

12. 2020 年《民法典婚姻家庭编解释(一)》

该司法解释第 37 条承继了《婚姻法解释(一)》第 18 条;第 33 条承继了《婚姻法解释(二)》第 23 条;第 34 条承继了 2017 年《婚姻法解释(二)补充规定》;第 35 条基本承继了《婚姻法解释(二)》第 25 条;第 36 条基本承继了《婚姻法解释(二)》第 26 条。

二、多数人之债的民法分类和我国立法实践

由上文可知,“夫妻共同债务”这一固定搭配词组最早出现于 1993 年最高人民法院的一个复函中。而其真正进入法律,要迟至 2020 年颁布的《民法典》。需注意的是,我国立法上“共同债务”的提法都甚少,但凡出现,几乎全都与“夫妻”捆绑,俨然成为婚姻家庭法领域的专有名词。这个债务在民法上,或者更具

体地说，在债法上到底是个什么债务？非从这个角度切入，无法厘清《民法典》背景下的夫妻共同债务规则。

1. 多数人之债的民法分类

债是一种民事法律关系，具有主体、客体（又称标的，债的客体或标的即给付）和内容三项基本要素。其中，债的主体包括债权人和债务人，是债的法律关系的当事人。在同一债的关系中，如果债权人、债务人均各为一人，为单一主体之债（不是单一之债）；如果债权人或者债务人为两人以上的，为多数人之债，又称复数主体之债。民法理论上，多数人之债包括以下几类。

（1）可分之债

可分之债，指数人负同一债务或有同一债权，而其给付为可分者。多数人之债，如果给付可分，原则上就是可分之债，除非有法律特别规定或契约特别约定。所谓“债权当然分割”，自罗马法以来，大陆法系立法例大多如此。[1] 例如，甲、乙向丙购买苹果100公斤，价金4000元，就甲、乙而言，应支付丙4000元为可分债务，可请求丙交付苹果100公斤为可分债权，除契约另有约定外，甲、乙应对丙各负担债务2000元，并可以请求丙向其各交付50公斤苹果。[2]

（2）不可分之债

不可分之债，指数人负同一债务或有同一债权，而其给付不可分者。例如，甲、乙向丙购买耕牛一头，则甲、乙对丙有请求交付一头耕牛的债权，即为不可分债权；若丙向甲、乙购买耕牛一头，则甲、乙对丙负有交付一头耕牛的债务，即为不可分债务。但假如耕牛在交付前因归责于甲、乙之事由而死亡，丙有权要求甲、乙赔偿，则不可分的交付耕牛的债务变为了可分的金钱损害赔偿之债。又如，数人承租房屋的情况，就租金而言，给付系属可分，但鉴于承租人请求或返还租赁物的债权或债务不可分，解释上应认为租金债务亦具不可分性。[3] 不可分债权受领清偿，须由全体债权人共同为之；不可分债务的履行，准用连带债务的

〔1〕 参见郑玉波著，陈荣隆修订：《民法债编各论》，中国政法大学出版社2004年版，第383页。

〔2〕 参见王泽鉴：《民法概要》，北京大学出版社2011年版，第222页。

〔3〕 参见王泽鉴：《民法概要》，北京大学出版社2011年版，第227页。

规定。[1]

(3)连带之债

连带之债,指以同一给付为标的,各债权人都可以向债务人主张全部债权(连带债权),或者各债务人应向债权人负担全部债务(连带债务)。连带之债只能依据法律规定或者契约约定产生。如前述购买苹果案例中,假如买卖合同约定甲、乙就4000元付款义务承担连带责任,则该付款义务即成为连带债务,丙可以选择向甲、乙任何一方或者双方主张权利。任何一个连带债务人向债权人履行之后,在内部关系中,有权就自己多履行的部分,向其他债务人追偿。

连带之债的标的给付,可能是可分的,也可能是不可分的。

(4)公同共有之债——共同债务

根据我国台湾地区学者郑玉波教授的观点,多数人之债除可分之债、连带之债、不可分之债外,还有准共有之债和共同共有之债。[2] 前三种与后两种多数人之债不同:前三种不但主体为复数,而且债之关系亦为复数;后两种虽然主体为复数,但债之关系只有一个,为单一之债。[3]

仅以债务论,其中,公同共有债务又称共同债务,指的是"数人基于公同关系而共同负担之债务"。所谓"公同关系",如合伙、共同为遗产继承、夫妻关系均是。相应地,合伙债务、数人所继承之遗产债务、夫妻债务为共同债务。此种债务多依法律规定而成立。

共同债务的对外效力比较特殊,共同债务人首先以共同财产对外负责;于共同财产外,各共同债务人还须以其个人固有之财产负其责任(但依约定或法定也有例外,如限定继承,即仅以遗产为限负其责任)。基于前者责任,债权人只

---

[1] 如我国台湾地区"民法"第292条规定:数人负同一债务,而其给付不可分者,准用关于连带债务之规定。《法国民法典》第1222条规定:共同约定不可分债务者,虽非连带债务,亦各负全部之责任。《德国民法典》第431条规定:数人负担不可分给付者,全体负连带债务人之责任。

[2] 参见郑玉波著,陈荣隆修订:《民法债编各论》,中国政法大学出版社2004年版,第420~425页。

[3] 多数人之债的主体固然为复数,但债的关系是否为复数,另当别论。复数主体之债(多数人之债)未必为复数之债,也可能是单一之债。对债的关系单复的判断标准有三说:主体说、客体说、效力说。通说采第三种,即应以各主体能否独立的发生其为债权人或债务人之一切效力为标准确定,各主体倘能独立的发生其效力,则无论其客体是否同一,其债的关系就是复数。参见郑玉波著,陈荣隆修订:《民法债编各论》,中国政法大学出版社2004年版,第380页。

能向共同债务人全体请求，并且仅可对共同财产为强制执行。基于后者责任(若有)，债权人可以向各共同债务人个人请求，不过该责任多属第二次责任，非于共同财产不足清偿债务时不得追及之(补充责任，但也可约定为并存的)；该责任既为各共同债务人个人所负，故不再适用共同债务之原则，其清偿规则应依法律规定或契约约定确定为连带债务或可分债务。

共同债务的对内效力，有约定从约定，如无约定应依法律规定解决。以我国台湾地区“民法”为例，合伙债务未约定者，内部应按出资额之比例分担(第677条)；数人所继承之遗产债务未约定者，内部应按其应继份比例分担(第1153条第2项)；夫妻债务以共同财产清偿者，内部不生补偿请求权(第1038条)。

2. 我国法律上的多数人之债

上述债的分类中，可分之债与不可分之债是以债的标的是否可分为划分标准，而连带之债，则是以多数人之债中的外部关系——“债权、债务可否分为份额由多数债权人分受或由多数债务人分担”[1]为标准认定，与之相对的是按份之债。就前者标准而言，凡是债均有标的，有标的即有标的可分与否的区分，即便是单一之债亦如此(只是对单一之债作此区分无实际意义)。就分类体系而言，由于标准不同，连带之债既可以是可分之债，也可以是不可分之债，将三者并列，作为分类结果并不周延。我国法律未采用标的可分性作为多数人之债的分类标准，而是采用了后一种标准，故立法上不存在“不可分之债”的种类。

(1)按份之债

1986年颁布的《民法通则》第86条首次规定了按份之债。其含义是，多数债权人按一定份额对债务人享有债权，或多数债务人按一定份额对债权人负担债务。《民法典》第517条对按份之债的定义进行了完善，特别强调了按份之债标的可分的特征——按份之债的标的一定是可分的，反之则不然，并规定如果份额难以确定的，推定为份额相同。

按份之债主要是意定的，由法律行为引起。但也存在法定的按份之债，如《民法典》第1172条关于分别侵权承担按份责任的规定。

---

〔1〕 刘心稳：《债权法总论》，中国政法大学出版社2015年版，第106页。

(2)连带之债

《民法通则》第87条首次规定了连带之债。其含义是,每个连带债权人都可以要求债务人履行义务,每个连带债务人都对债权人负有清偿全部债务的义务。《民法典》第518条对连带之债的定义进行了完善。可以看出,我国法律同样强调连带之债只能依据法律规定或者契约约定产生。“连带之债是债的特殊形态,只有在法律有明确规定或者当事人有明确约定的情形下才能成立,其适用范围是受到限定的。而按份之债是债的一般形态,在法律没有明确规定或者当事人没有明确约定的情形下,一般推定为按份之债。”[1] 此外,《民法典》第519~521条就连带之债的对内、对外效力作出具体规定。

(3)共同债务

我国法律上有没有前文所述的共同债务?按照“数人基于公(共)同关系而共同负担之债务”的定义,共同债务的成立须存在共同关系;共同关系的存在同时构成物权法上共同共有的前提;共同负担意味着共同债务的主体虽然是复数的,但债的数量是单一的。在多个债务人存在共同关系,且拥有共同共有财产的情况下,全体债务人负担的单一债务,就是共同债务。

根据《继承法》[2]第33条的规定,在遗产分割前,继承人作为遗产的共同共有人,以遗产总额为限清偿被继承人遗留的债务。[3] 在这种当然的限定继承模式下,继承人所负共同债务实质是一种有限责任。

根据《合伙企业法》第38条、第39条的规定,就企业型合伙的共同债务而言,合伙企业应当先以合伙企业的财产清偿,若不够清偿的,再由合伙人以其所有的其他财产进行清偿。此种共同债务,合伙人仅以其个人财产承担补充连带责任。

但就契约型合伙而言,该问题就有争议。有观点认为:“不论合伙是否具有民事主体地位,均应当将合伙人的连带责任解释为补充连带责任。”[4] 相反观点认为:“契约型合伙,虽然具有一定的组织性,却是松散型的合伙,并不具有独立

---

〔1〕 王利明:《债法总则研究》(第2版),中国人民大学出版社2018年版,第176页。

〔2〕 《继承法》现已废止。

〔3〕 根据《民法典》第1159条的规定,可认为此阶段的清偿义务主体是遗产管理人。

〔4〕 参见最高人民法院民法典贯彻实施工作领导小组主编:《中华人民共和国民法典合同编理解与适用(四)》,人民法院出版社2020年版,第2756页。此种观点可称为“补充连带主义”。

的民事主体资格，其财产还是由全体合伙人共有，合伙财产与合伙人其他财产难以厘清，因此，并不要求对合伙债务先以合伙财产进行清偿，债权人可以直接请求所有合伙人以包括合伙财产在内的所有财产来履行合伙债务。这是契约型合伙与企业型合伙的重要区别之一。”[1]

夫妻共同债务在我国法律上更是被直接冠以“共同债务”的名称，其相关规则详述如下。

三、多数人之债视角下的夫妻共同债务规则

夫妻共同债务问题，在实务中最为重要的无非两点，一是如何认定夫妻共同债务，即认定规则；二是对于已被认定的夫妻共同债务应如何进行清偿，即清偿规则。

1. 认定规则：从笼统到精细

根据多数人之债中共同债务的定义，认定共同债务的标准无非“基于共同关系而共同负担”，在夫妻共同债务的认定上如何理解和把握这一标准，我国相关规范性文件采用了不同的标准，体现了笼统规定到扩大化到缩小化到精细化的变化趋势。

早期立法将夫妻共同债务笼统规定为“为夫妻共同生活所负担的债务”，这也是夫妻共同债务认定标准的典型表述，从1950年《婚姻法》一直持续至2020年《民法典》。但因其过于笼统，在司法实践中就需要明确范围。

20世纪80年代至2003年《婚姻法解释（二）》出台之前，司法解释将夫妻共同债务的范围不断扩大。如《民通意见》第43条将婚后一方因从事个体经营或者承包经营，且收入为夫妻共有财产而负担的债务纳入夫妻共同债务；《离婚案件财产分割问题意见》第17条将“为履行抚养、赡养义务等所负债务”纳入夫妻共同债务，该司法解释第18条将婚后转化为夫妻共同财产的婚前个人债务纳入夫妻共同债务。2001年修正的《婚姻法》第19条第3款，就婚后一方所负债务，严格限制不属于夫妻共同债务的情形，变相扩大了夫妻共同债务的范围，直至

[1] 黄薇主编：《中华人民共和国民法典合同编释义》，法律出版社2020年版，第1015～1016页。此种观点可称为“并存主义”。

《婚姻法解释(二)》第 24 条,采用时间标准,将婚后以个人名义所负的债务直接推定为夫妻共同债务,范围扩大趋势登峰造极。

2003 年《婚姻法解释(二)》出台后至 2018 年《夫妻债务纠纷解释》出台前,最高人民法院作出的一系列文件,开始转而缩小夫妻共同债务的范围。如 2014 年《最高人民法院民一庭关于婚姻关系存续期间夫妻一方以个人名义所负债务性质如何认定的答复》强调举债人配偶如能证明所借债务未用于夫妻共同生活,不承担偿还责任;2015 年《最高人民法院民一庭关于夫妻一方对外担保之债能否认定为夫妻共同债务的复函》将一方对外担保之债排除出夫妻共同债务;在程序法上,最高人民法院 2016 年又释放出只能在审判程序中,不能在执行程序中认定夫妻共同债务的信号;2017 年《婚姻法解释(二)补充规定》强调一方虚构债务或在违法犯罪活动中所负的债务,不能成为夫妻共同债务。

案例:黑龙江何某申请执行监督案(最高人民检察院第二十八批指导性案例)[1]

张某与何某系夫妻。2009 年至 2010 年,张某向魏某借款共计 35 万元,到期未偿还。魏某以张某为被告向黑龙江省铁力市人民法院提起诉讼。2012 年 2 月 27 日,铁力市人民法院判令"被告张某于本判决发生法律效力后十五日内偿还原告魏某本金 35 万元"。2012 年 8 月 6 日,魏某向铁力市人民法院申请执行。2014 年 1 月 22 日,张某与何某协议离婚。2015 年 7 月 30 日,铁力市人民法院作出执行裁定,以借款系夫妻共同债务为由,裁定追加何某为被执行人,并冻结何某工资。

何某向铁力市人民法院提出书面异议。2015 年 12 月 28 日,铁力市人民法院裁定认为:婚姻关系存续期间,夫妻一方以个人名义所负债务,除债权人与债务人明确约定为个人债务或夫妻约定婚姻关系存续期间财产归各自所有外,都应视为夫妻共同债务,驳回何某的异议。何某遂向黑龙江省伊春市中级人民法院申请复议。2016 年 4 月 11 日,伊春市中级人民法院裁定驳回何某的复议申请。

---

〔1〕 黑龙江何某申请执行监督案,最高人民检察院指导案例 110 号。

2017年5月31日，何某向黑龙江省铁力市人民检察院申请执行监督，认为铁力市人民法院在执行程序中追加被执行人违法。铁力市人民检察院受理后，于2017年6月28日向铁力市人民法院发出检察建议书，认为铁力市人民法院裁定追加何某为被执行人缺乏法律依据，建议纠正。7月26日，铁力市人民法院复函，认为追加何某为被执行人适用法律准确，程序合法，且上级法院已作出执行异议复议裁定，故不予采纳检察建议。铁力市人民检察院提请伊春市人民检察院跟进监督。11月8日，伊春市人民检察院向伊春市中级人民法院发出检察建议书，认为生效判决并未确认案涉款项为夫妻共同债务，执行环节不应直接改变执行依据，在未经法院改判的情况下不应直接将判决确认的个人债务推定为夫妻共同债务；追加何某为被执行人，既影响判决的既判力，又剥夺何某诉讼权利，使何某未经审判程序即需承担义务，建议纠正。

2018年3月22日，伊春市中级人民法院回复认为：铁力市人民法院不应追加何某为被执行人，经该院审判委员会讨论决定，采纳伊春市人民检察院的检察建议。4月16日，伊春市中级人民法院作出执行裁定，撤销铁力市人民法院追加何某为被执行人的执行裁定。后铁力市人民法院解除对何某工资账户的冻结。

2018年《夫妻债务纠纷解释》开始探索更为精细的夫妻共同债务认定规则，并成为《民法典》第1064条的直接来源。归纳《民法典》第1064条的规定，夫妻共同债务包括以下三种：基于夫妻双方合意所负的债务，[1]婚后一方为家庭日常生活需要所负的债务，婚后一方所负用于夫妻共同生活、共同生产经营的债务。其中，第一种引入了“共债共签”的意愿标准；第二种、第三种将时间标准和用途标准相结合，首先要一方在婚后所负，其次要满足特定用途。后两种的重要区别是，第二种情况等同于“基于夫妻日常家事代理权所生的债务”，[2]其认定标准除了证明实际用途外，还可以简化为债务金额，“根据夫妻共同生活的状态

[1] 假如两个债务人之间不存在夫妻关系，其共同签名未必导致共同债务的发生，进而未必导致连带责任的发生。只是在生活中，大多数此种情况的债务人之间存在个人合伙这一共同关系，故认为该债务为合伙债务，是共同之债，债务人依法承担连带责任。若无此共同关系，该债务应为按份之债。

[2] 黄薇主编：《中华人民共和国民法典婚姻家庭编释义》，法律出版社2020年版，第91页。

(如双方的职业、身份、资产、收入、兴趣、家庭人数等)和当地一般社会生活习惯"[1]予以推定;而一旦债务金额超过了这个标准,就落入第三种情况,债权人负有更重的举证责任,需证明债务确实用于夫妻共同生活(范围大于家庭日常生活)或共同生产经营,该债务方能被认定为夫妻共同债务。司法实践中,这一用途标准的含义,既包括直接用途,也包括间接受益。前者如借款直接用于夫妻共同购房;后者如有学者通过检索判决文书得出:由于较难判断是否存在夫妻共同经营,法院往往会直接考察举债方的经营是否使配偶受益。[2]

需要注意,我国现行法律上的夫妻共同债务不只《民法典》第 1064 条规定的这三种,如《民法典婚姻家庭编解释(一)》第 33 条保留了《婚姻法解释(二)》第 23 条的规定,据此,夫妻共同债务还包括用于婚后家庭共同生活的一方婚前个人负债。此外,还存在依据法律规定产生的其他种类的夫妻共同债务,如有观点认为,基于《民法典》第 1168 条的规定,"夫妻因共同侵权所负的债务也属于夫妻共同债务"。[3] 这就表明,夫妻共同债务不限于意定之债,还可扩展到法定之债。

案例:曾某、西藏四丰贸易有限责任公司合同、无因管理、不当得利纠纷再审审查与审判监督案[4]

余某与曾某原系夫妻,在夫妻关系存续期间,余某因对外承建工程的过程中发生火灾,经生效判决须承担赔偿 8,589,159.13 元的损害赔偿债务。2011 年 11 月 1 日,余某与曾某签订的《离婚协议书》显示,双方的共同财产除住房、汽车等生活类财产外,还包括土地、林地、铺面、泰和公司股权等生产经营性资产。曾某认为,发生火灾时双方感情不和,处于分居状态,该债务应属余某的个人债务。

最高人民法院认为,该笔债务产生的原因为财产损害赔偿,自然不存在配偶签字同意或事后追认的问题。从《离婚协议书》可以看出,双方共享了生产经营的利益。余某对外承建工程属于正常的生产经营,由此产生的债务亦应视为夫

---

[1] 黄薇主编:《中华人民共和国民法典婚姻家庭编释义》,法律出版社 2020 年版,第 70 页。

[2] 参见王轶、包丁裕睿:《夫妻共同债务的认定与清偿规则实证研究》,载《华东政法大学学报》2021 年第 1 期。

[3] 黄薇主编:《中华人民共和国民法典婚姻家庭编释义》,法律出版社 2020 年版,第 93 页。

[4] 参见最高人民法院民事裁定书,(2019)最高法民申 1554 号。

妻共同生活、共同生产经营所负的债务,故原审法院认定该债务为曾某、余某的夫妻共同债务,曾某对该债务承担连带清偿责任并无不当。

2. 清偿规则:从共同财产责任到连带责任

共同债务的典型清偿方式是以共同财产清偿。史尚宽先生认为:“共同债务惟于其债务由共同财产之关与人,以其共同财产负责时为限,有其存在。……共同债务,就共同财产而受满足,其债务惟限于共同债务者,概为有限责任之债务。”[1]可见,共同债务的清偿责任,本质上是一种共同财产责任。在共同财产责任之外,是否以及如何以个人财产清偿,可以有多种组合,如不需清偿(有限责任)、补充的连带责任、并存的连带责任等。我国法律变化的趋势,呈现从共同财产责任到连带责任的特征。

早期的立法和司法解释,多强调夫妻共同债务首先以夫妻共同财产清偿。如以共同生活所得财产偿还(1950 年《婚姻法》第 24 条);以共同财产偿还(1980 年《婚姻法》、《离婚案件财产分割问题意见》第 17 条);以夫妻共有财产偿还(《民通意见》第 43 条)。假如夫妻共同财产不足以清偿的,未必会发生连带责任,如 1950 年《婚姻法》就规定“由男方清偿”,1980 年《婚姻法》改为“由双方协议清偿;协议不成时,由人民法院判决”,其含义是“首先应由双方当事人协商,或者由双方按一定的比例分担,或者由一方承担。在无法达成协议的情况下,由人民法院根据双方的实际情况和经济能力予以判决”。[2]

1993 年《最高人民法院关于曹彩凤等诉许莉债务案如何适用法律问题的复函》认为,夫妻共同债务在夫妻一方去世后,另一方作为连带债务人应继续清偿。如前所述,共同债务和连带债务不能等同,故这里的连带债务人应指承担连带责任的债务人,意即,将连带责任作为夫妻共同债务的承担方式。2001 年修正的《婚姻法》第 41 条,将“以共同财产偿还”改为“共同偿还”,淡化了共同财产责任的意思。尽管该法第 19 条第 3 款规定个人债务以个人财产清偿,但不能反过来说共同债务一定以共同财产清偿,因为个人债务本来就是要用个人财产清偿的,至于如何理解共同偿还即共同债务的清偿规则,该法并未明确。

---

[1] 史尚宽:《债法总论》,1978 年自版发行,第 664 ~ 665 页。

[2] 梁书文编著:《中华人民共和国婚姻法诠释》,人民法院出版社 1995 年版,第 223 ~ 224 页。

此后,共同偿还似乎越来越被混同,甚至等同于连带清偿。[1] 最高人民法院民法典贯彻实施工作领导小组认为:“在我国现有的法律体系和语境下,所谓‘夫妻共同债务’应当指夫妻作为共同债务人,以全部财产对该类债务承担连带责任。”“(离婚后)如果债务被定性为夫妻共同债务,则由债务人与其前配偶负连带清偿责任。”[2]另有权威观点认为:“夫妻共同债务属于连带债务,对外夫妻应当依法对债权人承担连带责任。”[3]

连带债务和连带责任不能等同。前者属于债的关系中民事法律义务的范畴,是多数人债务的一种类型,规定于《民法典》第518条;后者属于民事责任的范畴,是债的一种清偿方式,规定于《民法典》第178条。[4] 连带债务,债务人必然承担连带责任;但连带责任,未必由连带债务引发。“连带清偿责任与连带债务并非存在逻辑上唯一的联系”,不能“主观臆断地将夫妻连带清偿直接理解为由连带债务所生”。[5] 与夫妻共同债务相类似,我国法律上规定以连带责任作为清偿方式的共同债务,还有契约型合伙的合伙债务。《民法典》第973条规定:“合伙人对合伙债务承担连带责任。”如前所述,有观点将此连带责任解释为补充的连带责任,有观点认为是并存的连带责任。本书认为,就夫妻共同债务而言,债权人尤其难以区分共同财产、个人财产,故采用并存的连带责任更为现实。[6]

关于夫妻共同债务清偿的内部规则,我国大陆法律没有具体规定,本书认

---

〔1〕 参见最高人民法院民事审判第一庭编著:《最高人民法院婚姻法司法解释(二)的理解与适用》,人民法院出版社2004年版,第222~223页。该部分关于夫妻共同债务的清偿规则,有时称应承担连带清偿责任,有时称应以夫妻共同财产清偿。

〔2〕 参见最高人民法院民法典贯彻实施工作领导小组主编:《中华人民共和国民法典合同编理解与适用(四)》,人民法院出版社2020年版,第168、170页。

〔3〕 参见黄薇主编:《中华人民共和国民法典婚姻家庭编释义》,法律出版社2020年版,第178页。但本书认为“夫妻共同债务属于连带债务”的表述,应理解为“承担连带责任的债务”,共同债务和连带债务不能等同。

〔4〕 参见邱业伟:《连带债务与连带责任的联系和区别》,载《法律学习与研究》1989年第2期。

〔5〕 张驰、翟冠慧:《我国夫妻共同债务的界定与清偿论》,载《政治与法律》2012年第6期。

〔6〕 但在司法实践中,有裁判文书认为非举债方承担的仍是“共同还款责任”而非“连带责任”,如云南省高级人民法院民事判决书,(2018)云民初70号。还有裁判文书将夫妻连带清偿责任缩限为“以夫妻共同财产为限”,如四川省高级人民法院民事判决书,(2018)川民申2182号。

为,可参照我国台湾地区“民法”第 1038 条的规定,若确以夫妻共同财产清偿的,[1]在夫妻内部不发生补偿请求权;否则,适用连带责任内部关系的规则,由夫妻双方按照适当份额分担。

四、小结

对于夫妻一方以个人名义在外举债,如将其认定为个人债务,有夫妻双方串通,做空举债方名下财产造成无财产可供执行,即所谓“假离婚,真逃债”,损害债权人利益;如将其认定为夫妻共同债务,有夫妻一方与第三人串通,虚构债务,或者哪怕不是虚构,却使夫妻中的另一方背负其无从掌控、未曾收益,甚至从不知情且无力偿还的巨额债务,损害该配偶方(往往是女方)的利益。对此问题,全国人大和最高人民法院几易其旨,法律规定变化之大、影响范围之广、所引起争议之激烈,俨然已超越法律问题而成为社会问题。

在民法上正本清源,夫妻共同债务属于共同之债中的共同债务,共同之债和连带之债、按份之债并列,都是多数人之债的下位概念。关于夫妻共同债务的认定,我国法律经历了从笼统规定,到范围扩大化(保护债权人利益),再到范围缩小化(保护配偶利益),并在现行法律中基于意愿标准、时间标准、用途标准等,通过分配举证责任,构建起较之以往更为精细的认定规则,力图平衡不同主体的利益。关于夫妻共同债务的清偿,在外部关系中,我国法律越来越淡化共同债务的典型清偿方式——共同财产责任,而日益强调连带清偿责任,目前采用的是并存的连带责任。在内部关系中,本书认为如债务以夫妻共同财产清偿,夫妻之间不能要求补偿;除此之外,应按照连带责任的内部关系规则,由夫妻双方分担。

回到小马奔腾对赌案,该案二审法院北京市高级人民法院认为,根据查明的事实,金某对案涉协议约定的股权回购义务是明知的,其参与了公司的共同经营,案涉债务属于夫妻共同经营所产生的债务。金某的上诉理由不能成立,二审判决驳回上诉,维持原判。[2] 新的司法解释并未带来反转,鉴于《民法典》基本

---

〔1〕 在并存的连带责任下,共同财产责任和连带责任并存,只是没有先后顺序,存在用夫妻共同财产清偿的可能性。

〔2〕 参见北京市高级人民法院民事判决书,(2018)京民终 18 号。

采纳了该司法解释的全部内容，该案终审结果对将来的类似案件，具有参考意义。

法条链接

《民法典》

第 517 条　债权人为二人以上，标的可分，按照份额各自享有债权的，为按份债权；债务人为二人以上，标的可分，按照份额各自负担债务的，为按份债务。

按份债权人或者按份债务人的份额难以确定的，视为份额相同。

第 518 条　债权人为二人以上，部分或者全部债权人均可以请求债务人履行债务的，为连带债权；债务人为二人以上，债权人可以请求部分或者全部债务人履行全部债务的，为连带债务。

连带债权或者连带债务，由法律规定或者当事人约定。

11. 婚姻财产如何应对第三人债权的强制执行？

案情导入

甲乙系夫妻，甲对丙负有一笔债务，生效法律文书明确该债务为甲的个人债务，该案现已进入执行阶段。经查，甲并无个人财产可供执行，仅发现登记在甲乙名下的一套商铺，此商铺系甲乙的夫妻共同财产。问：丙如何才能实现对甲的债权？

裁判法理

本篇所说的第三人债权，专指第三人对夫妻一方的债权，即夫妻一方的个人债务。一个基本逻辑是：对谁的债务，就执行谁的财产。但像题述案例这样，被执行人没有个人财产的，执行就成问题。问题还不止于此，基于夫妻间的财产约定或者离婚协议，本属于债务人一方的个人财产，可能被约定为共同财产或者另一方的个人财产；本属于双方的夫妻共同财产，也可能被约定为债务人配偶的个人财产。我们未必能说，上述约定导致了物权变动，但需要考虑的是，这些约定对第三人债权强制执行的影响。更进一步设想，假如夫妻双方根据上述约定已经完成了物权变动，债权人是否有机会撤销该约定，保全债务人的责任财产以供执行？

一、对夫妻一方享有债权，如何执行夫妻共同财产

1. 先析产，再执行

"对于个人债务的案件，应当执行被执行人的个人财产"，[1]但当被执行人个人名下无财产或者该财产难以处置时，法院可以对被执行人与他人共有的财产采取控制性措施。2020 年修正的《查、扣、冻规定》第 12 条第 1 款规定："对被执行人与其他人共有的财产，人民法院可以查封、扣押、冻结，并及时通知共有人。"

采取控制性措施不意味着执行法院可以直接对共有财产进行处置，对夫妻共同财产尤其如此。共有分为共同共有和按份共有。一般认为，我国法定的夫妻共同财产制下的夫妻共同财产属于共同共有。共同共有不区分份额，被执行人对其享有多少，从而能够成为可供执行的责任财产，在分割前是未知的，或者说是潜在的。故基于夫妻一方个人债务对夫妻共同财产的执行，需要先析产，再执行，即首先明确被执行人对夫妻共同财产的份额。这就需要在婚内分割夫妻共同财产。

《民法典》第 1066 条规定了婚内分割夫妻共同财产的两种情形：一是"一方有隐藏、转移、变卖、毁损、挥霍夫妻共同财产或者伪造夫妻共同债务等严重损害夫妻共同财产利益的行为"；二是"一方负有法定扶养义务的人患重大疾病需要医治，另一方不同意支付相关医疗费用"。除此之外，若仅看婚姻家庭编的规定，夫妻共同财产只能在离婚时和离婚后分割。而在物权编中，《民法典》第 303

---

〔1〕《上海市高级人民法院关于执行夫妻个人债务及共同债务案件法律适用若干问题的解答》（沪高法执〔2005〕9 号），问题 1。

条规定,“共同共有人在共有的基础丧失或者有重大理由需要分割时可以请求分割”。这就产生两个问题:一是婚姻家庭编关于婚内分割共同财产情形的严格限制是否应被优先适用;二是如能适用物权编的规定,共有人之一的债务被强制执行,是否属于“重大理由需要分割”?

关于第一个问题,通过强制执行实现债权,攸关第三人的利益保护,为此目的分割夫妻共同财产,不再仅仅是夫妻关系的范畴,故婚姻家庭编的相关规定在此不能被视为特别法,不存在优先适用的问题。关于第二个问题,何谓重大理由?法律没有明确规定。有观点认为,“重大理由是指不分割将对共有人造成严重损害、显失公平或对共有财产使用有客观严重影响的情形”。[1] 民事强制执行当属其列。上海市徐汇区人民法院在(2019)沪0104民初25856号民事判决书中认为,“梁某因系争房屋的共有人之一张某未履行法院判决而代位请求分割该房屋,属有重大理由需要分割,并无不可”。因此,本书认为当第三人债权强制执行时,对被执行人与其配偶的夫妻共同财产进行析产分割,符合法律规定。

但是,司法实践中也有不支持“先析产,再执行”,并对登记在被执行人名下的夫妻共同财产予以直接处置的案例。

案例:张某与高某案外人执行异议之诉案[2]

该案的二审判决书即内蒙古自治区高级人民法院(2016)内民终154号民事判决书显示,张某和张某勋系夫妻,法院因执行张某勋对债权人高某所负的个人债务,查封了分别登记在张某勋、张某名下的股份和不动产,并已执行了张某勋名下的部分财产,这些财产是张某和张某勋的夫妻共同财产。张某遂提起案外人执行异议之诉,要求解除查封,返还已执行的财产。一审、二审均未支持张某的诉讼请求。

最高人民法院再审审查认为,在共有人、债权人未就共同财产分割协商一致的情况下,法院继续查封夫妻共同财产并无不当;且第三人债权执行不符合法律

---

〔1〕 柯澄川、王亚红:《对被执行人与他人共同共有的房产可裁定份额后拍卖》,载《人民司法》2018年第32期。

〔2〕 参见最高人民法院民事裁定书,(2017)最高法民申2083号。

（司法解释）规定的在婚姻关系存续期间分割夫妻共同财产的情形，故二审法院不支持张某“先析产，再执行”的主张，亦无不当。值得注意的是，该案二审判决认为，在对夫妻共同财产进行拍卖时，应在夫妻共同财产范围内对张某所享有财产份额进行处分，不得损害张某的财产份额。最高人民法院裁定认为，这已对张某的财产权益给予了适当保护，未对其造成实质性损害。

这种直接处置的做法足以保护张某即债务人配偶的财产权益吗？其财产权益究竟是多少尚不明确，拍卖后，如何确定夫妻双方的份额，仍有待析产解决。这种做法无非将“先析产，再执行”变通成了“先执行，再析产”，仍绕不开析产环节。

2. 两种析产模式

对夫妻共同财产，如何进行析产？

模式一：《查、扣、冻规定》第 12 条第 2 款、第 3 款规定：“共有人协议分割共有财产，并经债权人认可的，人民法院可以认定有效。查封、扣押、冻结的效力及于协议分割后被执行人享有份额内的财产；对其他共有人享有份额内的财产的查封、扣押、冻结，人民法院应当裁定予以解除。

共有人提起析产诉讼或者申请执行人代位提起析产诉讼的，人民法院应当准许。诉讼期间中止对该财产的执行。”

由此可见，法院对夫妻共同财产采取控制性措施后，夫妻双方可以协商分割事宜，分割方案需经过债权人认可，接下来仅执行债务人的部分即可。如果协商不成，夫妻一方可以提起析产诉讼，申请执行的债权人也可以代位提起析产诉讼。在诉讼期间，中止对该财产的执行。诉讼结束后，再执行债务人析得的部分。需注意的是，该规定是目前规范性文件中关于债权人代位析产诉讼的唯一直接规定。司法实践中的案例有平顶山市中级人民法院（2019）豫 04 民终 1978 号、上海市徐汇区人民法院（2019）沪 0104 民初 25856 号。

《查、扣、冻规定》第 12 条没有解决的问题是，如果夫妻未达成分割协议且不起诉析产，债权人也不代位起诉析产，应如何处理？对此，有观点认为执行法院不应继续执行,[1]也有法院采取了如下另一种模式。

模式二:执行法院对查封的共同共有财产以执行裁定径直分割,确定被执行人所占财产份额后,实施拍卖处置。

案例:连某与管某房屋买卖合同纠纷执行案[2]

被执行人管某对申请执行人连某负有21万元金钱给付债务。经财产调查,法院仅发现被执行人管某与案外人陈某共同共有二层楼房1间。管某与陈某原系夫妻,早已办理离婚登记,但对上述共有房产未予以分割。该笔债务发生在管某离婚之后,是其个人债务。

执行中,当事人未达成分割协议也未提起析产诉讼。于是,执行法院由3名执行局审判人员组成合议庭进行审查、评议,径直作出共有财产分割裁定,确定管某对该房产占1/2的财产份额,并作出裁定整体拍卖该房产,成交后保留一半份额的变价款归陈某所有,且陈某在房产拍卖时享有优先购买权。上述分割及拍卖裁定作出后,当事人均未提起执行异议或案外人异议。最终,该房产以121.6万元拍卖成交,拍卖成交款一半份额在优先返还管某8年基本生活居住保障租金后,清偿了债务本息;另一半份额返还给陈某。

然而此种模式引发了一些质疑,首先是执行程序中法院能否对共同财产的份额分割作出实体处理?尤其是夫妻共同财产的分割,根据《民法典》第1087条的规定,应根据财产的具体情况,按照照顾子女、女方和无过错方权益的原则处理,未必是本案中法院认定的一人一半。该条虽为关于离婚财产分割的规定,但基于其他原因的夫妻共同财产分割,本质并无不同,应类推适用。以执行裁定处理此实体问题,是否有执行权过度扩张和滥用之嫌?其次是关于程序正当性问题,法院是否向案外人即其他共有人充分告知、释明,其他共有人能不能得到应有的程序保障?在司法实践中,此种模式虽然可供参考,但也有待检验。

3.特殊情况:如何确定登记在一方名下的夫妻共同财产

前文讨论,均假定执行财产已确定为夫妻共同财产。实际上,由于我国实行

---

[1] 参见施磊:《执行实务疑难问题梳理与解析》,人民法院出版社2020年版,第86页。

[2] 浙江省台州市黄岩区人民法院执行通知书,(2017)浙1003执2379号,参见柯澄川、王亚红:《对被执行人与他人共同共有的房产可裁定份额后拍卖》,载《人民司法》2018年第32期。

法定的夫妻共同财产制,登记在一方名下的财产可能是也可能不是夫妻共同财产。当存在此疑义时,确定夫妻共同财产就是一个先决问题。

对财产归属的判断,首先考虑外观主义原则。对于直接由被执行人占有或登记在其名下的财产,“根据动产依占有、不动产依登记的判断所有权归属的基本原则,可直接视为被执行人的个人财产”,[1]但该财产基于夫妻共同财产制,可能实际上是夫妻共同财产。对此,浙江省高级人民法院的意见是,被执行人的配偶可以按照《民事诉讼法》第234条的规定提出排除执行异议,但在执行异议之诉审理期间不停止执行。[2] 上海市高级人民法院的意见是,执行机构可以告知被执行人的配偶于一定期限内另行提起确权诉讼,确权诉讼终结前,暂缓对该财产的处分。[3] 也有法院在被执行人配偶提起的案外人执行异议之诉中,对其要求确认涉案房屋属于夫妻共同财产的诉请予以支持,但对其要求不得执行、拍卖涉案房产的诉请不予支持。[4]

对于被执行人配偶单独占有或登记在其名下的财产,虽然外观上是被执行人配偶的个人财产,但基于夫妻共同财产制,同样可能是夫妻共同财产。这种情况就需要申请执行人即债权人来举证。根据上海市高级人民法院的意见,在申请执行人提供证据证明该财产是在被执行人婚姻关系存续期间所取得的情况下,执行机构可以采取查封、扣押或冻结等控制性措施,同时告知被执行人配偶自被告知之日起15日内可以提出执行异议。被执行人配偶逾期未提出异议的,执行机构可依法处分被执行人在该财产中所享有的份额。[5]

“确定夫妻共同财产”的先决问题一旦解决,接下来的步骤与前述“先析产,再执行”无异。

---

〔1〕《上海市高级人民法院关于执行夫妻个人债务及共同债务案件法律适用若干问题的解答》(沪高法执〔2005〕9号),问题6。

〔2〕参见《关于执行生效法律文书确定夫妻一方为债务人案件的相关问题解答》(浙高法〔2014〕38号)第7条。

〔3〕参见《上海市高级人民法院关于执行夫妻个人债务及共同债务案件法律适用若干问题的解答》(沪高法执〔2005〕9号),问题8。

〔4〕参见李明明:《夫妻共同房产强制执行中的法律问题》,载《人民法院报》2020年11月25日,第7版。

〔5〕参见《上海市高级人民法院关于执行夫妻个人债务及共同债务案件法律适用若干问题的解答》(沪高法执〔2005〕9号),问题6。

二、夫妻约定能否排除第三人债权的强制执行

根据《民法典》第1065条的规定，夫妻可以书面约定婚前财产或婚内所得财产的归属；此外，夫妻在离婚协议中也可约定共同财产的处理事宜。以不动产为例，假如双方将本为债务人一方个人所有的房产或者本为夫妻双方共同所有的房产，约定为债务人配偶的个人财产，但尚未办理房产过户登记，这些约定能否排除第三人债权的强制执行？[1]

1. 夫妻约定是否具有物权效力

《民诉法解释》第309条规定："案外人或者申请执行人提起执行异议之诉的，案外人应当就其对执行标的享有足以排除强制执行的民事权益承担举证证明责任。"假如夫妻约定尤其是离婚协议中的财产约定能够产生物权变动效力，鉴于所有权的完整性，作为执行案外人的债务人配偶一方，无疑将有更大的机会排除强制执行。因此，夫妻约定是否具有物权变动的效力，是首先需要考虑的问题。

有观点认为，在不涉及第三人利益的情况下，夫妻约定产生物权效力。

案例：唐L诉李某某、唐某忠法定继承纠纷案[2]

唐某忠与李某某于1999年结婚。2010年，二人书面约定分居协议，约定现登记于唐某忠名下的财富中心房屋归李某某所有。2011年，唐某忠去世，未及办理该房屋产权变更登记手续，未留有遗嘱。唐L是唐某忠与其前妻所生，并由其前妻抚养长大。唐L以财富中心的房子登记在其父亲的名下，是其父亲遗产为由提起诉讼，请求对该房屋分割继承。

法院认为，本案应优先适用《婚姻法》，而非《物权法》。[3] 结婚作为客观事实，已具备了公示特征，无须另外再公示。而夫妻约定财产制是双方通过书面形式对婚后共有财产归属作出的明确约定，系意思自治的结果，应受到法律尊重和

---

〔1〕 本节内容都以不动产为例，若是夫妻有约定但未及交付的动产，亦同理。

〔2〕 北京市第三中级人民法院民事判决书，(2014)三中民终字第9467号，参见王忠、朱伟：《夫妻约定财产制下的不动产物权变动》，载《人民司法》2015年第4期。

〔3〕 《物权法》现已废止。

保护。故不宜以产权登记作为确认不动产权属的唯一依据，只要有充分证据确定不动产权属状况，且不涉及第三人利益，就应尊重夫妻之间的真实意思表示，按照婚内财产分割协议履行，优先保护事实物权人。分居协议书系唐某忠与李某某基于夫妻关系作出的内部约定，是在平等自愿的前提下对家庭财产分配的结果，不涉及第三人利益，具有民事合同性质，对双方均具有约束力。财富中心房屋并未进入市场交易流转，所有权归属的确定亦不涉及交易秩序与流转安全。唐L作为唐某的子女并非物权法意义上的第三人。因此，财富中心房屋应认定为李某某的个人财产，而非唐某忠之遗产。

另有观点认为，离婚协议的约定仅在夫妻之间产生物权效力，不得对抗善意第三人。

案例：王某英诉王某琪等执行异议之诉案〔1〕

王某英与赵某阳原系夫妻，位于北京市海淀区一房屋原系二人按份共有，王某英份额为99%，赵某阳份额为1%。2010年，二人登记离婚，离婚协议书约定王某英拥有该房屋全部所有权。王某琪系赵某阳债权人，向法院申请查封赵某阳名下的财产。2013年12月26日，法院查封了上述房屋。王某英遂提出执行异议，被驳回；又提起执行异议之诉。

法院认为：本案中，王某英与赵某阳之间关于涉案房屋归属的约定，无须另行经过不动产物权变动登记手续，即在二人之间发生了物权变动的效力，但在未办理登记手续的情形下，无法对抗善意第三人。〔2〕该案法院最终以债权人不存在善意第三人情形、物权优于债权等理由，支持了王某英执行异议诉讼请求。

但也有完全相反的观点认为，夫妻约定不具有物权效力。有学者指出，婚内财产分割协议引起的物权变动是基于法律行为的物权变动，要想发生物权变动效力并产生对抗第三人的法律效果，仍然必须依据《物权法》第9条第1款、第23条的规定进行相应的不动产登记或交付。〔3〕最高人民法院吴晓芳法官认为：

---

〔1〕参见北京市大兴区人民法院民事判决书，(2016)京0115民初11974号。

〔2〕参见张纪云：《基于夫妻财产约定的不动产物权在未经登记下的司法保护——北京大兴法院判决王某英诉王某琪、赵某阳执行异议之诉案》，载《人民法院报》2016年11月10日，第6版。

〔3〕参见程啸：《婚内财产分割协议、夫妻财产制契约的效力与不动产物权变动》，载《暨南学报》2015年第3期。

"法律规定的物权变动方式涉及对第三人权益的保护,不宜轻易突破物权公示公信原则。因离婚财产分割协议而导致房屋所有权转移的,其发生物权变动的基础既非法律的直接规定,亦非解除婚姻关系这一法律事实,而是基于双方当事人的意思表示,故应当定位于基于法律行为引发的物权变动。根据《物权法》第9条的规定,离婚房产权属约定必须经不动产登记才发生物权效力。……离婚协议本质上属于民事合同,不应具有直接产生物权变动的效力。未进行不动产变更登记时,权利人对相关不动产仅享有债权请求权,即向对方主张履行房屋产权变更登记的合同义务。"[1]

2. 不具有物权效力,是否等同于不能排除强制执行

认为离婚协议约定不具有物权效力,并且据此就得出不能排除第三人债权强制执行的结论,司法实践中是有先例的。例如,2017年第3期最高人民法院公报刊登的(2014)沪一中民二(民)初字第3号付某诉吕某、刘某案外人执行异议之诉案,裁判摘要认为,根据我国《物权法》,不动产物权变动原则上以登记完成为生效要件。夫妻双方签订的离婚协议中对不动产归属的约定并不直接发生物权变动的效力,一方仅可基于债权请求权向对方主张履行房屋产权变更登记的契约义务。在不动产产权人未依法变更的情况下,离婚协议中关于不动产归属的约定不具有对抗外部第三人债权的法律效力。

这样的论证过于简单。根据《民诉法解释》第310条的规定,人民法院支持执行异议之诉的条件是"案外人就执行标的享有足以排除强制执行的民事权益",而非享有物权。至于何为"足以排除强制执行的民事权益",至少需考虑如下因素:

(1)第三人债权的性质

如果申请执行人是诉争房屋的买受人,其享有的是对诉争房产的物权期待权,离婚协议中关于房产权属的约定未经公示,难以与之对抗;当申请执行人对诉争房产享有抵押权等担保物权时,其作为优先债权人,债权因登记而具有公示

[1] 吴晓芳:《〈民法典〉婚姻家庭编涉及的有关争议问题探析》,载《法律适用》2020年第21期。

对抗效力,离婚协议约定自然也不能与之对抗。[1] 但假如申请执行人仅是普通的金钱债权人,对其债权保护的必要性和力度就可能降低(但也不必然排除强制执行)。

(2)相关法律事实的发生时间

如果包含财产分割内容的离婚协议发生在执行依据的债务形成之前,更倾向于保护被执行人配偶基于离婚协议享有的利益。反之,则更倾向于保护第三人债权的实现。

案例:王某、钟某某等股权转让纠纷、案外人执行异议之诉案[2]

钟某某与王某、林某某案外人执行异议纠纷案,因钟某某与林某某于1996年7月22日就签订了离婚协议书,约定涉案房产归钟某某所有,但一直登记在林某某名下。2012年12月23日,王某因股权转让合同纠纷申请执行涉案房产,钟某某提起执行异议之诉。

法院认为,钟某某与林某某早在1996年协议离婚时就约定涉案房产归钟某某所有,其带着子女一直在此居住,无恶意串通逃避债务的证据,结合本案具体情况,能够产生阻却执行的效力。

上海市高级人民法院在时间因素方面对被执行人配偶的利益保护更为偏重,甚至规定只要其举证在执行期间或之前(而不是债务形成之前)双方已离婚,该财产依离婚时的离婚协议或生效法律文书确定归被执行人原配偶所有的,即可排除第三人债权的执行。[3] 但这样一来,对债权人似乎又过于苛刻。该文件颁布较早,本书认为它在实务中的参考作用有限。

(3)当事人的主观状态

对当事人主观状态的考虑,主要包括三点:

一是被执行人与配偶之间是否存在恶意串通,以及被执行人是否存在单方面的恶意,企图通过离婚协议等夫妻约定转移被执行人的责任财产,逃避债务,

---

〔1〕 参见吴晓芳:《〈民法典〉婚姻家庭编涉及的有关争议问题探析》,载《法律适用》2020年第21期。

〔2〕 参见最高人民法院民事判决书,(2015)民一终字第150号。

〔3〕 参见《上海市高级人民法院关于执行夫妻个人债务及共同债务案件法律适用若干问题的解答》(沪高法执〔2005〕9号),问题7、问题10。

损害债权人的利益。这就需要在个案中分析具体情况,判断被执行人和配偶的财产分割行为是否合乎常理。前述债权形成时间和离婚协议时间的先后,其实也是反映当事人主观状态的一个参照因素。

二是被执行人配偶未及时办理过户的原因,如因争议房产仍有按揭贷款,暂时无法过户;或者因被执行人不配合办理,其配偶(前配偶)已通过司法程序要求过户,只是查封时司法程序尚在进行中等。如因这些不可归责于被执行人配偶的原因导致房产未过户的,可更倾向于保护配偶利益;反之,如果被执行人配偶主观上怠于办理过户的(未必称得上过错),就没有那么值得保护,结果就可能会有不同。

三是债权人最初是否基于债务人拥有该财产才愿意与其交易,从而形成债权债务关系。如是,则更倾向于保护债权人利益;反之,则更倾向于保护配偶利益。

(4)对当事人的客观影响

例如,按照离婚协议的分配结果,被执行人分得的财产仍足以清偿对第三人的债务,且可供执行的,则债权人利益仍有充分保障,此时不妨尊重夫妻之间的约定,转而执行被执行人的其他财产。又如,被执行人配偶一直住在系争房屋内,且没有其他房屋,如强制执行该房屋可能影响当事人基本生活保障的,就需要本着“生存权高于财产权”的理念,在被执行人配偶的生存利益和债权人的财产利益之间作出权衡。但也有学者认为“唯一家庭生活住房”不宜作为排除执行的理由,因为现行法律对婚姻家庭住房没有给予特殊优待,现行法对“唯一家庭生活住房”的执行已有特别保护的规定。[1] 本书认为,该因素即使不是执行异议成立的充分条件,至少也是考虑因素之一,不能一概而论。

山东省高级人民法院在《执行异议之诉案件审判观点综述》中指出:“金钱债权执行中,夫妻一方依据离婚协议的约定对登记在夫妻另一方名下的房产提起执行异议之诉,请求排除执行,经审查夫妻一方在人民法院查封前已实际占有使用该房产,且对未办理过户登记没有过错的,可予支持。但双方恶意串通,逃

---

〔1〕 参见叶名怡:《离婚房产权属约定可以排除强制执行》,载《法学》2020年第4期。

避债务的除外。”这体现了对上述因素的综合考量。

综上所述，即使夫妻约定不产生物权效力，未必不能排除第三人债权的强制执行。

案例：张某、万某案外人执行异议之诉案〔1〕

张某与成某原系夫妻，婚后于2008年7月购买上海市浦东新区某房产，产权登记人为成某。张某与成某于2008年10月20日登记离婚，离婚协议约定该房产归张某所有。另案生效判决认定，成某对万某负有6750万元债务及利息，债务发生时间为2011年8月。法院执行系争房屋过程中，张某提出执行异议。

一审法院认为：本案执行异议所审查的标的物是房产，应根据物权法相关规定确认房产所有权人及变动等相关情况。离婚协议书不具有物权变动的公示效力，亦不能产生物权变动的法律效力，张某不能仅以离婚协议书的约定而主张案涉房产的所有权人发生变动。遂驳回张某诉请。

二审法院认为：张某虽不能直接确认为案涉房产所有权人，但其对该房产享有变更登记为所有权人的请求权，该请求权可以排除人民法院根据万某的申请对案涉房产的强制执行。理由是：一方面，从两种请求权产生的时间来看，张某的请求权成立在前，其与成某不存在通过离婚协议预定转移、逃废债务的情况。万某的请求权在时间上不具有优先性。另一方面，从两种请求权的性质和内容来看，张某享有的是针对案涉房产要求变更登记为所有权人的请求权，而万某享有的是针对成某的一般金钱债权，该金钱债权并非基于对案涉房产公示的信赖而产生。具体而言，成某与万某债务产生时，未将案涉房产设定为抵押担保物，万某亦并非基于成某名下登记有案涉房产而同意其为债务人。因而，万某的金钱债权请求权与张某的所有权变更登记请求权比较，在性质和内容上亦不具有优先性。综上，二审法院改判，支持了张某的执行异议。

三、第三人基于债权能否撤销夫妻约定

前述被执行人的配偶之所以要对第三人债权的强制执行提出异议，是因为

〔1〕　参见最高人民法院民事判决书，(2017)最高法民终42号。

强制执行已箭在弦上,自认为执行标的权利人的被执行人配偶若不提异议,该财产难逃被处置的命运。此种局面中,显然债权人是主动的,被执行人配偶是被动的。但情况并非总是如此,如被执行人夫妻之间已根据离婚协议等约定完成了物权变动,原先可供执行的财产已成为被执行人配偶的个人财产,影响债权实现,此时债权人就成了被动的一方。

《合同法》第74条规定了债权人撤销权,作为债的保全即责任财产保全的方式之一。《民法典》第538条、第539条在此基础上有所扩展。其中第538条是关于撤销债务人无偿行为的规定,无偿行为包括放弃债权、放弃债权担保、无偿转让财产等无偿处分财产权益的行为,或者恶意延长其到期债权的履行期限。第539条是关于撤销债务人有偿行为的规定,有偿行为包括以明显不合理的低价转让财产、以明显不合理的高价受让他人财产或者为他人的债务提供担保。无论是无偿行为还是有偿行为,债权人行使撤销权的前提都是该行为影响债权人的债权实现。采用无偿行为和有偿行为二分的重要区别是:撤销无偿行为,不要求债务人的相对人存在主观恶意;而撤销有偿行为,则有此要求。

《民法典》合同编的上述规定能否适用于第三人基于债权撤销夫妻约定,需解决如下三个问题:

1. 对离婚协议等夫妻约定的撤销,是否适用合同编的规定

《合同法》第2条第2款规定:"婚姻、收养、监护等有关身份关系的协议,适用其他法律的规定。"据此,对离婚协议、婚内财产分割协议等夫妻间的约定是否可以适用债权人撤销权,还真成问题。即便如此,司法实践中有法院认为:离婚当事人就离婚时分割夫妻共同财产事宜达成的协议,从本质上来讲,此协议是作为平等主体的自然人之间就变更民事权利义务关系达成的协议,尽管这种财产所有权关系的变动,是由当事人之间身份关系的变化而引起的,当事人就身份关系争议事项应适用婚姻法的相关规定,但关于财产分割协议的订立、变更、撤销等事项,仍应当适用合同法的相关规定,[1]从而为适用债权人撤销权扫清障碍。

---

〔1〕 参见上海市第二中级人民法院民事判决书,(2019)沪02民终1303号。

《民法典》第464条对《合同法》的上述规定作出了调整："婚姻、收养、监护等有关身份关系的协议，适用有关该身份关系的法律规定；没有规定的，可以根据其性质参照适用本编规定。"离婚协议中的财产约定，本质上是财产协议而不是身份协议，更何况债权人撤销权涉及婚姻之外第三人的利益保护，已非婚姻家庭关系专属的领域，应无妨适用合同编的相关规定。

2. 夫妻约定是无偿行为还是有偿行为

如前所述，针对无偿行为和有偿行为，债权人撤销权的行使条件不同，有区分的必要。以离婚协议中的财产分割约定为例：一方分得一定的财产，似乎是以放弃一定的财产为对价，除非该方"净身出户"，否则似乎都是有偿行为。本书认为这样的理解是错误的。

离婚财产分割是共有物分割，不是两个互不相干的陌生人，以原本与对方毫无瓜葛的财产利益为标的进行交易，而是存在共有关系的主体，对原本属于双方共同共有的财产进行分割。虽然共同共有不区分份额，但共有期间仍有潜在的份额存在，随着多种因素的影响，这种情况可能发生变化，并在分割时显现出来。如果双方的分割方案符合届时潜在的份额，就根本没有发生交易或转让，也谈不上有偿、无偿。但是假如不符合，较之潜在份额少分得财产的一方，就是在向多分得财产的一方无偿转让财产利益，即双方以突破潜在份额分割共同财产的方式进行无偿转让。类似的方式不限于分割共同财产这一种，如一方本无义务向对方给付家务贡献补偿而为给付，或者虽有义务但超出合理限度的给付，也可以视为无偿转让财产利益。

由此可见，判断夫妻约定的行为性质，不能简单地看行为的具体内容，而应整体看双方之间的利益局面。法律之所以针对有偿行为的债权人撤销，特别要求债务人的相对人主观上存在恶意，是为了保护交易安全。而夫妻约定尤其是离婚协议中的财产分割约定，在大多数情况下，与其说是交易，不如说是清算，无交易安全保护之需，该是多少就是多少。双方约定只要偏离了合理的范围，都应视作无偿行为。因此债权人行使撤销权，不要求债权人证明被执行人的配偶主观上存在恶意。

3. 如何判断“影响债权人的债权实现”

首先，受影响的第三人债权可以是已到期的，也可以是尚未到期的。这一点与同为债的保全方式之一的债权人行使代位权不同，后者根据《民法典》第535条的规定，要求“影响债权人的到期债权实现”。

其次，可以被撤销的夫妻约定，对债权人债权实现的影响应是客观的，需要结合债权人的债权情况、债务人的责任财产状况等在个案中具体判断，既要防止对债务人行为的不当、过分干预，也要防止设定过于严苛的条件损害撤销权的正常行使。以夫妻约定时间和债权发生时间的先后为例，一般来说，如果夫妻约定发生在先、债权成立在后，很难说该约定与影响债权人债权实现之间存在联系。但也不排除个别情况下，债务人知道债权即将设立，为了损害将来的债权故意提前作出不当行为。[1]

司法实践中，多有支持债权人撤销债务人与其配偶离婚协议或夫妻财产约定的案例。[2]

案例：邬某某与丁某某、孙某1、孙某2合同纠纷案[3]

孙某1、邬某某原系夫妻，孙某2系两人婚生之子。崧文路房屋于2009年购入，原登记为孙某1、孙某2、邬某某共同共有。叶联路房屋于2016年购入，房屋产权人登记为邬某某。孙某1、邬某某于2017年6月1日办理离婚登记，离婚协议书约定：叶联路房屋归邬某某所有；崧文路房屋归邬某某和孙某2所有；轿车一辆归邬某某所有，另一辆归孙某1所有；各自名下的银行存款归各自所有，各自名下的债务各自承担。2017年7月24日，当事人将崧文路房屋登记为邬某某和孙某2按份共有，其中邬某某的份额为1%，孙某2的份额为99%。另案生效法律文书确定，孙某1对丁某某负有借款本金180万元及逾期利息的债务。债务发生时间为2017年年初，尚未偿还。丁某某起诉要求撤销孙某1、邬某某离婚协议书中关于财产分割的约定，判令崧文路房屋权利人恢复登记为邬某某、孙

〔1〕 参见黄薇主编：《中华人民共和国民法典合同编释义》，法律出版社2020年版，第177～179页。

〔2〕 如上海市第二中级人民法院民事判决书，(2019)沪02民终1303号；温州市中级人民法院民事判决书，(2017)浙03民终1545号；济宁市中级人民法院民事判决书，(2019)鲁08民终6026号。

〔3〕 参见上海市第二中级人民法院民事判决书，(2019)沪02民终1303号。

某1和孙某2共同共有。

一审法院认为:共同共有财产具有其特殊性,在未分割之前,孙某1对在共同共有财产中占有多少份额尚未明确,离婚协议签署之后,各共同共有人的财产份额才明确,丁某某认为离婚协议体现孙某1财产转让的主张,难以采信。孙某1、邬某某签署的是离婚协议,并未涉及财产交易,也就不存在价格问题,丁某某也未提供证据证明邬某某和孙某2知晓孙某1有意逃避债务。一审判决驳回了丁某某的诉讼请求。

二审法院认为:《合同法》第74条第1款的立法目的在于使债务人的责任财产维持在适当状态,以保障债权人的债权得以顺利及时实现。若债务人的行为减少了其责任财产,影响债权人的债权实现,则该行为理应成为债权人行使撤销权的对象。夫妻离婚协议中约定夫妻共同财产全部或者绝大部分归一方所有,若不分或明显少分夫妻共同财产的一方在婚姻存续期间存在个人债务,债权人有权向人民法院起诉请求撤销该离婚协议中的财产分割部分的约定。孙某1系在对丁某某负有巨额债务且借款期限已到期或即将届满的情况下,与邬某某登记离婚并签订离婚协议书,将崧文路房屋及叶联路房屋的共有产权,无偿让与邬某某和孙某2,减少了其责任财产,致债权人丁某某的债权无法顺利及时实现。更何况,因孙某1名下无可供执行财产,另案执行裁定已经裁定终结本次执行,客观上对丁某某造成了损害。因此,丁某某诉请撤销孙某1、邬某某签署的离婚协议书中关于财产分割的约定,本院予以支持。二审法院遂作出改判。

四、小结

夫妻一方对第三人负有个人债务,因责任财产归属的各种情形,债权人和债务人配偶的利益会此消彼长,需要进行平衡。本篇讨论的三个问题都与之相关。

因个人债务执行夫妻共同财产,需要“先析产,再执行”。当财产在夫妻一方名下、实为夫妻共同财产时,根据债务人配偶的异议(当财产在债务人名下时)或者债权人的主张(当财产在债务人配偶名下时),需要先确定该财产为夫妻共同财产,再按前述逻辑处理。

当债权人锁定债务人名下的责任财产用于执行处置时,若债务人夫妻之间已通过离婚协议等,将该财产约定为债务人的配偶所有,但尚未变更登记或交付,债务人配偶的救济途径是对执行标的提出排除执行异议。虽然夫妻约定不发生物权效力,但综合考虑第三人债权的性质、法律事实的发生时间、当事人主观状态和对当事人的客观影响,仍有可能排除第三人债权的强制执行。

当债务人夫妻已根据离婚协议等约定完成了物权变动,将本属于债务人的责任财产转移给其配偶,若该行为影响债权人的债权实现,债权人的救济途径是行使债权人撤销权。撤销权成立与否,需根据债务人夫妻之间的利益局面,判断其是否存在实质上无偿转让财产的情形,而不能拘泥于约定的具体内容。

法条链接

《查、扣、冻规定》

第 12 条　对被执行人与其他人共有的财产,人民法院可以查封、扣押、冻结,并及时通知共有人。

共有人协议分割共有财产,并经债权人认可的,人民法院可以认定有效。查封、扣押、冻结的效力及于协议分割后被执行人享有份额内的财产;对其他共有人享有份额内的财产的查封、扣押、冻结,人民法院应当裁定予以解除。

共有人提起析产诉讼或者申请执行人代位提起析产诉讼的,人民法院应当准许。诉讼期间中止对该财产的执行。

《民法典》

第 538 条　债务人以放弃其债权、放弃债权担保、无偿转让财产等方式无偿处分财产权益,或者恶意延长其到期债权的履行期限,影响债权人的债权实现的,债权人可以请求人民法院撤销债务人的行为。

第 539 条　债务人以明显不合理的低价转让财产、以明显不合理的高价受让他人财产或者为他人的债务提供担保,影响债权人的债权实现,债务人的相对人知道或者应当知道该情形的,债权人可以请求人民法院撤销债务人的行为。

12. 夫妻一方可以擅自转让名下股权吗?

——关于有限责任公司股权在配偶间的归属

案情导入

甲、乙系夫妻。在婚姻关系存续期间,乙用夫妻共同财产出资取得某有限责任公司30%的股权。后甲乙关系恶化,乙未经甲的同意,将其名下的全部股权转让给了乙的母亲丙,无证据证明丙实际支付对价。问:乙向丙的转让效力如何?若乙基于正常的商业决策,以合理价格将其名下的全部股权转让给公司的另一位股东丁,丁实际支付了对价,转让效力又如何?

裁判法理

该问题的核心在于,婚姻关系存续期间取得并登记在夫妻一方名下的股权归谁所有。当然,假如上述股权是登记一方用个人财产出资取得,或者是登记一方接受赠与、继承、遗赠取得且赠与合同、遗嘱中确定只归该方所有,情况会更为复杂。为便于讨论,本篇假设该股权是用夫妻共同财产出资设立或受让取得的,并简称为"登记在一方名下的股权"或者"股权"。

一、关于股权在夫妻间归属的不同观点

1. 股权是专属于股东的权利,不是夫妻共同财产,股东本人有权转让

这种观点认为,股权的主体仅限于公司股东。"对于夫妻关系存续期间夫妻一方所取得的股权,非股东配偶所应享有的是股权所带来的价值利益,而非股权本身。"[1]相应地,股东配偶不得行使股利分配请求权、剩余财产分配请求

---

〔1〕 杜甲华:《未经一方同意的夫妻共有股权转让合同效力的认定》,载《社会科学辑刊》2014年第6期。

权、表决权、知情权、股东诉权等股东权利。股东转让股权也无须征得其配偶同意。

2. 股权整体属于夫妻共同财产,夫妻一方不得擅自转让,否则构成无权处分

这种观点认为,夫妻任何一方在婚姻关系存续期间取得的股权即为夫妻共同财产。"股权与普通财产一样,能够作为夫妻共同财产,且夫妻共有的范围及于股权的全部,既包括自益权,也包括共益权。"[1]登记的股东未经配偶同意对外转让股权,属于无权处分,若受让人并非善意、有偿取得股权,则转让行为无效。

3. 股权包括自益权和共益权,自益权属于夫妻共同所有,共益权则反之

这种观点认为,股权作为复合权利,根据股权内容区分为自益权和共益权。自益权指为股东自己利益而行使的权利,如投资收益权、股利分配请求权、剩余财产分配请求权、新股认购请求权等。共益权指股东为自己的利益并兼为公司的利益而行使的权利,主要体现为参与公司经营管理的权利,包括股东会议召集请求权、提案权、表决权、公司决议撤销权等。有学者认为:"作为夫妻共同财产的只能是其中的财产权、自益权部分,而不可能是非财产权、共益权部分。"[2]

上述观点中,观点 3 将股权内容区分为自益权和共益权,并分别归属夫妻共有和股东个人所有,这种区分有助于对"股权是综合性权利"的理解,但解决不了题述问题。首先,自益权和共益权的区分不是绝对的,股东的个人利益集中体现为经济利益,股东参与公司管理集中体现为股东个人利益与公司利益的有机结合,某些共益权如查阅账簿权可以作为自益权行使,从而兼具两类权利的属性,[3]此种情况下自益权和共益权往往难以区分。其次,自益权和共益权只是股权项下的不同内容,而不是独立的权利,无法分离,更不可能单独转让。只要认为股权内容中存在"夫妻共有"的部分,就意味着股权转让需要征得配偶同意。综上,需重点讨论截然对立的观点 1 和观点 2。

---

〔1〕 王彬、周海博:《夫妻共有股权分割制度探析》,载《社会科学研究》2013 年第 1 期。

〔2〕 叶名怡、张伟:《离婚案件中三类特殊共有财产分割探析》,载《法学杂志》2009 年第 11 期。

〔3〕 参见李建伟:《公司法学》,中国人民大学出版社 2008 年版,第 294 页。

二、最高人民法院裁判文书的"观点冲突"

最高人民法院的裁判文书,对上述问题似乎也有不同观点,试看以下两例:

1."股权属于股东个人所有"的观点

案例:艾某、张某与刘某等股权转让纠纷案[1]

艾某、张某系夫妻。2011年10月26日,张某与刘某签订1份《协议》,约定张某自愿将其在工贸公司的原始股份额660万元以13,200万元转让给刘某。同年12月16日,双方又签订1份《股权转让协议》,约定张某自愿将其在工贸公司的500万元原始股份转让给刘某,转让价款为18,960万元。上述两份股权转让协议签订后,刘某按约定的付款进度向张某支付转让价款,各方完成了相应的股东变更登记。2012年5月23日,艾某、张某向陕西省高级人民法院提起诉讼,以张某转让股权未经其妻艾某同意为由,要求确认张某与刘某签订的股权转让协议无效;刘某返还张某在工贸公司的股权。

该案一审驳回原告的诉讼请求,原告上诉至最高人民法院。最高人民法院二审认为:"股权作为一项特殊的财产权,除其具有的财产权益内容外,还具有与股东个人的社会属性及其特质、品格密不可分的人格权、身份权等内容。如无特别约定,对于自然人股东而言,股权仍属于商法规范内的私权范畴,其各项具体权能应由股东本人独立行使,不受他人干涉。在股权流转方面,我国《公司法》确认的合法转让主体也是股东本人,而不是其所在的家庭。本案中,张某因转让其持有的工贸公司的股权事宜,与刘某签订了股权转让协议,双方从事该项民事交易活动,其民事主体适格,意思表示真实、明确,协议内容不违反我国《合同法》《公司法》的强制性规定,该股权转让协议应认定有效。艾某、张某的该项上诉理由没有法律依据,本院不予支持。"

---

〔1〕 参见最高人民法院民事判决书,(2014)民二终字第48号。

2.“股权属于股东夫妻共同财产”的观点

案例:范某文、千卉房地产公司与刘某股权转让纠纷案〔1〕

范某文与范某政系父子,刘某与范某政为再婚。2009 年 11 月 10 日,范某政与范某文签订《千卉房地产公司股权转让协议》,范某政将其名下持有的千卉房地产公司 81.73% 的股权以注册资金 800 万元的 81.73% 即 653.8 万元的价格转让给范某文。范某政于 2009 年 12 月 24 日去世。刘某针对股权转让协议的效力提起诉讼。

该案一审判决协议中关于范某政名下归属刘某所有的 43.36% 股权的转让部分无效,二审维持原判。二审后,范某文、千卉房地产公司向最高人民法院申请再审。最高人民法院认为:“没有证据证明该价款为争议股权的合理对价,而刘某提交的范某政与冉某签订的合伙合同以及衡阳市商品房预售许可证审批表显示,该 653.8 万元并非所争议股权的合理对价。”“范某政未经刘某同意,将本属于夫妻双方共同财产的股权全部转让给其子范某文,而范某文作为千卉房地产公司的股东,同时又是范某政的儿子及刘某的继子,对千卉房地产公司 81.73% 股权属范某政与刘某夫妻共同财产这一事实应是明知的,因刘某事后对范某政的转让行为没有进行追认,故范某文受让股权的行为不构成善意取得。”最终驳回了范某文、千卉房地产公司的再审申请。

3. 两份裁判文书是“同案不同判”吗

同样是夫妻一方在婚姻关系期间未经配偶同意,向他人转让登记在自己名下的有限责任公司股权,裁判时间也接近,何以最高人民法院在前案中认为股权转让协议有效,在后案中认为股权转让协议(部分)无效?对比之下,可以看出两案事实情况的如下差异:

(1)利益局面不同。在前案中,夫妻利益是一致的,夫妻二人作为原告,起诉要求确认夫与第三人的股权转让协议无效,实为股权转让方对协议的反悔;在后案中,显然夫妻利益并不一致,反倒是股权转让双方的利益是一致的。

(2)受让人的身份不同。在前案中,股权转让协议双方之间不存在亲属关

---

〔1〕 最高人民法院民事裁定书,(2013)民申字第 2505 号,案情归纳中的信息源于(2013)民申字第 2505 号民事裁定书、(2012)衡中法执异字第 14 号执行裁定书。

系,无证据证明受让人对转让人婚姻状况知情;而后案中,受让人是转让人的儿子,法院认为受让人对系争股权属于转让人夫妻共同财产应是明知的。

(3)转让对价情况不同。在前案中,根据协议约定,股权受让人需支付给股权转让人原始出资额的27.7倍的对价款,受让人也确实按照约定的付款进度进行支付;后案中,尽管范某文主张为争议股权支付了653.8万元价款,但法院认为没有证据证明该价款为争议股权的合理对价,反而有相反证据证明该价款并非合理对价。

考虑到上述事实差异,最高人民法院不同裁判文书中的相反观点,很难说是"同案不同判"。这可以体现,不同的事实对裁判结果的影响至关重要,但讨论若仅止于此,仍不免局限于事实层面的逐案决疑。姑且不论转让效力,关于登记在夫妻一方名下的股权归属这一法律问题,仍有必要进一步探究具有普遍适用意义的结论。

特别是在(2014)民二终字第48号民事判决书中,法院认为,"在双方当事人之间形成的是股权转让合同法律关系,本案案由亦确定为股权转让纠纷。故对本案的处理应当适用我国《合同法》《公司法》的相关调整股权转让交易的法律规范,而不应适用调整婚姻及其财产关系的法律规定"。《合同法》、《公司法》和《婚姻法》是天然冲突只能选择适用,还是可以一并适用而并行不悖,这个问题在"九法归一"的《民法典》已经施行的今天,更加具有现实意义。

三、股权所对应的财产价值才是夫妻共同财产,股权本身不是

1. 在我国现行法律中,股权能否共有存疑

《日本商法典》第203条和我国台湾地区"公司法"第160条均将股权共有法定化,但我国《公司法》未规定股权共有制度,登记机关也无此登记项目,股权共有缺乏实证法依据。共有是源于所有权的概念,所有权以外的财产权的共有,学理上称为准共有。我国法律只明确规定了用益物权、担保物权的准共有,将准共有限定在物权范围内,能否扩大解释至物权以外的财产权,需要论证而非当然。作为仅有一百多年历史的现代公司制度的产物,股权难以被简单归入源自

罗马法的以物权、债权为中心的民事权利体系,将物权法上的共有概念简单套用到股权上,未必科学。

2. 婚姻家庭法上并没有股权属于夫妻共同财产的依据

有观点认为婚后取得的股权由夫妻共有,依据是一个三段论的推导过程:婚后所得财产是夫妻共同财产——股权是婚后所得财产——该股权是夫妻共同财产。这个推导的错误在于,大前提"婚后所得财产是夫妻共同财产"并不成立。无论是《婚姻法》,还是《民法典》,对夫妻共同财产的定义均采用列举式,从没有规定过婚后所得财产都属于夫妻共同财产。作为开放式列举的"其他应当归共同所有的财产"是否包括股权,需要论证,而非当然。《民法典》第1062条第1款第2项规定"生产、经营、投资的收益"是夫妻共同财产,但《民法典》第125条对股权的定性是"投资性权利"。"投资的收益"和"投资性权利"不能等同,收益是基于该权利已取得的和未变现的财产价值,而不是权利本身。法典中使用的不同概念,不能视为用词的任意,而应解释为刻意的区分。

3. 夫妻共同财产制,追求的是结果意义上的共享收益,而不是过程意义上的共同行权

婚姻法上的夫妻共同财产制,体现了夫妻之间的分工和协力。夫妻共同财产制的目的是夫妻平等享有家庭财富的积累。该制度不鼓励夫妻任何一方限制另一方的市场交易行为,否则,任何一个结了婚的人都将成为经济关系中的"限制行为能力人",而配偶则成了使对方的交易行为发生效力的"橡皮图章"。恰恰相反,夫妻共同财产制鼓励夫妻分工,或者说其本身就是夫妻分工的产物,追求的是结果意义上的共享收益,而不是过程意义上的共同行权。若反其道而行之,既不符合经济规律,也不利于家庭财富的积累。

4. 将股权作为夫妻共同财产,可能损害公司和其他股东利益

有观点认为,婚姻当事人"不能违反夫妻共同共有关系准则、脱离夫妻共同共有而另外享有个人财产权或者具有财产内容的权利。否则,法律关于夫妻关系存续期间的夫妻共同财产和个人财产的制度,就会被彻底摧毁"。[1] 但反过

---

〔1〕 夏群佩、洪海波:《夫妻单方恶意转让股权不经追认则无效》,载《人民司法》2015年第2期。

来考虑,如果认为股权是夫妻共同财产,登记股东的配偶理所当然可以参与公司的经营管理。如此,股东的配偶只要愿意,可以轻易使股东会运转陷入僵局。这意味着商业行为的效力将在很大程度上取决于当事人之间对彼此婚姻状况是否知情,有限责任公司的人合性将荡然无存,公司运转将效率低下,交易安全将遭到根本破坏。股东的婚变,往往成了公司运营的“黑天鹅”,其他股东无辜“躺枪”,投资者利益莫名受损。以上种种局面,实在看不出正当性何在。应寻求商法和家事法、公司法和婚姻法的协调,而不能顾此失彼,厚此薄彼。

5. 不将股权作为夫妻共同财产,配偶利益仍有充分保障

股权若不是夫妻共同财产,股东转让自己名下的股权,自然不会构成无权处分,这样是否会损害该股东配偶的利益？其实,将股权所对应的财产价值作为夫妻共同财产,足以保障配偶利益。只要作为股东没有通过处分股权减损夫妻共同财产价值的恶意,其对股权的正常处分,即使客观上造成财产价值的减少,也无可厚非。商业活动总归有赚有赔,为何强求家庭资产只增不减？

如果夫妻一方与他人恶意串通,通过处分股权故意减损夫妻共同财产价值,损害配偶利益,配偶可以以《民法典》第 154 条“恶意串通损害他人合法权益”为由,主张转让行为无效,股权应恢复登记至原股东名下,并在符合法定条件时或离婚诉讼中,要求将股权所对应的财产价值作为夫妻共同财产进行分割。当然,存在股权无法恢复登记的可能性,比如,股权又发生转让并由新的受让人善意取得,此种情况下,配偶仍有两个选择:其一,以《民法典》第 1092 条为依据,主张夫妻一方转移夫妻共同财产,在离婚分割时,要求法院对对方少分或者不分。如在离婚后发现该行为的,可要求再次分割夫妻共同财产。其二,对原转让双方主张侵权损害赔偿责任,要求夫妻另一方(原股东)和受让人按照股权对应价值的损失数额予以共同赔偿。

案例:王甲、翁某某、王乙、徐某某、上海冼霸科技股份有限公司股权转让纠纷案[1]

王甲、翁某某系夫妻,王乙与徐某某原系夫妻,王乙与王甲系兄弟。上海冼

---

〔1〕 参见上海市第二中级人民法院民事判决书,(2012)沪二中民四(商)再字第8号。

霸科技股份有限公司(以下简称洗霸公司)原股东为王甲、翁某某。2006年4月30日(王乙与徐某某婚姻关系存续期间),王甲、翁某某与王乙签订股权转让协议,王甲将其名下部分股权、翁某某将其名下全部股权转让给王乙,转让后王甲持股80%、王乙持股20%,并完成工商变更登记。2011年1月,徐某某向法院起诉要求与王乙离婚,后双方于2012年3月30日调解离婚。离婚纠纷期间,2011年7月1日,王甲、翁某某起诉王乙,以王乙违约不支付股权转让款为由,要求解除股权转让协议,将王乙名下股权恢复登记至王甲、翁某某名下,王乙对此无异议,原审法院即予以支持,并通过强制执行将系争股权变更至王甲、翁某某名下。后该案经徐某某以案外人身份申请再审,原审判决被撤销并发回重审。

上海市第二中级人民法院认为,王甲、翁某某明知王乙在与徐某某夫妻关系存续期间购买了洗霸公司20%的股权,徐某某享有10%的股权利益,在签约后长达5年的时间里不主张解除合同,而在王乙与徐某某产生离婚纠纷,徐某某不知情的情况下,至法院诉请解除《股权转让合同》,王乙亦表示未支付过股权转让款,王乙在未获得王甲、翁某某任何对价的情况下即将系争股权予以返还,实质是放弃了系争股权的增值部分,徐某某虽然不是股东,但解除合同必然使徐某某所享有的10%的股权利益受损,侵害了徐某某的合法利益,构成共同侵权,应当对徐某某进行赔偿。另鉴于洗霸公司已变更为股份有限公司,又增加了新的股东,执行回转实际操作有困难,且股权转让协议当事人对解除协议均无异议。据此,上海市第二中级人民法院维持了一审法院的(重审)判决:(1)解除王甲、翁某某与王乙于2006年4月30日签订的股权转让协议;(2)王甲、翁某某与王乙应于本判决生效之日起10日内偿付给徐某某800万元。

如果不存在转让双方恶意串通损害转让人配偶利益的情形,转让行为有效,转让所得对价成为夫妻共同财产,配偶对该对价享有权利。极少见的情况是,转让对价为零或者显著偏低,但不存在转让双方的恶意串通,仅转让人单方有减损夫妻共同财产的故意,此时配偶也可以以《民法典》第1092条为依据,占据财产分割时的优势。

可见,将股权对应的财产价值而不是股权作为夫妻共同财产,配偶的利益仍可以得到充分保障和救济。

四、小结

股权的转让是一种商事行为,在商事主体的经营管理活动中可能频繁发生。认为登记于夫妻一方名下的有限责任公司股权属于夫妻共同所有的观点,不符合商法追求交易安全、追求效率的价值取向。持此观点者,往往强调夫妻共同财产制的婚姻法价值,但忽略了夫妻共同财产制追求的是结果意义上的共享收益,而不是过程意义上的共同行权。股东的配偶主观上未必有意愿,客观上未必有能力参与股东的商事活动。假如因夫妻间的纠纷,为取得纠纷解决过程中的优势,阻挠和干扰另一方的商业活动,甚至不惜对第三人(包括公司、其他股东、股权受让人等)造成影响,这种动机也难称正当。婚姻法的价值不在于夫妻间的整齐划一,在于和而不同,这样的婚姻才能成为双方共创共享的港湾,而不是枷锁。

股东是否有权不经配偶同意转让登记在自己名下的有限责任公司股权,问题的实质是在保护配偶利益和保护交易相对人利益中寻找平衡。将股权所对应的财产价值而不是股权本身作为夫妻共同财产,摒弃"无权处分——第三人善意取得"的路径,采用"有权处分——恶意串通损害他人权益的行为无效"的路径,足以实现利益平衡。这样既无损婚姻法的价值,也符合公司法的理念。公司法和婚姻法并不存在必须选择其一适用的紧张关系,完全可以并行不悖。

回到案例问题,乙对自己名下股权的转让都是有权处分。乙在夫妻关系恶化之际,将名下股权转让给自己的母亲丙,且无证据证明丙支付了对价,乙和丙串通转移甲乙共同所有的财产利益,损害甲的权益的意图相当明显,构成恶意串通损害他人合法权益,转让行为应属无效。但假如乙基于正常的商业逻辑转让名下股权,即使经营决策失败,甲也不能以股权转让未经其同意为由主张转让行为无效。[1]

法条链接

《民法典》

第125条　民事主体依法享有股权和其他投资性权利。

第154条　行为人与相对人恶意串通,损害他人合法权益的民事法律行为无效。

第1062条　夫妻在婚姻关系存续期间所得的下列财产,为夫妻的共同财产,归夫妻共同所有:

(一)工资、奖金、劳务报酬;

(二)生产、经营、投资的收益;

(三)知识产权的收益;

(四)继承或者受赠的财产,但是本法第一千零六十三条第三项规定的除外;

(五)其他应当归共同所有的财产。

夫妻对共同财产,有平等的处理权。

第1092条　夫妻一方隐藏、转移、变卖、毁损、挥霍夫妻共同财产,或者伪造夫妻共同债务企图侵占另一方财产的,在离婚分割夫妻共同财产时,对该方可以少分或者不分。离婚后,另一方发现有上述行为的,可以向人民法院提起诉讼,请求再次分割夫妻共同财产。

---

〔1〕 最高人民法院第二巡回法庭2020年第三次法官会议纪要认为:"股权是股东基于其股东身份和地位而在公司中享有的权利,包含资产收益权、参与重大决策和选择管理者等,兼具财产权与人身权属性。根据《公司法》规定,取得完整无瑕疵的股东资格和股东权利,应同时符合向公司出资或认缴出资这一实质要件和被记载于公司股东名册等相关文件这一形式要件。换言之,出资并非取得有限责任公司股权的充分条件,不能仅因出资来源于夫妻共同财产而认定该股权为夫妻共同共有。当股权登记于夫妻一方名下时,该股权的各项具体权能应由股东本人独立行使,股东有权单独处分该股权。如无恶意串通损害另一方利益等导致合同无效的情形,登记为股东的一方应按合同约定履行股权转让义务,但根据原《婚姻法》及其司法解释的相关规定,因转让该股权而取得的收益属于夫妻共同财产。"参见贺小荣主编:《最高人民法院第二巡回法庭法官会议纪要》(第2辑),人民法院出版社2021年版,第215页以下。

13. 夫妻离婚合意分割股权如何适用股权对外转让规则?

案情导入

甲、乙系夫妻。在婚姻关系存续期间,乙用夫妻共同财产出资取得某有限责任公司30%的股权。该公司另有其他众多股东,公司章程关于股权对外转让没有特别规定。后甲乙因感情不和协议离婚,综合考虑家庭财产状况、子女抚养等因素,双方约定由甲取得乙名下的一半股权,双方对公司各持股15%,其余在各自名下或各自处的财产归各自所有。问:甲乙要实现离婚协议中关于股权归属的约定,是否需按照有限责任公司股权对外转让规则征询其他股东的意见?

裁判法理

一、现行司法解释的疑义

1. 司法解释的具体规定

关于上述问题,2021年1月1日起开始施行的《民法典婚姻家庭编解释(一)》第73条有专门规定。根据这一规定,夫妻双方就直接分割有限责任公司股权(出资额)达成一致后,仍需征求其他股东的意见。若其他股东过半数同意,且其他股东均放弃优先购买权的,该股东的配偶可以成为该公司股东。若其他股东半数以上不同意,但愿意以同等条件购买该股权(出资额)的,可以对转让所得财产进行分割。其他股东既不同意转让,也不愿意购买的,视为其同意转让。

该规定承继自2003年颁布施行的《婚姻法解释(二)》第16条,二者相比较,实质性的改动仅为:旧司法解释规定"过半数股东同意",新司法解释改为"其他股东过半数同意"。

2. 为何说《民法典婚姻家庭编解释(一)》存在疑义

《民法典婚姻家庭编解释(一)》第 73 条第 1 款第 2 项的适用条件是,“夫妻双方就出资额转让份额和转让价格等事项协商一致”,但夫妻在离婚分割财产时,未必会且往往不会对每一项财产的价格作出明确约定。通常的情形是:约定某些财产归男方,某些财产归女方,如认为价值上有不平衡的,再用单向的补偿款“找平”。离婚财产分割方案的确定,还可能掺杂着是否同意离婚、子女抚养安排等问题的考虑,单独确定某项财产的精确对价,几无可能。若对当事人作此要求,要么是脱离生活常识的想象,要么是“鼓励”当事人随意编造一个数字而已。

此外,既然夫妻双方协商一致将出资额的部分或全部转让给该股东的配偶,如果由其他股东购买该出资额的,购买对价应全部归属于原股东配偶,才符合夫妻双方协商一致的本意,但该条文规定法院可对转让出资所得财产“进行分割”,此处应不存在分割。

最高人民法院在 2003 年制定《婚姻法解释(二)》时,希望与当时的《公司法》(修正于 1999 年)第 35 条衔接一致。[1] 此后,《公司法》几经变迁,现行《公司法》(2018 年修正)第 71 条和当时《公司法》第 35 条相比,已发生巨大变化。但直到今天,新的司法解释仅在“其他股东过半数同意”这一点上呼应现行《公司法》的规定,从而作出调整,甚至对现行《公司法》中使用的“股权”概念,仍采用旧法中的“出资额”。这就需要考虑:夫妻离婚时合意分割登记在一方名下的有限责任公司股权,是否适用、如何适用以现行《公司法》第 71 条及相关司法解释为基础的有限责任公司股权对外转让规则?

二、夫妻合意分割股权的本质

1. 夫妻共有的是股权,还是股权所对应的财产价值

无论是《婚姻法》,还是《民法典》,对夫妻共同财产的定义均采用列举式,作为开放式列举的“其他应当归共同所有的财产”是否包括股权,需要论证,而非

---

〔1〕 参见最高人民法院民事审判第一庭编著:《最高人民法院婚姻法司法解释(二)的理解与适用》,人民法院出版社 2004 年版,第 140 页。

当然。《民法典》第 1062 条第 1 款第 2 项规定“生产、经营、投资的收益”是夫妻共同财产，但《民法典》第 125 条对股权的定性是“投资性权利”。“投资的收益”和“投资性权利”不能等同，前者是基于后者产生的收益而已。法典中使用的不同概念，不能视为用词的任意，而应解释为刻意的区分。

如果认为股权本身是夫妻共同财产，意味着商业行为的效力将在很大程度上取决于当事人之间对彼此婚姻状况是否知情，公司运转将陷入效率低下境地，交易安全将遭到根本破坏。夫妻共同财产制的目的是双方平等享有家庭财富的积累。该制度不鼓励任何一方限制另一方的商业行为。恰恰相反，它鼓励夫妻分工，或者说本身就是夫妻分工的产物，追求的是结果意义上的共享收益，而不是过程意义上的共同行权。若反其道而行之，既不符合经济规律，也不利于家庭财富积累。

至于夫妻中登记为股东的一方与他人串通，低价或无偿转移股权，损害配偶利益的情况，通过“恶意串通损害他人合法权益的行为无效”规则，足以否定其行为效力，且可以适用《民法典》第 1092 条的规定对该方少分或者不分。配偶的利益可以得到充分保障，无须为适用“无权处分”规则而将股权视为夫妻共同财产。

综上，将股权所对应的财产价值视为夫妻共同财产，既无损婚姻法的价值，也符合公司法的理念。股权应属于股东的个人财产，诚如最高人民法院（2014）民二终字第 48 号民事判决书所言：“对于自然人股东而言，股权仍属于商法规范内的私权范畴，其各项具体权能应由股东本人独立行使，不受他人干涉。”

2. 如果分割股权本身，是否需夫妻协商一致

如前所述，夫妻离婚时需要分割的是股权财产价值，而不是股权。分割股权，财产价值必然一并分割；但分割财产价值，未必需要分割股权。鉴于二者是不同的客体，如果分割股权本身，则需要夫妻双方一致同意。如果股东不愿对方取得股权，或者股东的配偶不愿取得股权，只要求分得财产利益，直接分割股权即不可能。需注意，这是就有限责任公司股权而言，其他如上市公司股权、未上

市股份有限公司股份,则另当别论。[1]

最高人民法院(2018)最高法民申796号民事裁定书印证了该观点:"涉及分割夫妻共同财产中以一方名义在有限责任公司的出资额,另一方不是该公司股东的,若夫妻双方不能就股权分割问题达成一致意见,为了保证公司的人合性,应对另一方请求分割的股份折价补偿。"事实上,即使夫妻协商一致,也需通过征求其他股东意见以保证公司人合性,因此,该裁定未支持申请人直接分割股权的要求,原因只能解释为夫妻未能对此协商一致。

夫妻协商一致分割登记在一方名下的股权,可以是量化的完全一致,也可以是非量化的部分一致,即双方仅达成分割股权的共识,但不能商定具体分得的数量,此种情况可由法院判决确定。

3. 夫妻分割股权是不是"隐名股东的显名化"

有观点认为,"夫妻关系系特殊的亲缘关系,在我国实施'法定财产制'的背景下,一旦认定股权属于夫妻共同财产,这种与身俱来的'法定性'则赋予了配偶明确的股东身份",进而认为夫妻对登记在一方名下的有限责任公司股权分割,并非具有对价意义的股权转让,而是配偶一方股东身份由"隐名向显名"的转变,不需适用《公司法》关于股权转让的规则。[2]

首先,该观点的前提是股权属于夫妻共同财产。如前所述,该前提并不成立。其次,"隐名向显名"的转变之说,难以解决公司人合性遭到破坏的问题。为此,持该观点者认为,"有限责任公司较高的人合性决定了公司股东之间对于相互的身份、家庭情况都比较了解,多方具有共同的情感基础","任一方股东在分割夫妻共同股权时,其他股东都会有相对明确的心理预期"。本书认为,个体的婚姻状况具有相当大的私密性,股东之间既可能熟悉也可能陌生。在商言商,商业活动追求交易安全和效率,假如还需要顾及甚至打探合作伙伴的婚姻状况,岂非南辕北辙?

---

〔1〕 参见《民法典婚姻家庭编解释(一)》第72条。

〔2〕 参见张钢成、林挚:《夫妻共同股权分割"隐名股东显名化"的特性分析及法律适用》,载《法律适用》2019年第6期。

4. 夫妻合意分割股权的本质是股权对外转让，应适用股权对外转让规则

《公司法》第 71 条规定了有限责任公司股东对外股权转让的规则。有观点认为，“股权转让是一种股权买卖行为”。[1] 事实上，转让意味着依据法律行为，权利从出让人流转到受让人，未必有对价，并不限于买卖。《公司法》第 71 条之所以对有限责任公司股东对外转让股权采取特别规则予以限制，通说认为是由于有限责任公司股东之间的人合性。有限责任公司“股东人数较少，人合性较强，人合性体现了股东之间的信任关系和人情关系，所以转让受到限制”。[2] 该规则的实质，就是在“财产转让自由”和“维持股东之间人身信任关系”之间寻找平衡。以此观之，在夫妻离婚财产分割的场合，局面并无不同，本质是股权的对外转让，亦应适用股权对外转让规则，这也是自 2003 年《婚姻法解释（二）》施行以来，相关司法解释一直坚持的固有理念。

三、夫妻离婚合意分割股权的具体规则适用

如前所述，现行司法解释存在诸多疑义，不能适应立法的变化和现实的需要，在坚持其理念的前提下，需对具体规则作出重新解释。

1. “一次征询”还是“两次征询”

《公司法》第 71 条的股权对外转让规则，由“同意权/反对股东购买”（第 2 款）和“同等条件下的优先购买权”（第 3 款）两部分组成，转让股东需对其他股东进行同意权和优先购买权的双重征询。其中，“反对股东购买”发生于“其他股东半数以上不同意转让”的情况下，“优先购买权”发生于“其他股东过半数同意”的情况下。这并不是说必须要进行两次征询，转让股东可以将双重征询内容放在一次进行，也可以分别进行，只是不以一次为限。[3] 对此，有学者批评“反对股东购买和优先购买权具有类似效果，两者本不应同时存在”，称其有“叠床架屋”之感。[4] 《婚姻法解释（二）》第 16 条和《民法典婚姻家庭编解释

---

〔1〕 赵旭东主编：《商法学》，高等教育出版社 2015 年版，第 152 页。

〔2〕 施天涛：《公司法论》，法律出版社 2018 年版，第 279 页。

〔3〕 参见杜万华主编、最高人民法院民事审判第二庭编著：《最高人民法院公司法司法解释（四）理解与适用》，人民法院出版社 2017 年版，第 375 页。

〔4〕 参见伍坚：《有限公司股权对外转让制度研究》，载《法学杂志》2019 年第 10 期。

(一)》第73条对两次征询似乎也未作明确区分。

2. 同意权征询是否需要包含具体转让条件

在股权买卖的语境下,是否要求在同意权征询中包含具体转让条件,存在争议。认为应当包含的观点,如有学者指出,"通知的内容是转让人拟与受让人达成的股权转让的主要条件,包括转让标的、转让价格、支付方式、支付时间等"。[1] 认为不需包括的观点,以《公司法解释(四)》第17条为代表。根据该条第1款,股东对外转让股权,应就转让事项通知其他股东征求同意;根据该条第2款,经股东同意的对外转让,其他股东还可以要求转让股东告知转让股权的同等条件,言下之意,第一次征询时不必包含转让条件。第一次征询,甚至可能发生在该股东仅有出让意向,尚未找到受让对象时,其目的"主要是告知其他股东自己欲对外转让股权,至于具体的受让人和转让价格,并不要求一定在该次通知中列明"。[2] 就本篇讨论的夫妻离婚时分割公司股权而言,因为转让条件往往根本不存在,非但不需,而且无法在同意权征询中包含具体转让条件。加之该观点有现行司法解释为依据,本书赞同此说。

3. 其他股东半数以上不同意转让的,不同意股东以何价格购买股权

如其他股东半数以上不同意转让的,不同意转让的股东应购买相应股权。关于购买价格如何确定,主要观点有:(1)按公允价格购买;(2)按受让人的出价购买,即不同意股东的购买条件应与行使优先购买权的条件相同;(3)按转让股东的出价购买,如果协商不成,视为其他股东同意转让。如前所述,同意权征询不需包含转让条件,在夫妻离婚合意分割股权时尤其如此,观点(2)无从适用。如采观点(3),其他股东的同意权形同虚设,起不到维持公司人合性的作用。故本书认为应采观点(1),即按公允价格购买。

4. 其他股东过半数同意转让的,是否排除优先购买权规则的适用

夫妻离婚合意分割股权不存在明确的转让对价,经股东同意转让的股权,其

[1] 李建伟:《公司法学》,中国人民大学出版社2008年版,第318页。

[2] 杜万华主编、最高人民法院民事审判第二庭编著:《最高人民法院公司法司法解释(四)理解与适用》,人民法院出版社2017年版,第375页。

他股东[1]如何行使同等条件下的优先购买权？对此，可以类比同样没有对价的股权赠与。最高人民法院民事审判第二庭编著的《最高人民法院公司法司法解释（四）理解与适用》一书认为，“同等条件”必须是可被替代的交易条件，具有衡量的客观对象。“在既有股东无偿将股权赠与第三人时，应以该股权的公允价值作为交易条件。”[2]但矛盾的是，最高人民法院民事审判第四庭编著的《最高人民法院关于审理外商投资企业纠纷案件若干问题的规定（一）条文理解与适用》一书则认为，赠与股权可以排除其他股东优先购买权。[3] 可见在此问题上，仍有争议。

股权转让不仅涉及转让股东对自己权利的处分，更涉及公司这一组织体的未来命运，进而关系到其他股东的利益。从维持公司人合性的目的出发，加之相关司法解释的文义解释，本书认为夫妻离婚合意分割股权，其他股东过半数同意转让的，不能排除优先购买权规则的适用，且只能以公允价格作为交易条件。

5. 公允价格如何确定

公允价格的确定，首先由夫妻双方和其他相关股东进行协商；协商不成的，可由第三方评估确定。在协商中，如果其他股东看重公司的人合性，宁愿用更高的价格购买股权也要阻止新股东加入，则原股东配偶可以相应得到更多对价，从而降低其成为股东的意愿。但其他股东的出价不会无限高，因为如果高于评估可能的结果，通过评估就能以更低的代价达到同样的目的。就股东的配偶而言，其为了成为股东或取得更多对价，会倾向于提高要价，但也会避免要价过高导致谈判破裂，一旦进入评估程序，两个目标都可能落空。至于评估结果，对各方都是未知数。协商的主要对手是股东的配偶和其他相关股东，就夫妻中的股东一

---

[1] 有权行使优先购买权的“其他股东”，即除出让股东之外的全部股东，无论其是否同意股权对外转让，参见杜万华主编、最高人民法院民事审判第二庭编著：《最高人民法院公司法司法解释（四）理解与适用》，人民法院出版社2017年版，第377页。

[2] 杜万华主编、最高人民法院民事审判第二庭编著：《最高人民法院公司法司法解释（四）理解与适用》，人民法院出版社2017年版，第398页。

[3] 参见万鄂湘主编、最高人民法院民事审判第四庭编著：《最高人民法院关于审理外商投资企业纠纷案件若干问题的规定（一）条文理解与适用》，中国法制出版社2011年版，第133页。

方而言,既不在意增加股东,购买价格也与其无关,相对置身事外,但其也可能有立场,从而为协商带来进一步的变数。上述因素就形成了博弈机制,有助于当事人达成一致——要么股东的配偶成为新的股东,要么产生股权的公允价格。

四、小结

作为夫妻共同财产并在离婚时需分割的是有限责任公司股权所对应的财产价值,而非股权本身。这既无损婚姻法的价值,也符合公司法的理念。在此前提下,夫妻离婚时直接分割登记在一方名下的股权,让股东的配偶成为股东,需要以双方协商一致为前提,本质上是公司股权的对外转让,应适用《公司法》关于股权对外转让的规则。股权对外转让规则包括对其他股东进行同意权和优先购买权的双重征询。鉴于夫妻离婚合意分割股权往往不存在转让价格,无论是在其他股东半数以上不同意转让的情况下,由不同意股东购买股权,还是在其他股东过半数同意转让的情况下,其他股东行使优先购买权,都只能以公允价格购买。公允价格应由夫妻双方和其他相关股东协商确定,协商不一致的,应通过第三方评估确定。

回到案例问题,甲乙的离婚协议不存在股权转让价格,双方欲实现关于股权归属的约定,需征询除乙之外的其他股东意见。具体的征询内容包括是否同意甲成为股东(是否同意转让);如果过半数同意甲成为股东,是否放弃优先购买权。视征询的结果,假如过半数征询对象同意转让,且所有征询对象都放弃优先购买权的,甲可以成为公司股东。假如一半以上其他股东不同意转让,或者虽过半数同意转让但有人不放弃优先购买权的,则甲、乙还需和不同意转让的股东,或者要求行使优先购买权的股东就公允价格展开协商,甚至进行评估,最终由该其他股东取得股权,甲取得股权转让款。

法条链接

《民法典婚姻家庭编解释(一)》

第73条　人民法院审理离婚案件,涉及分割夫妻共同财产中以一方名义在有限责任公司的出资额,另一方不是该公司股东的,按以下情形分别处理:

(一)夫妻双方协商一致将出资额部分或者全部转让给该股东的配偶,其他股东过半数同意,并且其他股东均明确表示放弃优先购买权的,该股东的配偶可以成为该公司股东;

(二)夫妻双方就出资额转让份额和转让价格等事项协商一致后,其他股东半数以上不同意转让,但愿意以同等条件购买该出资额的,人民法院可以对转让出资所得财产进行分割。其他股东半数以上不同意转让,也不愿意以同等条件购买该出资额的,视为其同意转让,该股东的配偶可以成为该公司股东。

用于证明前款规定的股东同意的证据,可以是股东会议材料,也可以是当事人通过其他合法途径取得的股东的书面声明材料。

《公司法》(2018年修正)

第71条　有限责任公司的股东之间可以相互转让其全部或者部分股权。

股东向股东以外的人转让股权,应当经其他股东过半数同意。股东应就其股权转让事项书面通知其他股东征求同意,其他股东自接到书面通知之日起满三十日未答复的,视为同意转让。其他股东半数以上不同意转让的,不同意的股东应当购买该转让的股权;不购买的,视为同意转让。

经股东同意转让的股权,在同等条件下,其他股东有优先购买权。两个以上股东主张行使优先购买权的,协商确定各自的购买比例;协商不成的,按照转让时各自的出资比例行使优先购买权。

公司章程对股权转让另有规定的,从其规定。

《公司法解释(四)》

第17条　有限责任公司的股东向股东以外的人转让股权,应就其股权转让事项以书面或者其他能够确认收悉的合理方式通知其他股东征求同意。其他股东半数以上不同意转让,不同意的股东不购买的,人民法院应当认定视为同意转让。

经股东同意转让的股权,其他股东主张转让股东应当向其以书面或者其他能够确认收悉的合理方式通知转让股权的同等条件的,人民法院应当予以支持。

经股东同意转让的股权,在同等条件下,转让股东以外的其他股东主张优先购买的,人民法院应当予以支持,但转让股东依据本规定第二十条放弃转让的除外。

14. 家务贡献补偿如何实现?

——关于《民法典》第1088条的功能定位

案情导入

甲、乙系夫妻,多年来甲在外打拼事业,积累了不菲的家产,乙全职在家赡养老人、照顾子女、料理家务,任劳任怨。近年来双方感情不睦,于2020年年初协商离婚事宜。乙提出因自己作出了较多家务贡献,未来重入职场竞争力下降,要求甲予以相应补偿。甲咨询律师后了解到,《婚姻法》中的家务贡献补偿以双方采用分别财产制为前提,而甲、乙之间不存在分别财产制的约定,遂拒绝了乙的这一要求。数月后《民法典》颁布,对于离婚时的家务贡献补偿请求权,取消了分别财产制这一前提。乙再次提出补偿要求。甲认为,分割共同财产就已经补偿了乙的家务贡献,再另行补偿会产生"过分补偿""重复补偿"的问题。

裁判法理

一、需首先考虑的三个背景问题

1. 性别角色:是"共相的"还是"个案中的"

尽管在法律条文中,有权要求家务贡献补偿的主体是对家务事项"负担较多义务"的一方,并不存在性别特指,但学者普遍注意到,"与男性相比,女性在家务劳动中投入了更多的时间和精力”。[1] “女性是家务劳动的主体,不仅是‘男主外、女主内’观念的现实反映,而且是性别分工定型化的现实写照。”[2] 因此,对家务贡献的充分补偿,具有实现性别平等、消除对女性歧视的社会正义的价值。

本书认为,上述观点未区分共相的性别角色和个案中的性别角色。诚然,越来越多的女性走出家门,投入社会生产中,同时由于历史的、社会的乃至生理的原因,她们还负担着较多家务劳动,作出了较多家务贡献。这里所说的女性是社会意义上的、共相的、集合的概念,并非个体。而法律规范的作用首先是适用于具体的法律事实,解决个案争议。法律规范在被适用时,法律关系主体是具体的、个别的。正如我们正确地认识到“人是理性的动物”,但不能据此认为,每一个人都是理性的,甚至得出“非理性的则不是人”的结论。妇女权益当然要特别保护,但不能混淆法律的宏观价值取向和微观适用要求,将社会学的一般观点直接作为法律解释和适用的结论。在个案中要不要补偿、如何补偿,还是要看案件具体情况,不能一概而论。

2.“人力资本增减”:是补偿的对象还是影响补偿的因素

夫妻人力资本是指,“在婚姻关系存续期间,配偶一方通过提供经济支持及家事帮助的方式,协助他方接受教育培训获得学历证书、相关职业资格证书、声誉等能在未来产生收益的相关技能”。[3] 孙若军教授认为,2001 年《婚姻法》修正时没有将家务补偿纳入法定财产制救济范围,“忽略了夫妻因人力资本投资方向不同导致的女性在退出特定婚姻关系后谋生能力下降等深层原因”。[4] 夏吟兰教授认为,我国法定夫妻共同财产制之下的共同财产均等分割,只是肯定了家务劳动的价值,是对家务劳动付出的回报。但是,从事家务劳动一方减损的人力资本,另一方在婚姻关系存续期间因配偶投入而增长的人力资本等,均未被

---

[1] 夏吟兰:《民法典离婚家务劳动经济补偿制度完善的人权内涵》,载《人权研究》2020 年第 2 期。

[2] 王歌雅:《家务贡献补偿:适用冲突与制度反思》,载《求是学刊》2011 年第 5 期。

[3] 胡苷用、孙铃铃:《离婚案件中夫妻人力资本的性质厘定与司法适用》,载《福建警察学院学报》2017 年第 3 期。

[4] 孙若军:《离婚救济制度立法研究》,载《法学家》2018 年第 6 期。

考虑。[1]

本书认为,上述观点未区分补偿的对象和影响补偿的因素。关于人力资本,需明辨它与家务贡献的关系:作出较多家务贡献的一方,其付出是行为;其人力资本的减损以及对方人力资本的增加,是这一行为可能的结果。即使不存在人力资本增减这一结果,单方家务贡献仍值得补偿,无非补偿少一些;因单方家务贡献导致双方人力资本增减显著的,补偿幅度可相应多一些。这样看来,补偿的对象应该是家务贡献行为,而由该行为导致的人力资本增减只是影响补偿多少的因素之一。如果将人力资本增减视为独立的补偿对象,将难以综合考量影响补偿结果的诸多因素,且势必促使当事人在婚姻生活中锱铢必较,与婚姻生活的本质不符。

3. 夫妻共同财产制:与家务贡献补偿有没有关联

家务贡献补偿制度与夫妻财产制密切相关。王歌雅教授认为,家务贡献补偿制度与夫妻财产制相结合,家务贡献补偿的性质因夫妻财产制类型的不同而有所不同,不同的夫妻财产制下,实现家务贡献的补偿路径不同。[2] 夏吟兰教授强调,"家务补偿必须与家庭的财产关系相衔接。如果共有财产的家庭与全部分别财产的家庭、部分分别财产的家庭统一适用同一家务补偿标准,无异于割裂了家庭财产与家务劳动之间的关联,曲解了家务补偿的救济价值理念"。[3]

本书认为,各国夫妻财产制不同,采用与我国一样的法定夫妻共同财产制的国家不占多数。与我国类似的域外立法,如 1969 年《苏俄婚姻家庭法典》第 20 条第 2 项规定:家事劳动视为生产劳动,从而,夫妻对家中之财产有所有、收益、处分之平等权利。[4] 恰恰是通过夫妻对共同财产享有平等权利,来实现法律对家务贡献价值的认可。而适用分别财产制的国家如英国、日本,其家务贡献补偿制度对我国是否有参考意义,值得怀疑。别人有的制度未必我们也要有,应该在我国夫妻共同财产制的基础上,讨论我国的家务贡献补偿制度。

---

[1] 参见夏吟兰:《离婚衡平机制研究》,载《中华女子学院学报》2004 年第 5 期。
[2] 参见王歌雅:《家务贡献补偿:适用冲突与制度反思》,载《求是学刊》2011 年第 5 期。
[3] 参见孙若军:《离婚救济制度立法研究》,载《法学家》2018 年第 6 期。
[4] 参见王歌雅:《家务贡献补偿:适用冲突与制度反思》,载《求是学刊》2011 年第 5 期。

二、我国夫妻共同财产制的家务贡献补偿功能

在夫妻共同财产制基础上,全职从事家务劳动的夫妻一方,离婚时仍有权分割夫妻共同财产,分割所得利益是否包括对其家务贡献的补偿?需从我国的夫妻共同财产制进行分析。

1. 我国夫妻共同财产制的类型判断

新中国的婚姻立法,历来以共同财产制作为夫妻法定财产制,这是我国婚姻制度的核心内容之一。共同财产制,一般是指夫妻双方的全部财产或部分财产合并为共有财产,归夫妻双方共同所有,但特有财产除外。[1] 不同立法例上的共同财产制又包括一般共同制[2]、动产及所得共同制[3]、婚后所得共同制[4]、婚后劳动所得共同制[5]等类型。

根据我国法律和司法解释的规定,一方的婚前财产不因结婚而转化为夫妻共同财产,故一般共同制、动产及所得共同制与我国制度不符;夫妻共同财产不限于婚后劳动所得,如投资收益、遗赠或者赠与合同中未确定只归一方继承或受赠的财产,亦属夫妻共同财产,故我国采用的也不是婚后劳动所得共同制。通说认为,我国的夫妻共同财产制是婚后所得共同制。例如,陈苇教授认为:"依照现行的婚姻法的规定,法定财产制仍实行婚后所得共同制。"[6] 马忆南教授认为:"我国的法定夫妻共同财产制是婚后所得共同制。"[7]

但需注意,法律并未规定夫妻在婚姻关系存续期间所得财产均为夫妻共同财产。无论是《民法典》第1062条,还是《婚姻法》第17条,对夫妻共同财产的定义都采用列举式。作为开放式列举的兜底条款,"其他应当归共同所有的财

---

〔1〕 参见余延满:《亲属法原论》,法律出版社2007年版,第257页。

〔2〕 一般共同制,即无论是夫妻婚前还是婚后所得财产,也无论是动产还是不动产,均为夫妻共同财产。

〔3〕 动产及所得共同制,即夫妻婚前的动产、婚后取得的财产(无偿取得的除外)、婚姻存续期间夫妻特有财产所生的收益及夫妻劳动收入,均为夫妻共同财产。

〔4〕 婚后所得共同制,即夫妻在婚姻关系存续期间所得的财产,包括劳动、经营所得财产与非劳动所得财产,归夫妻共同所有。

〔5〕 婚后劳动所得共同制,即夫妻婚后劳动、经营所得的财产,为夫妻共同财产。

〔6〕 陈苇:《婚姻家庭继承法学》,中国政法大学出版社2011年版,第118页。

〔7〕 马忆南:《婚姻家庭法》,北京大学出版社2012年版,第123页。

产”不能等同于“其他婚内所得的财产”。不仅如此，法律和司法解释还另外列举了虽为婚后所得但应归一方的财产，包括一方因受到人身损害获得的赔偿或者补偿、遗嘱或者赠与合同中确定只归一方的财产、一方专用的生活用品，以及一方个人财产在婚后产生的孳息和自然增值等，这是对夫妻共同财产的负面列举。由此可见，我国法定的夫妻共同财产制，实为一种列举的共同制。只是因为明确列举出的夫妻共同财产范围已足够大，加之排除了婚前财产，使这种共同财产制在范围上与婚后所得共同制接近。这只是量的相近，而不是质的同一。

2. 我国夫妻共同财产制下的财产分割原则

根据上述共同财产制确定了夫妻共同财产范围，一旦婚姻关系终结，需进行共同财产分割。

通说认为，我国法律对夫妻共同财产在离婚时进行均等分割，其基础是男女平等原则。夏吟兰教授认为，“依照我国婚姻法的规定，夫妻婚后所得的共同财产离婚时适用均等分割原则，以及照顾子女和女方权益、照顾无过错方等原则。这一规定是我国男女平等原则和保护妇女儿童合法权益原则在分割夫妻共同财产规定中的体现”。[1] 裴桦教授也认为，“男女平等原则在夫妻共同财产的分割中就是表现为夫妻双方均等分割。夫妻共有作为共同共有的一种形式，双方在份额上是相同的”。[2] 从男女平等原则出发，真的能得出均等分割的结论吗？平等是指“凡为法律视为相同的人，都应当以法律所确定的方式来对待”。[3] 男女平等，是说不能将性别作为法律所认可的差别而导致区别对待。在财产分割上，体现为不因性别而导致多分或者少分，但仍有因其他因素导致多分或者少分的可能。应多分的，无论性别都要多分；应少分的，无论性别都要少分。男女平等原则在夫妻共同财产分割上体现于此，而不是一人一半的均等分割。

另一种分割原则是公平原则。“公平分割财产的机制，就是要在离婚时主要不考虑婚姻期间财产的状况和财产的来源，而重点考虑当事人的具体情况和

---

〔1〕 夏吟兰：《在国际人权框架下审视中国离婚财产分割方法》，载《环球法律评论》2005 年第 1 期。

〔2〕 裴桦：《夫妻共同财产制研究》，法律出版社 2009 年版，第 320～321 页。

〔3〕 [美]博登海默：《法理学：法律哲学与法律方法》，邓正来译，中国政法大学出版社 2004 年版，第 308 页。

实际需要，以达到和实现结果正义。”[1]如果说均等原则在夫妻共同财产分割上表现为财产数量这单一维度的一致，公平原则就体现为多维度的价值平衡，不追求双方分得数量的一致，而是通过对各种因素的考虑，使双方各得其所。均等原则忽略了现实生活的复杂性，以表面上的平等掩盖了实际上的不平等；公平原则追求的则是更实质的正义。

实证法上，从1950年《婚姻法》到2020年《民法典》，我国法律对夫妻共同财产离婚分割的规定，基本模式是当事人协商优先，协商不成的由法院根据法律规定的特定因素判决。关于这些特定因素，1950年《婚姻法》规定为“家庭财产具体情况、照顾女方及子女利益和有利发展生产”；1980年《婚姻法》和2001年修正的《婚姻法》规定为“财产的具体情况，照顾子女和女方权益”；《民法典》规定为“财产的具体情况”“照顾子女、女方和无过错方权益”。法律层级的规范性文件从未规定“均等分割”。《民法典》第1087条所说的“财产具体情况”，不仅指个别财产的出资来源、生产生活便利、双方实际所需，还指该家庭整体的财产情况、家庭的经济生活运行状况，其中可以包括家务贡献因素。

由此可见，我国法律对夫妻共同财产分割采用的是公平原则而非均等原则。这并非说不可以对半分割，在没有“财产的具体情况”“照顾子女、女方和无过错方权益”等特定因素需要考虑的情况下，对半分割恰好符合公平原则。

3. 均等原则和公平原则的家务贡献补偿功能差异

共同财产分割原本未必与家务贡献补偿有关，一方即使未作出任何家务贡献，在共同财产制下仍可分享夫妻共同财产；假如采用一人一半固定比例的均等分割，即家务贡献不会影响分割比例，则可以说，夫妻共同财产分割与家务贡献补偿完全无关。可见，纯粹的均等原则并不具有家务贡献补偿功能。

欲将夫妻共同财产分割与家务贡献补偿相关联，一定要让家务贡献能够影响分割比例，具体而言，需考虑家务贡献因素，在分割比例上有所体现。列举一个极端的情况，若一方家务贡献显著巨大，共同财产又不多，使该方取得全部共同财产，也无不当。就家务贡献作如此考虑，恰恰是公平原则的要求。采用公平

[1] 夏吟兰：《在国际人权框架下审视中国离婚财产分割方法》，载《环球法律评论》2005年第1期。

原则分割夫妻共同财产,具有家务贡献补偿功能。

如前所述,我国法律对夫妻共同财产分割采用的是公平原则。因此,我国的夫妻共同财产制,具有家务贡献补偿功能。

三、共同财产制补偿功能的失灵与补救

既然我国的夫妻共同财产制具有家务贡献补偿功能,为何还要另外规定对作出较多家务贡献的一方予以补偿?

1. 共同财产制补偿功能的失灵

如前所述,我国法定的夫妻共同财产制,在共同财产离婚分割时采用公平原则确定分割比例,以此实现家务贡献补偿,可称为“分割模式”。但在以下三种情形下,分割模式发生失灵:

(1)约定分别财产制的情形

共同财产制是我国的夫妻法定财产制,法律同时允许当事人约定采用分别财产制。在分别财产制下,不存在夫妻共同财产,也就不存在离婚财产分割。典型情况是一方在外工作,一方全职照料家务没有收入,假如采用分别财产制,一旦离婚,全职在家的一方无法分享另一方通过社会劳动、生产经营或者继承、接受赠与等方式取得的财产,其多年家务贡献都成了“义务劳动”,无法得到补偿。

(2)虽采用共同财产制,但没有共同财产的情形

当事人虽未约定采用分别财产制,但在法定的共同财产制下,如果没有夫妻共同财产可供分割,作出较多家务贡献的一方也无法获得家务贡献补偿。

(3)虽有共同财产,但共同财产不足以补偿该方家务贡献的情形

当事人虽有夫妻共同财产,但因为共同财产的数量以及单方家务贡献等具体情况,即使将全部共同财产都给到家务贡献较多的一方,仍不足以补偿其家务贡献,这种情形下,夫妻共同财产制即分割模式的补偿功能还是失灵的。

2.《婚姻法》第 40 条的补救

2001 年修正的《婚姻法》第 40 条采用“另行补偿模式”,与其说是我国家务贡献补偿制度的肇始,不如说是对已有的共同财产制家务贡献补偿功能的“补丁”。学者多诟病该条款因分别财产制的前提限制而适用机会极低。本书认

为,适用机会低本身无可诟病。作为一个制度"补丁",其使命就是有需要才适用,无需要则不适用,总不能为了适用而适用。真正值得诟病的是,"补丁"覆盖得不全面,仅能应对共同财产制补偿功能失灵的部分情形——约定分别财产制,而不能应对全部情形。

3.《民法典》第 1088 条的补救

进一步的解决方案似乎正如《民法典》第 1088 条规定的那样,对另行补偿模式取消"分别财产制"这一前提,但问题接踵而至:"分别财产制"的前提一旦取消,分割模式和另行补偿模式就可能同时被适用。假如共同财产制的补偿作用并未失灵,即通过《民法典》第 1087 条的分割模式已足以实现家务贡献补偿,再采用《民法典》第 1088 条的另行补偿模式,就会导致过分补偿、重复补偿。例如,综合考虑一切需要考虑的因素,假设全职在家的一方分得 50% 的共同财产是符合公平原则的,再额外给予其家务贡献补偿,该方分得比例就会超过 50%,相应地,在外工作的一方分得的比例将小于 50%,这样就会带来新的不公平。

四、家务贡献补偿规范的适用

为实现家务贡献补偿,需讨论《民法典》第 1087 条和《民法典》第 1088 条的具体适用。

1. 家务贡献补偿的原则

如前所述,在公平分割原则下,只要有足够的理由,将共同财产 100% 分给一方也无妨;假如已通过分割共同财产充分补偿了家务贡献,就不应重复补偿。没有必要比较从事家务劳动和社会劳动于家庭而言哪一个更崇高,牺牲更大,更有意义,那样会陷入计算的泥淖而违背婚姻生活的本质;更无必要刻意强调共相的男性、女性的角色定位,社会意义上的性别印象难免干扰个案中对当事人利益的理性平衡。家务贡献补偿的根本原则应当是:既要避免补偿不足,也要避免重复补偿。

2. 家务贡献补偿模式的确定

(1)当事人未请求另行补偿的情况

《民法典》第 1088 条是作为请求权基础的完全性法条。完全性法条指一个具有构成要件及法律效果的规定。[1] 第 1088 条中,“夫妻一方因抚育子女、照料老年人、协助另一方工作等负担较多义务的”和“离婚时”为构成要件,“有权向另一方请求补偿,另一方应当给予补偿”为法律效果。作为请求权规范,该条的适用以权利人主张请求权为前提,即在诉讼中提出明确要求,否则,法院不应主动适用。

如果证据显示一方当事人确实作出较多家务贡献,该方却没有提出明确的补偿请求,法院应考虑该方的家务贡献因素,在共同财产分割上有所倾斜,此时适用的法律规范是《民法典》第 1087 条。若无共同财产可供分割,则只能认为该方怠于行使权利,其家务贡献也就不能得到补偿了。

(2)当事人请求另行补偿的情况

如果不存在夫妻共同财产,即前述分割模式家务贡献补偿功能失灵的三种情形,鉴于当事人提出了另行补偿要求,故应采用另行补偿模式,别无选择。

一种思路是:如果存在夫妻共同财产,分割模式尚能发挥或部分发挥家务贡献补偿作用,当事人又提出另行补偿要求的,可以放弃分割模式,在共同财产分割时不考虑家务贡献因素。即使有证据证明该方作出了较多的家务贡献,也应假设双方的家务贡献等同,在此基础上,综合考虑家务贡献补偿以外的其他因素确定分割比例。这相当于把家务贡献这一因素从共同财产分割中完全地抽离出来,并对其另行补偿。

另一种思路是:《民法典》第 1088 条并未将补偿方式限于金钱补偿,给予其任何财产性利益均可,理应包括多分夫妻共同财产(指在不考虑家务贡献因素的分配比例的基础上多分)。在有共同财产可供分割的情况下,分割模式和另行补偿模式的界限并不是泾渭分明的,法院可以通过调整财产分割比例的方式,支持当事人要求另行补偿的诉讼请求,换言之,多分共同财产,就是另行补偿。

3. 家务贡献补偿数量的确定

无论是采用分割模式还是另行补偿模式实现家务贡献补偿,都需要具体量化。

---

〔1〕 参见王泽鉴:《民法思维》,北京大学出版社 2009 年版,第 46 页。

(1)避免进行报酬计算

婚姻生活中的家务劳动并非交易行为,不是计算的、目的的行为,而是自然的、本质的行为。当事人在家庭内从事的劳动,不定时间,不定地点,与生活浑然一体,本就是生活无法区分的一部分。家务劳动是无偿的,不存在以劳务换取报酬,其价值也无法计算。假如参照计算劳务报酬的方式计算家务贡献补偿,有悖婚姻生活本质。

但基于巩固和维系婚姻共同体之目的,作出家务贡献的行为值得鼓励和褒奖。在婚姻关系正常存续时,法律并无机会也无必要对此进行评价。当婚姻破裂时,令作出较多家务贡献的一方在财产方面取得相对另一方的优势,就体现了法律对家务贡献行为的积极评价。

(2)综合考虑多种因素

为实现家务贡献补偿,需要考虑的因素包括投入家务劳动的时间、内容和强度,双方家务贡献投入的悬殊程度,因家务贡献导致一方人力资本的减损,以及另一方人力资本的增加等。这些因素只能影响总的补偿数量,而不需要逐项补偿。此外,夫妻共同财产或者一方个人财产在婚姻关系存续期间的积累若与家务贡献相关,故所涉财产规模也应一并纳入考虑;若不相关,如财产多为继承所得,则不需考虑。总之,应在综合考虑各种因素的基础上,酌情确定公平的家务贡献补偿方案。

五、小结

我国法定的夫妻共同财产制,通过离婚时以公平原则分割共同财产,本身就具有补偿家务贡献的功能。无论是《婚姻法》第40条还是《民法典》第1088条所规定的另行补偿模式,都是作为共同财产制固有的补偿功能的"补丁"存在的,以应对分割模式有时会失灵的问题。

《民法典》第1088条作为立法上的"升级版补丁",是《民法典》这个"工具箱"为实现家务贡献补偿提供的新"工具"。工具是手段而不是目的,对分割模式或者另行补偿模式对应的不同法律规范的适用,均需服务于适当补偿家务贡献这一目的。为此,法院应秉持既要避免补偿不足,又要避免重复补偿的原则,根据当事人选择的诉讼请求和具体案情中与家务贡献相关的各种因素,确定补偿的模式和数量,从而实现家务贡献补偿。

根据个案具体情况,将夫妻共同财产全分给家务贡献较多的一方,如不足,再给予其另行补偿,均无不可。但不能不区分具体情况,一律采用“一人一半”均等分割再加“另行补偿”的模式。特别要警惕其中所隐藏的过分补偿、重复补偿的风险,防范不当贬损夫妻另一方从事社会劳动对家庭的价值。

法条链接

《民法典》

第 1087 条　离婚时,夫妻的共同财产由双方协议处理;协议不成的,由人民法院根据财产的具体情况,按照照顾子女、女方和无过错方权益的原则判决。

对夫或者妻在家庭土地承包经营中享有的权益等,应当依法予以保护。

第 1088 条　夫妻一方因抚育子女、照料老年人、协助另一方工作等负担较多义务的,离婚时有权向另一方请求补偿,另一方应当给予补偿。具体办法由双方协议;协议不成的,由人民法院判决。

15.“共同还贷补偿”应如何计算?

——数学公式和民法原理

案情导入

甲、乙于 2015 年结婚。甲早在 2012 年就购买了一套房屋,当时尚不认识乙。该房屋登记在甲自己名下,有购房贷款,按月偿还至今。现甲、乙感情破裂,正在进行离婚协商。甲认为,该房屋系其婚前财产,与乙无关。乙则认为,甲在婚后偿还的购房贷款,使用了夫妻共同财产,包含着乙的贡献,故要求甲对其补偿。房屋价值早已今非昔比,远高于购房之初,也高于双方结婚之时,问:甲应如何对乙进行补偿?

裁判法理

夫妻一方在结婚前通过向银行申请购房贷款购买房产，登记在自己名下；结婚后，因双方的收入一般都是夫妻共同财产，用婚后收入还贷就意味着另一方参与了贷款清偿。如果离婚，参与还贷方（以下称非购房方）应得到多少补偿款？2011 年，《婚姻法解释（三）》第 10 条首次明确共同还贷补偿要考虑房产增值因素，2021 年开始施行的《民法典婚姻家庭编解释（一）》第 78 条几乎完全承继了这一规定。但补偿的具体金额如何计算，立法上没有明确，司法上也不统一，“同案不同判”的现象较为突出。

一、“共同还贷补偿”的不同计算方法及评析

关于一方婚前购买、另一方婚后参与共同还贷，离婚时非购房方共同还贷部分及相对应财产增值部分的补偿款标准，常见的计算公式有：

1. 公式 1

$$\text{补偿款} = \frac{\text{共同还贷金额}}{\text{购房价} + \text{已还利息} + \text{未来应还利息}} \times \text{离婚时房屋市值} \times \text{共同财产分割比例}$$

此种方法可称为“总价值分割法”，即计算共同还贷金额在总购房成本中的贡献比例，以该比例乘以离婚时的房屋总价值，将房屋总价值分割为个人部分和共同部分，再将共同部分作为夫妻间分割标的。根据法律规定，夫妻共同财产的分割需“根据财产的具体情况，按照照顾子女、女方和无过错方权益的原则”判决，未必是一人一半，故“共同财产分割比例”未必取 50%，尽管一般情况下如此，以下各公式中均如此。

类似方法被认为是多数法院采取的计算方式，[1]得到了不少官方认证，如：《最高人民法院婚姻法司法解释（三）理解与适用》《北京市高级人民法院民一庭关于明确离婚时房屋补偿计算标准的通知》《浙江省高级人民法院关

〔1〕 参见最高人民法院民事审判第一庭编著：《最高人民法院婚姻法司法解释（三）理解与适用》，人民法院出版社 2011 年版，第 168 页。

于审理婚姻家庭案件若干问题的解答》等。

该方法的弊端在于不考虑升值发生在婚前还是婚内,完全按照共同还贷金额在总购房成本中的贡献比例分割离婚时的房屋价值。司法解释所述“双方婚后共同还贷支付的款项及其相对应财产增值部分”,“双方婚后”应该构成整句话的时间限定。假如该房屋在双方结婚之前已大幅升值而结婚后没有升值,依规定,不存在与婚后共同还贷“相对应”的财产增值部分,非购房方也就不应取得房产增值的补偿。但按此公式,无论房屋婚前增值,还是婚内增值,补偿结果是一样的。

2. 公式2

$$补偿款=\frac{共同还贷金额}{购房价+已还利息+未来应还利息+税费等购房成本}\times 离婚时房屋市值\times 共同财产分割比例$$

此种方法是“总价值分割法”的变形。与公式1相比,在计算贡献比例的分母中增加了税费等购房成本。本书认为,必要的、已发生的税费是购房成本的一部分,理应在计算贡献比例时计入分母,这样调整是有道理的。

该方法同样有“总价值分割法”的弊端,即未考虑房屋增值发生在婚前还是婚内的区别。

3. 公式3

$$补偿款=\frac{共同还贷金额}{购房价+已还利息+税费等购房成本}\times 离婚时房屋市值\times 共同财产分割比例$$

此种方法是“总价值分割法”的另一种变形。与公式1相比,尚未发生的应还利息不被计入购房成本中。最高人民法院民一庭赞同采用此方法。[1]

该方法同样有“总价值分割法”的弊端,即未考虑房屋增值的发生时间。此外,笔者认为不应将尚未发生的应还利息排除于购房成本之外。在购买房产之初,购房人对购房对价的安排和预期已由购房合同和借款合同确定,既包括特

〔1〕 参见《不动产婚内共同还贷及增值的计算》,载最高人民法院民事审判第一庭编:《民事审判指导与参考》(2016年第1辑)(总第65辑),人民法院出版社2016年版,第162~164页。

定金额的首付款，也包括由金额、期限、利率、还款模式等确定的贷款本息。在离婚之后，如果购房人选择提前还款，并不能简单地说购房成本减少了，而是他以今天的提前还款，换取了未来利息支出的减少。今天的钱通常比未来的钱更“值钱”，他的购房成本不能说减少，故不应将未来应还利息从购房成本中扣除。当然，除首付款和税费以外的购房成本不是一次性发生的。对于非购房方，同样的共同还贷金额如果发生在整个还贷周期的早期，相对不利；反之，则相对有利。解决的办法，是在公式计算结果的基础上根据具体情况进行微调。

4. 公式 4

$$\text{房屋补偿款}=\frac{\text{共同还贷金额}}{\text{结婚时房屋市值}+\text{共同还贷利息}}\times\text{离婚时房屋市值}\times\text{共同财产分割比例}$$

公式 4 可称为“假设新购分割法”，它将结婚时的房屋市值和婚内共同还贷的利息相加作为成本，得出共同还贷金额在此成本中所占比例，再乘以离婚时的房屋市值，作为夫妻间的分割标的。

其逻辑是：无论房屋购买于婚前何时，因为婚前增值和非购房方无关，所以都假设房屋是结婚时按照这时的市值刚刚购买的，结婚时的房犀市值被拟制为购房价计入成本，从而令非购房方不享受房屋婚前增值的利益。其优势在于，解决了“总价值分割法”不考虑房屋增值发生时间的弊端。除了这一点之外，该方法与“总价值分割法”大同小异。

该方法得到了浙江省法学会婚姻法学研究会的支持。[1]

5. 公式 5

$$\text{补偿款}=[\text{共同还贷金额}+\frac{\text{共同还贷金额}}{\text{购房价}+\text{已还利息}+\text{税费等购房成本}}\times(\text{离婚时房屋市值}-\text{结婚时房屋市值})]\times\text{共同财产分割比例}$$

该方法可称为“婚内增值分割法”，首先计算共同还贷金额在总的购房成本

---

〔1〕 参见《离婚时适用的最新公式：婚前个人房屋，婚后共同还贷离婚分割如何补偿计算等》，载微信公众号“浙江省婚姻法研究会”2018 年 8 月 8 日，https://mp. weixin. qq. com/s/aGiC3rgKs4XAnWevtcI8HA。

中的贡献比例,以该比例乘以房屋的婚内增值,相当于先将婚内增值金额分割为个人部分和共同部分,再将共同部分加上共同还贷金额的本金,作为夫妻之间的分割标的。购房成本中如计入未来应还利息,还可以派生出一个新的公式,此处不再赘述。

与前述“总价值分割法”相比,公式5不是用贡献比例去乘以整个房屋市值,意即不是看共同还贷金额对整个房屋价值贡献了多少,而是看其对婚内增值贡献了多少,另外再加上共同还贷金额本金。与方法4相比,该方法同样顾及了房产增值发生的时间,避免使婚后才参与还贷的一方分享婚前增值利益;所不同的是,该方法将“婚后共同还贷支付的款项”和“相对应的财产增值部分”相加,与司法解释的文义更加一致。

6. 公式6

$$\text{补偿款}=\left[\text{共同还贷金额}+\text{共同还贷金额}\times\left(\frac{\text{离婚时房屋市值}-\text{结婚时房屋市值}}{\text{结婚时房屋市值}}\div 2\right)\right]\times\text{共同财产分割比例}$$

公式6可称为“线性增值法”。该方法需有两个假设,一是婚内该房屋线性升值,[1]即假设在婚姻关系存续期间,以时间为横轴,房价为纵轴,将房价期初值和期末值相连呈现一条直线(尽管房价实际变化情况可能呈现曲线或有起伏),据此计算出升值率;二是假设婚后按期等额还贷,且直至离婚时尚未还清。

因为还贷分期进行,不难想见,首期还贷可以认为按照升值率升值;末期还贷因刚刚发生,并未升值。故平均升值率应取中间值,将升值率除以2。用共同还贷金额乘以平均升值率,得出共同还贷金额相对应的财产增值部分,再加上共同还贷金额本身,对此进行分割,即可计算出非购房方可得的补偿款。

该方法和司法解释的文义高度契合。但假如婚内将贷款还清,或者并非按期等额还贷,则该公式无法直接适用。解决的方法是分段计算,即计算不同阶段的“共同还贷款项相对应的财产增值部分”,从而获得前五种方法所不能达到的

[1] 若两个变量之间存在一次方函数关系,则称它们之间存在线性关系。

更精确的结果。

二、“共同还贷补偿”的民法原理

一般而言,夫妻一方使用夫妻共同财产偿还其个人债务,只需按照借贷或不当得利的规则,向夫妻另一方返还相应本金即可。在《婚姻法解释(三)》施行之前,《上海市高级人民法院关于适用最高人民法院婚姻法司法解释(二)若干问题的解答(一)》第6条关于夫妻一方婚前购房、另一方婚后参与还贷的情况,就是这样规定的。[1] 司法解释规定的共同还贷补偿规则原理何在?

1.“不动产分割说”

最高人民法院民一庭认为:“此类房屋的权属性质不宜简单地认定为婚前购房者的个人财产,也不宜将其全部认定为夫妻共同财产,而是应当根据其购置资金的来源及其在全部房价款中所占比例来考量其分割原则。”[2]进而认为“此类房产实际是婚前个人财产与婚后共同财产的混合体”。[3] 照此观点,共同还贷补偿本质上就是在进行以房屋为标的物的不动产分割。而且,司法解释使参与还贷的非购房方甚至有机会取得房屋,似乎也印证了该观点。但本书对其仍有疑问。

首先,所谓该房产“实际是婚前个人财产与婚后共同财产的混合体”,是否在物权法之外创设了一种“既不是个人所有,也不是共有”的新的所有权类型,是否认为一个物上可以并存两种不同的所有权,是否有违“物权法定”“一物一权”的原则?

其次,结婚不影响当事人婚前财产的归属,个人财产不因婚姻关系延续转化

---

〔1〕 该文件规定,夫妻一方婚前以个人财产购买房屋,并按揭贷款,产证登记在自己名下的,该房屋仍为其个人财产。同样,按揭贷款为其个人债务。婚后配偶一方参与清偿贷款,并不改变该房屋为个人财产的性质。因此,在离婚分割财产时,该房屋为个人财产,剩余未归还的债务,为个人债务。对已归还的贷款中属于配偶一方清偿的部分,应当予以返还。对于产证登记在一方名下,但配偶方有证据证明婚前购房时,其也共同出资的,在离婚分割财产时,该房屋仍为产证登记人的个人财产,剩余未归还的债务,为其个人债务。但于首付款和已归还的贷款中属于配偶一方出资和清偿的部分,应当予以返还。

〔2〕 最高人民法院民事审判第一庭编著:《最高人民法院婚姻法司法解释(三)理解与适用》,人民法院出版社2011年版,第161~162页。

〔3〕 最高人民法院民事审判第一庭编著:《最高人民法院婚姻法司法解释(三)理解与适用》,人民法院出版社2011年版,第166页。

为夫妻共同财产,此前的司法解释对此曾有过争议,[1]但《婚姻法解释(一)》第19条、《民法典婚姻家庭编解释(一)》第31条对此争议有明确解答。购房方往往在结婚登记之前就取得了不动产权证,已独自取得房屋的所有权;即使其结婚时尚未办理产证,鉴于婚前签订购房合同、支付首付款、与银行签订按揭贷款合同及还贷义务都已确定,婚后取得的物权只是婚前合同权利的自然转化,亦属个人财产。归属于个人的房屋如何变成了"婚前个人财产与婚后共同财产的混合体"?该观点未能给出令人信服的理由。

回到司法解释的条文,在《民法典婚姻家庭编解释(一)》第78条第2款第2句中,按照夫妻共同财产分割原则进行处理的标的,是"双方婚后共同还贷支付的款项及其相对应财产增值部分",而不是房屋本身。就非购房方而言,其婚后参与还贷并不改变房屋的物权属性。作为《民法典》的组成部分,婚姻家庭编和物权编应当相合,不能相离、相悖。

2."主动增值说"

学界通说认为:夫妻个人财产的婚后收益包括孳息、投资收益和增值三类。其中,增值是指财产价值的上升,包括主动增值和被动增值(自然增值)。主动增值是夫妻财产"由于他方或双方所支付的时间、金钱、智力、劳务"产生的增值,被动增值或自然增值是"因通货膨胀或其他不是因当事人的主观努力而是因市场价值的变化产生的增值"。个人财产婚后的主动增值是夫妻共同财产,被动增值是夫妻个人财产。[2] 这些观点在《民法典婚姻家庭编解释(一)》第25条第1项以及第26条中有所体现。

有观点认为,婚后还贷对应的增值部分属于主动增值,因此是夫妻共同财产,在离婚时需要分割。[3] 持此观点者,为了论证主动增值的成立,往往笼统地

---

[1] 1993年最高人民法院发布的《离婚案件财产分割问题意见》第6条规定:"一方婚前个人所有的财产,婚后由双方共同使用、经营、管理的,房屋和其他价值较大的生产资料经过8年,贵重的生活资料经过4年,可视为夫妻共同财产。"

[2] 参见贺剑:《夫妻个人财产的婚后增值归属——兼论我国婚后所得共同制的精神》,载《法学家》2015年第4期。

[3] 参见刘慧、褚立宁:《婚姻纠纷中按揭房产增值部分定性及处理》,载《社科纵横(新理论版)》2013年第28期。

说该部分房屋增值"离不开对方配偶的贡献",〔1〕"凝聚了另一方的心血与贡献"。〔2〕最有力的说理,也不过指出还贷行为使房屋免于被银行行使抵押权。〔3〕

需注意,非购房方只是在婚后参与清偿一方婚前的个人债务,与装修、添附等行为不同,该方以及双方并未直接对房屋进行时间、金钱、智力、劳务的投入,清偿房贷也并不必然导致房屋增值。若说还贷行为使房屋免于被银行行使抵押权进而被拍卖,试想,假如房屋上的抵押债务不是购房贷款而是其他债务,甚至不是购房人的债务,配偶参与清偿债务同样有保全房屋的效果,为何不考虑让配偶因此分享增值利益呢？按照上述主动增值和被动增值的区分,一方婚前所购房屋在婚后的增值(包括共同还贷"相对应财产增值部分")仍然是基于市场行情、通货膨胀等因素而产生的。房贷债务的主体是人而不是房屋,还贷是为人还贷而不是为房屋还贷,还贷行为并不使房屋直接发生增值。

综上所述,房价上涨导致的房屋增值应属于自然增值,从主动增值的路径得不出配偶可以分享婚后还贷对应增值部分的结论。《民法典婚姻家庭编解释(一)》第78条的正当性并不能求诸第26条的主动增值归属规则;非但不能,其正当性反倒还受到第26条自然增值归属规则的挑战。

3."共同投资说"

《婚姻法解释(三)》第10条以及与其一脉相承的《民法典婚姻家庭编解释(一)》第78条突破了本金返还的固有模式,转而采用"谁出资,谁受益"的市场逻辑,用拟制的方法,将购房人从购房到还贷的整个过程看作是一次"投资",将婚后参与共同还贷的配偶看作是中途加入的投资人或合伙人,双方以投资该房产为事业目的,形成了类似于《民法典》合同编第27章规定的合伙合同关系。当双方离婚时,合伙合同终止并进行合伙财产分配,双方按照投资比例分享收益。正因为是投资清算,而不是借贷或者不当得利返还,所以参与还贷的一方才

〔1〕 裴桦:《论夫妻一方婚前财产于婚后所生利益的归属》,载《当代法学》2008年第5期。

〔2〕 范李瑛:《物权变动模式与夫妻财产归属》,载《烟台大学学报(哲学社会科学版)》2010年第2期。

〔3〕 参见潘强、张周斌:《共同还贷,增值部分共有》,载《人民法院报》2008年9月21日,第7版。

不仅可以要求分割主动增值(婚后共同还贷本金),还可以要求分享被动增值(本金所对应的财产增值部分的收益),在特殊情况下甚至不排除将房屋判归非产权登记一方的可能性。[1] 该方不是基于婚姻关系或夫妻共同财产制度,而是基于投资该房产的合伙合同关系,成为相关财产利益的共有人。需要注意的是,这里说的合伙共同投资的合意是拟制的,只是一种解释或者比喻而非事实陈述,很难说夫妻双方真的明示或默示达成了共同投资、缔结合伙合同的约定。

夫妻中的非购房一方在婚后参与还贷,并非主动行为,而是因为对方的婚后收入依法属于夫妻共同财产,用共同财产还贷,非购房方无论是否知情,都在被动参与。有学者在论证前述共同投资理念的正当性时认为:任何财产都不应当被迫向其他财产的投资行为提供无息贷款或者类似的经济支持。但实际上,夫妻财产之间的经济支持往往是被迫的,这种被迫意味着它丧失了在通常市场环境下向第三人提供经济支持时所享有的一系列交易自由,包括决定是否交易,和谁交易,交易方式及交易对价等的自由。而共同投资理念正好构成对上述交易自由丧失的补救,或者说,构成对这种夫妻财产之间的由于交易成本畸高而无法达成的交易的"模拟"。[2]

按此观点,丧失交易自由的被动性是将还贷行为拟制为投资的原因。夫妻中的非购房一方在婚后参与还贷,并非主动行为,而是因为对方的婚后收入依法也属于夫妻共同财产,用共同财产还贷,非购房方是被动参与的。如果不存在这种被迫性,就没有拟制共同投资的必要。这也就可以解释,为什么该规则的适用仅限于"双方婚后共同还贷"的情形,以及为什么一方父母参与还贷或是亲戚朋友参与还贷,不能适用该规则享受房产增值利益。

---

〔1〕 最高人民法院民一庭认为:"对于当事人协议不成时,人民法院判决处理的具体规定前适用了'可以'二字,从'立法'技术看,可以的含义是可以这样,也可以不这样。""该分割方法不是绝对的。不能机械地理解为判决分割此类不动产,舍此一途,别无他径。不能据此完全排除在特殊情况下,将此类房屋判归非产权登记一方所有并由其偿还剩余贷款的可能。"这样做"有利于法官针对具体案件的情况,保护妇女、儿童等在案件中处于弱势的当事人的合法权益"。参见最高人民法院民事审判第一庭编著:《最高人民法院婚姻法司法解释(三)理解与适用》,人民法院出版社2011年版,第165、167页。

〔2〕 参见贺剑:《夫妻个人财产的婚后增值归属——兼论我国婚后所得共同制的精神》,载《法学家》2015年第4期。

三、房产贬值时的共同还贷补偿

司法解释仅言及房产增值情况，如房产贬值，补偿金额是否亦应相应缩水？《婚姻法解释（三）》的征求意见稿曾规定如房屋贬值，补偿数额不得低于夫妻共同还贷部分的1/2，也就是对于非购房方的实际参与还贷金额至少要原额返还。最高人民法院民一庭认为，"既然房价上涨时，另一方要共享升值利益，那么，跌价时不共同承担损失就是不公平的"，[1]因此，司法解释最终删去了这一规定。

但最高人民法院内部对此问题似乎仍有不同观点。有法官认为："假如离婚时房屋出现贬值的情形，从照顾子女和女方权益的原则出发，起码应补偿女方婚后共同还贷部分的一半。"[2]这里说"女方"不够精确，应为"非购房方"。归纳其理由主要有两点：其一仍然是前述的被动性：婚后用于还贷的双方收入均为夫妻共同财产，但购房决策并非由非购房方作出，其对用于还贷的夫妻共同财产难以控制，或者基于家庭和睦的考虑不便提出异议，对还贷这件事是被动的。在此情况下资金被占用，只能赋予其出资增值的利益，不能强加给他/她出资贬损的不利后果。其二是机会丧失。房产价值有波动，取得房产的一方日后尚有扭亏为盈的机会，而另一方获得返还金额缩水，其亏损即成定局，这对于非购房方不公。本书也认为，非购房方的还贷出资应视作保底，而婚前购房方作为购房的发起者和（绝大多数情况下）的房产权利人，由其承担房价下跌的风险，公平合理。这一点，与一般的合伙投资共享利益、共担风险有所不同。

四、小结

本篇总结的六种公式简繁程度有别，所需变量也不尽相同，在具体个案中，都有其现实意义。本书认为对共同还贷补偿金额的计算方法，需体现房产增值发生的时间——婚前的增值不应由婚后才参与共同还贷的一方分享；需契合司

[1] 最高人民法院民事审判第一庭编著：《最高人民法院婚姻法司法解释（三）理解与适用》，人民法院出版社2011年版，第166页。

[2] 吴晓芳：《婚姻家庭纠纷审理热点、难点问答》，载《民事法律文件解读》（2011年第11期）（总第83期），人民法院出版社2011年版，第86页。

法解释的文义——司法解释规定的毕竟只是对“双方婚后共同还贷支付的款项及其相对应财产增值部分”适用分割规则，而不是对整个房屋价值进行分割；需适应尽可能多的情形——比如，房价在婚内是否线性增值，当事人在婚内是否按期等额还贷等。相比较之下，本书认为对公式6的适用和扩展，不失为更加精确的选择。

进一步探究，为什么需要对婚后共同还贷考虑房产增值因素进行补偿，而不是按照借贷或者不当得利的规则进行本金返还？不动产分割说与物权法相冲突，并不足取；主动增值说与夫妻共同财产制度，以及司法解释的其他条文相悖，也有缺陷。本书认为，基于非购房方婚后参与还贷的被动性，将共同还贷行为拟制成共同投资，较为合理。如果婚姻关系存续期间房屋贬值，令非购房方至少可取得相当于其实际还贷金额的补偿，而不承担房价下跌的损失，更为公平。

共同还贷补偿问题本质上是一个价值判断的问题——在制度层面，个人财产和夫妻共同财产的边界到底在哪里；在个案中，当事人的现实利益应如何平衡。

法条链接

《民法典婚姻家庭编解释(一)》

第25条　婚姻关系存续期间，下列财产属于民法典第一千零六十二条规定的“其他应当归共同所有的财产”：

(一)一方以个人财产投资取得的收益；

(二)男女双方实际取得或者应当取得的住房补贴、住房公积金；

(三)男女双方实际取得或者应当取得的基本养老金、破产安置补偿费。

第26条　夫妻一方个人财产在婚后产生的收益，除孳息和自然增值外，应认定为夫妻共同财产。

第31条　民法典第一千零六十三条规定为夫妻一方的个人财产，不因婚姻关系的延续而转化为夫妻共同财产。但当事人另有约定的除外。

第78条　夫妻一方婚前签订不动产买卖合同，以个人财产支付首付款并在银行贷款,婚后用夫妻共同财产还贷,不动产登记于首付款支付方名下的,离婚时该不动产由双方协议处理。

依前款规定不能达成协议的,人民法院可以判决该不动产归登记一方,尚未归还的贷款为不动产登记一方的个人债务。双方婚后共同还贷支付的款项及其相对应财产增值部分,离婚时应根据民法典第一千零八十七条第一款规定的原则,由不动产登记一方对另一方进行补偿。

第三章
CHAPTER 02

父母子女关系制度相关问题

16. 谁是孩子的父母？

——亲子关系的分步认定规则

案情导入

案例 1：甲生前有两段婚姻，第一段婚姻与前妻生育女儿乙，第二段婚姻与配偶丙又生育两个子女。甲去世后，乙要求参与遗产分配。丙私自采集乙的头发，连同甲遗留的生物样本，隐名送鉴定机构进行 DNA 检测，结论排除二人有亲子关系，遂拒绝乙继承甲的遗产，因而成讼。问：甲乙之间法律意义上的父女关系能否被排除？

案例 2：甲、乙系夫妻，妻子乙患有不孕不育疾病。二人婚后通过购买丙的卵子，并由甲提供精子，通过人工体外授精联合胚胎移植技术，有偿委托另一女性丁代孕，生育一子。问：孩子的父母是谁？

案例 3：两对夫妇，妻子临产前住进某医院相邻病床，于同一天分娩，分别诞下一子。28 年后，其中一对夫妇的儿子因患病需要器官移植，在配型时才发现，父母与其并无血缘关系。随后查明，这两个家庭 28 年前阴差阳错地互相抱错了孩子，养育的都不是自己的亲生儿子。问：应如何认定这两个儿子的父母？

裁判法理

从上述问题可以看出,认定父母子女关系,并非生活中的大多数情况下的理所当然,有时也会面临法律上的纠葛和困境。认定父母子女关系的目的在于适用或排除适用关于父母子女关系的法律规定,从而确定当事人的权利义务。未发生抚养教育事实的继父母子女只能视为姻亲,民间还有认“干爹干妈”的习俗,这些情况都不存在父母子女间的权利义务。本篇所称的父母子女关系的认定,特指对法律上父母子女间权利义务的主体认定,包括生父母子女、养父母子女、存在抚养教育事实的继父母子女。[1] 这其中,生父母子女为自然血亲的亲子关系,其余皆为法律拟制的亲子关系。

一、自然血亲之亲子关系认定的通常模式

自然血亲的亲子关系中,母亲可由分娩的事实加以认定,但对生父的认定,则没有这么显而易见。即使在基因鉴定技术已足够成熟的今天,通常情况下,认定父子关系并不依赖亲子鉴定报告,而是建立在对婚生子女、非婚生子女进行区分的基础上。

1. 婚生子女的推定和否认

(1)婚生子女的推定

很多国家和地区的立法都存在“婚姻示父”的原则,即在母亲婚姻关系存续期间受胎或者出生的子女,推定该婚姻关系中的丈夫就是这个孩子的父亲(父性推定),这个孩子就是该婚姻关系中的丈夫与妻子的婚生子女(婚生推定)。当然,受胎时间也是推定的,各立法例规定有所不同,如德国规定自出生日回溯181 天起至 302 天止为受胎期间,法国规定为出生前的 300 天至 180 天。日本规定自婚姻成立之日起 200 日后或自婚姻解除、撤销之日起至 300 日内所生子女,推定为婚姻中受胎。至于是以受胎时间在婚姻关系存续期间为准(受胎说),还是以

[1] 有的国家还有“事实上的或社会的父母身份”,参见刘征峰、杨狄:《论现代家庭法中的事实亲子关系》,载《法大研究生》2014 年第 1 期。

出生时间在婚姻关系存续期间为准(出生说),或者综合两种标准(混合说,以受胎说为原则出生说为补充,或者出生说为原则受胎说为补充),各立法例也有不同。

(2)婚生子女的否认

由上可知,婚生推定建立在对婚姻道德信任的基础上。但推定毕竟不等同于事实,当二者不一致时,为了保护真实血缘关系之下各方当事人的利益,法律规定相关主体可以通过诉讼,对婚生推定的亲子关系予以否认;同时,否认的权利也受到限制。

首先,法律对否认主体有限制,不是任何主体都可以提起亲子关系否认之诉。我国台湾地区早先规定,仅丈夫享有亲子关系否定权,后于1985年改为夫妻任何一方均有权提起,又于2007年改为子女也有权提起。法国、日本规定仅丈夫或其权利的继承人享有否认权,瑞士规定丈夫和子女享有否认权,德国规定夫妻双方和子女均享有否认权。[1] 其次,法律对否认的提起时间有限制。例如,我国台湾地区原先规定,提起否定之诉,应在知悉子女出生之日起1年之内为之,后又修订为知悉该子女为非婚生子之日起2年内为之。德国规定父母仅得在"知悉不利于父的身份的情况时起"2年内否认婚生,子女成年后的否认应在成年后的2年内提出。[2] 此外,有的国家或地区规定如果丈夫同意承认该子女为婚生,即使不存在真实的血缘关系,否认权也归于消灭。[3]

2. 非婚生子女的认领与准正

(1)非婚生子女的认领

非婚生子女包括没有婚姻关系的母亲所生的子女,也包括婚生推定被否认的子女。生父对于非婚生子女,承认为其父而认领为自己子女的行为,称为非婚生子女的认领。认领包括任意认领和强制认领。任意认领是生父自愿的单独行为;强制认领是指对于应认领而不认领的生父,非婚生子女等主体向法院请求确认生父子女关系的存在,又称生父之寻认。认领以真实的父子血缘关系为前提,

---

〔1〕 参见最高人民法院民法典贯彻实施工作领导小组主编:《中华人民共和国民法典婚姻家庭编继承编理解与适用》,人民法院出版社2020年版,第223页。

〔2〕 参见[德]迪特尔·施瓦布:《德国家庭法》,王葆莳译,法律出版社2010年版,第283页。

〔3〕 如《日本民法典》第776条。

且只能对非婚生子女进行认领。如果该子女被推定为他人的婚生子女，在完成婚生子女否认之前，不得认领。即使这些条件都满足，但若认领对被认领人有害，则被认领人或生母可以否认认领。[1]

(2)非婚生子女的准正

非婚生子女因生父母结婚而取得婚生子女的法律地位，称为非婚生子女的准正。关于准正效力的发生时间，有观点认为准正的效力发生自父母结婚时，不具有溯及力；有观点认为准正的效力溯及子女出生时。[2]

3. 我国法律的相关规定

(1)我国法律上的婚生子女、非婚生子女

我国《民法典》仅在第1071条、第1127条有关于婚生子女、非婚生子女的规定，强调的恰恰是非婚生子女和婚生子女享有同等的权利，具有同样的法律地位，避免对非婚生子女和婚生子女区别对待。尽管如此，在亲子关系的认定上，进行婚生、非婚生的区分仍然是必要的，否则，父子关系将无从推定，一律采用血缘真实标准认定父子关系是不现实的。若将血缘真实作为认定父子关系的唯一标准，维护婚姻家庭关系稳定的重要价值也将被忽略。区别婚生子女和非婚生子女，不是在权利义务、法律地位上区别对待，只是在概念上相区别。

我国法律未对婚生子女、非婚生子女给出明确定义，《民法典》中也无婚生推定的明确规定。但"婚姻关系存续期间出生的子女一般应认定为婚生子女是人民法院在审判实践中掌握的一项不成文的办案规则"。[3] 1956年《最高人民法院关于徐秀梅所生的小孩应如何断定生父问题的复函》认为："按这小孩是在双方婚姻关系继续存在中所生的，男方现主张非其所生，应提出证据证明。男方既提不出任何证据而法院亦无法另找证明方法，在这种情况下，法院只能认为男方的主张不能证明，在这认定下对小孩问题予以判决。"这份文件，就体现了婚生推定原则，且对婚生子女的定义采用出生说。

---

[1] 参见林秀雄：《婚姻家庭法之研究》，中国政法大学出版社2001年版，第183页。

[2] 参见陈棋炎、黄宗乐、郭振恭：《民法亲属新论》，台北，三民书局2018年版，第251页。

[3] 最高人民法院民法典贯彻实施工作领导小组主编：《中华人民共和国民法典婚姻家庭编继承编理解与适用》，人民法院出版社2020年版，第223页。

(2)亲子关系异议之诉

《民法典》第1073条是关于亲子关系异议之诉的新规定。该条款并未区分婚生子女、非婚生子女,未建立上述推定、否认、认领、准正等制度,而是将亲子关系异议之诉分为确认之诉和否认之诉。

请求确认亲子关系的主体,是具有真实血缘关系的父母或者成年子女。父母之一作为原告起诉,既包括请求确认自己和子女之间的亲子关系,也包括请求确认被告(父母另一方)和子女之间的亲子关系;成年子女也可以作为原告起诉,请求确认自己和父母之间的亲子关系。第一种情况类似于任意认领,后两种情况类似于强制认领。能否对他人的婚生推定子女提起亲子关系确认之诉?能否在自己作为婚生推定子女的情况下,要求确认婚生推定关系以外的他人是自己的父亲?《民法典》虽未明文禁止,但这些情况实际上是通过确认亲子关系否认既存的亲子关系,可归为"无正当理由",从而在解释上禁止之,方为妥当。

请求否认亲子关系的主体,仅限于不具有真实血缘关系的父亲或者母亲。之所以将成年子女排除在外,是为防止其逃避对父母的赡养义务,不符合社会主义核心价值观的要求。[1] 有权威观点认为,否认亲子关系是"请求确认自己和子女之间不存在亲子关系,类似于婚生子女否认制度"。[2] 即父亲或者母亲认为现存的亲子关系是错误的,自己不是该子女生物学意义上的父亲或者母亲。[3] 照此理解,似乎不能否认他人和子女之间的亲子关系,实则将否认父子关系的主体限于婚生推定关系中的父亲,甚至不允许母亲起诉要求否认父亲和子女的亲子关系。当然,该观点在《民法典》中也未见明文,然或不然,都可根据具体情况,以"正当理由"解释之。由此也可看出,《民法典》第1073条中"正当理由"的丰富内涵。

(3)当事人不配合鉴定的法律后果

《民法典婚姻家庭编解释(一)》第39条规定,在亲子关系异议之诉中,原告

---

〔1〕参见黄薇主编:《中华人民共和国民法典婚姻家庭编释义》,法律出版社2020年版,第126页。

〔2〕最高人民法院民法典贯彻实施工作领导小组主编:《中华人民共和国民法典婚姻家庭编继承编理解与适用》,人民法院出版社2020年版,第222页。

〔3〕参见黄薇主编:《中华人民共和国民法典婚姻家庭编释义》,法律出版社2020年版,第125页。

已提供必要证据予以证明，另一方没有相反证据又拒绝做亲子鉴定的，法院可以推定原告的主张成立。该规定符合《证据规则》中的"证明妨碍"制度，但不可据此认为只要另一方不配合做亲子鉴定，法院就一定会支持原告。该条司法解释适用的前提是原告已提供必要证据，证明的内容应为实体法上请求确认或者否认亲子关系的具体条件，尤其是"有正当理由"。如原告做不到这一点，亲子鉴定根本不会启动，更谈不上另一方必须配合。

二、判断血缘关系的标准之辨：以人工生殖为例

请求确认亲子关系的，其主张因何为是？请求否认亲子关系的，其所欲否认的亲子关系又因何为非？皆因真实的血缘关系存在与否。何为真实的血缘关系，自然生育情况下毫无疑义，但随着人工生殖技术的发展，血缘关系的判断遭遇了重大挑战。

1. 人工生殖的概念厘清

人工生殖，"指利用生殖医学之协助，以非性交之人工方法达到受孕生育目的之技术"。[1] 从医学技术角度看，目前已经实现或可能实现的人工生殖方式包括体内人工授精、体外人工授精、无性生殖即克隆技术。其中，克隆技术存在严重的伦理问题，目前尚无应用于人类生殖的先例，暂不讨论。体外人工授精可以实现卵子提供者（卵母）和孕育分娩者（孕母）不是同一人，据此分为卵母与孕母一致、卵母与孕母不同两种类型。

上述分类并未带入任何法律或社会意义上的因素，如当事人的身份关系、意愿等。若考虑这些因素进行分类，局面会更加复杂。如果精子提供者与孕母为夫妻关系，即为夫精人工授精（又称"同质人工授精"，AIH）；如果夫妻使用捐献者的精子进行人工授精，即为供精人工授精（又称"异质人工授精"，AID），在医学技术上与人工授精术无关的丈夫也成了当事人，还要区分丈夫是否同意；此外，孕母如果是单身，情况又不一样。但就医学技术而言，上述情况并无不同。再以代孕为例，代孕的本质是代别人怀孕，即不欲建立亲子关系的女性，直接或

---

〔1〕 陈棋炎、黄宗乐、郭振恭：《民法亲属新论》，台北，三民书局2018年版，第276页。

间接接受欲与所生子女建立亲子关系的他人的指使,通过体内或体外人工授精方式,受孕分娩子女。这个“他人”,就是代孕关系中的“意愿父亲”“意愿母亲”。“欲”与“不欲”,都是指当事人的意愿。意愿是典型的法律或社会因素,剥离掉这层因素,代孕显然不是一种独立的人工生殖技术。综上所述,不同的分类标准不能混为一谈。

在认定父子关系的过程中,判断真实血缘在逻辑上是婚生推定之后的步骤,是对婚生推定的结论(包括婚生推定无结论)的否定。当事人之间的婚姻关系,无论有无,在进行婚生推定时已考虑过,不需要进一步考虑。而当事人的意愿,与真实血缘无关,也应另行考虑。至于母子血缘关系的判断,更是生物意义上的事实判断,与婚姻关系、当事人意愿无关。总之,判断真实血缘只需聚焦于对生物意义联系的考察,无须把所有因素都搅入其中,徒增不必要的干扰。

需要考察哪些生物意义联系呢?在自然状态下,精子来源父亲、性行为父亲是同一人,卵子来源母亲、性行为母亲、孕育分娩母亲是同一人。而在人工生殖技术辅助下,就父亲而言,人工生殖中不存在性行为父亲,只有精子来源父亲;就母亲而言,也不存在性行为母亲,卵母和孕母可以是同一女性,也可以是不同的女性。生物意义联系的减少和分化,就是人工生殖技术对真实血缘判断带来的重大挑战。

2. 人工生殖中父子血缘关系的认定

父之概念不是自然的,而是社会的,是人类社会发展到一定阶段的产物。“母系社会的子女不但不是父亲的继承者,甚而通常不被认为父亲所出。”[1]西方人类学家通过对一些太平洋岛屿土著居民的观察发现,特罗布里恩德岛民不知道人是有父亲的,他们认为孩子是由神灵带来并放在他母亲的怀里。美拉尼西亚人不承认父亲这一角色的存在,在他们看来,“上帝,父亲”应当改为“上帝,舅舅”。[2] 至于孩子母亲的“丈夫”,人们只认为孩子是他“妻子”的孩子,而不能认识到孩子是他的孩子。

---

〔1〕 [英]勃洛尼斯拉夫·马林诺夫斯基:《两性社会学·母系社会与父系社会之比较》,李安宅译,上海人民出版社2003年版,第207页。

〔2〕 [英]罗素:《性爱与婚姻》,文良文化译,中央编译出版社2005年版,第12~14页。

也许无法确定世界各地的不同族群认识到男性与生育之间关联的具体时间,但可以肯定,只有当人们认识到每一个孩子的孕育都和一个男性有关时,才会产生生父观念,在此之前则“只知其母,不知其父”。这里的“不知”不是说不知道父亲是谁,而是根本没有父亲这个概念。这一观念觉醒,加上私有财产的出现,专偶制家庭即一夫一妻制家庭就走上了历史舞台。因为一夫一妻制的明显目的,“就是生育有确凿无疑的生父的子女;而确定这种生父之所以必要,是因为子女将来要以亲生的继承人的资格继承他们父亲的财产”。[1]

当人们终于明白女性怀孕不是因为“吞玄鸟卵”[2]“履大人迹”[3]或者梦中有感,最初只可能通过观察和经验总结认识到,是男女之间发生的性行为导致了女方怀孕,从而建立起男性与生育的关联。这是思想上祛魅的一大步。性行为私密发生,且发生性行为又不一定怀孕,受孕源于女方与谁的性行为并不易确定。人们相信,导致女性怀孕的男性与所生子女之间存在可识别的表征,有疑义时,就通过这些表征进行推测。推测方法起初是不科学的,如滴血认亲、滴骨认亲之类。19 世纪末,人类开始通过血型比对来检测亲子关系,但只能在部分情况下用于否认亲子关系。20 世纪 70 年代出现的人类白细胞抗原(HLA)亲子鉴定技术,准确率可以达到 80%,仍不够理想。[4] 直到 DNA 分型鉴定技术的应用,否定亲子关系的准确率几近 100%,肯定亲子关系的准确率达到 99.99%[5],确定生父才有了相对准确的科学方法。

由此可见,确定父子血缘关系即确定生父,其实是要推测导致女方怀孕的性行为主体。而滴血认亲、滴骨认亲、人类白细胞抗原检测、DNA 分型鉴定,以及未来可能出现的更为先进的鉴定技术,都是推测的方法,推测所依据的这些表征并不是需要确定的对象本身。古已有之的生父观念,不可能基于晚近才出现的

---

〔1〕 恩格斯:《家庭、私有制和国家的起源》,人民出版社 2018 年版,第 65 页。

〔2〕《史记·殷本纪》。

〔3〕《史记·周本纪》。

〔4〕 在我国司法实践中,最高人民法院采取了审慎的态度,一方面同意采用此项技术;另一方面强调要结合其他证据,综合分析判断。参见 1987 年发布的《最高人民法院关于人民法院在审判工作中能否采用人类白细胞抗原作亲子鉴定问题的批复》(已失效)。

〔5〕 参见最高人民法院民事审判第一庭编著:《最高人民法院婚姻法司法解释(三)理解与适用》,人民法院出版社 2011 年版,第 49 ~ 50 页。

基因科学理论而建立,只能说,在“性行为主体和基因来源一致”(自然生殖)的前提下,DNA 分型鉴定技术取代了以往不科学、不准确的推测方法,可以精确判断性行为主体。但在人工生殖情况下,上述前提不复存在,基因来源也就不能成为确定父子血缘关系的依据。

这就可以解释,精子捐献者为何不被认定为所生子女的生父;又如盗取他人精液受孕的情况,可想而知基因说不足为据。这也可以解释,为什么男性不能以发生性行为时没有生育意愿为由,拒绝承认父子血缘关系。综上,本书认为,真正的父子血缘关系即生父的认定标准是性行为。通过性行为导致女方怀孕的男性,是所生子女的生父,在这一事实认定基础上进行亲子关系否认或确认的法律程序,才能推翻婚生推定的结论。人工生殖中不存在性行为,故不存在可以推翻婚生推定结论的生父,但这并不妨碍通过在先的婚生推定步骤推定(其实是拟制)生父。根据《民法典婚姻家庭编解释(一)》第 40 条的规定,在婚姻关系存续期间,夫妻双方一致同意进行人工授精,无论是夫精人工授精还是供精人工授精,所生子女均应视为婚生子女。其婚姻关系存续期间的限制,就体现了婚生推定的原则;较之自然生育的婚生推定,特殊条件是夫妻双方一致同意。该规定不适用于非婚生的情况,如果是人工生殖且非婚生的子女,则不认为其有生父。

3. 人工生殖中母子血缘关系的认定

卵母和孕母合一自不必说,若二者分离,[1]应以卵子来源(基因说)还是孕育分娩(分娩说)作为认定母子血缘关系的依据?此种情况下,孕母与所生子女虽然没有基因关系,但在怀孕期间,胎儿生存和发育所需要的一切都要借助孕母的血液循环,通过脐带输送,这些生物意义联系至为重要。就卵母而言,尽管从女性体内取出卵子过程较之男性精子捐献更为复杂,当事人会经历更多不适乃至痛苦,但其本质与精子捐献并无不同。

女性十月怀胎之辛苦,一朝分娩之剧痛,这个生理过程才是建立母子血缘关系的基础。在怀孕期间,孕母与胎儿建立起生理和心理上的纽带,悉心养护胎儿的孕育;在分娩时,“母亲之生子须冒生命的危险,母子之间就发生了亲爱

---

〔1〕 我国《人类辅助生殖技术规范》允许接受卵子赠送或胚胎赠送。

感情”。[1] 通过比较卵母和孕母为孩子出生所作的贡献和所承担的风险，对母子血缘关系的认定应采用“分娩说”。

还须考虑，在法律上认定生母身份，目的是适用相关的法律规范。这些规范中的权利义务设定与长期以来的社会生活密切相关，具有经过现实生活检验的合理性。当新技术产生新的身份时，是否需要设定新的法律身份，以及如何设定新的法律身份所享有和负担的权利义务，均须慎重对待，而不能理所当然地直接套用既有的法律身份规则于其上。传统上人们不可能料想到与孕母相分离的卵母存在，关于母亲身份的一切法律规范乃至社会规则，都是以孕育分娩者为原型而设定的。因此，对母子血缘关系的认定也应遵循传统采用“分娩说”。

由此可见，与父子关系一样，基因关系不等于血缘关系，基因联系只是表象，决定血缘的因素另有其他。而且母子关系更进一步，有母子基因关系未必有母子血缘关系，有母子血缘关系也未必有母子基因关系。2020 年厦门市湖里区人民法院对一起女同性恋伴侣分手后争夺孩子抚养权的案件作出一审判决，即采用“分娩说”判决二人中孕育分娩的一方为孩子的母亲，驳回了提供卵子的一方当事人请求确认其与孩子之间存在亲子关系的诉讼请求。[2]

三、拟制血亲之亲子关系的认定

前述内容，说的都是自然血亲之亲子关系即生父母子女关系的认定。除自然血亲外，对于拟制血亲的父母子女，也适用法律上父母子女间的权利义务。所谓拟制血亲，指血缘上本无亲子关系的人之间，法律拟制其有亲子关系。具体又可分为以下几种。

1. 基于法律行为的拟制亲子关系的认定

(1)养父母子女关系的认定

养父母与养子女之间的关系是典型的拟制血亲的亲子关系。同结婚行为类

---

〔1〕［德］鲁道夫·冯·耶林：《法律的斗争》，萨孟武译。转引自王泽鉴：《民法总则》，北京大学出版社 2009 年版，第 3 页。

〔2〕参见湖里法院：《她们都说自己是孩子的妈妈》，载微信公众号“湖里法院”2020 年 9 月 9 日，https://mp.weixin.qq.com/s/eaVO6cZj6W6sBGFAvp-N3A。

似,收养行为也是建立身份关系的法律行为,该行为的法律效果是使原来没有血亲关系的收养人和被收养人的身份关系发生了改变,使收养人成为养父、养母,被收养人成为养子、养女,从而适用父母子女间的权利义务,并使养子女与生父母以及其他近亲属间自然血亲的权利义务关系消除。鉴于养父母子女关系的认定在收养制度中已有详细规定,此处不予赘述。

(2)其他基于法律行为拟制亲子关系的认定

除收养之外,现实中常见的其他以拟制亲子关系为内容的法律行为,一种是不符合法定收养条件的所谓“私自收养”或非法收养,当然不发生法律效力,不能据此认定亲子关系;[1]另一种即为代孕。如前所述,代孕不是一种独立的人工辅助生殖技术,该行为和当事人的意愿密切相关,意愿父母(可能只有一方)虽与子女无亲子关系但欲建立亲子关系,孕母虽与子女有亲子关系但同意消除该关系,各方的意思达成合致,可见代孕行为本身就包含着一个协议,无论该协议是否是书面的。

协议作为契约法律行为,其法律效力也需遵循法律行为的一般原理。就其内容而言,需满足确定、可能、适法、妥当等要求。我国目前涉及代孕的规范性文件主要有:2001 年原卫生部发布的《人类辅助生殖技术管理办法》和 2015 年由包括原国家卫计委办公厅在内的 12 个部门联合发布的《开展打击代孕专项行动工作方案》。从文件效力层级来看,这两份文件都不是《民法典》第 153 条所规定的对其违反可导致法律行为无效的“法律、行政法规”。从规定内容看,这两份文件禁止医疗机构、中介机构及其相关人员从事与代孕相关的服务和业务。本书认为代孕协议的内容违背公序良俗,依法应属无效,即不会发生拟制亲子关系的法律后果,不能据此认定亲子关系。

2. 非基于法律行为的拟制亲子关系的认定

(1)存在抚养教育事实的继父母子女关系的认定

通说认为,继子女是指对配偶一方而言,另一方与其前配偶所生的子女。并认为继父母子女关系是由于父母离婚或一方死亡后,父亲或母亲与他人再婚而

---

〔1〕 但如果形成了以父母子女的名义和实质共同生活的事实,则另当别论,后文详述。

形成。[1] 此种认识以偏概全，只要是结婚之前配偶与他人所生的子女，无论配偶与他人是否曾有婚姻关系，该子女都是继子女。域外立法普遍不认为继父母子女是拟制血亲关系。“固有法制上之继父母子女，在民法上只构成姻亲关系。”[2]我国关于继父母子女关系的规定则独树一帜。《民法典》第1072条第2款规定：“继父或者继母和受其抚养教育的继子女间的权利义务关系，适用本法关于父母子女关系的规定。”根据该条规定，发生了抚养教育事实的继父母子女构成拟制血亲，且不消除自然血亲的权利义务关系。

抚养教育不是民事法律行为，在法律事实中归属于事实行为。抚养教育不仅指支付生活费等经济支持，从立法用语的历史变迁来看，原本是指父母对未成年子女权利义务的概括总称，即父母监护职责。[3] 该行为应当是持续性的，具体期限法律没有明确规定，学者的主张有2年、3年、5年不等。[4] 假如只是偶然的、短期的共同生活或照顾，不构成抚养教育。时间的经过属于法律事实中的状态，因此，这种拟制亲子关系的基础，是事实行为和状态的结合。

继父母子女拟制血亲的条件是单向的，不能和继父母子女形成继承关系的双向条件混淆。根据《民法典》第1127条的规定，本编所称的子女、父母，包括有扶养关系的继子女、继父母。该条款使用“扶养”而不是“抚养”，表明既包括继父母抚养继子女的情形，也包括继子女赡养继父母的情形；使用“本编所称”而不是“本法所称”，表明有扶养关系的继父母子女之间适用继承编的规定，但未必适用婚姻家庭编的规定。如果继子女未受继父母抚养教育，但继父母年老后继子女长期赡养扶助继父母的，双方互为第一顺序继承人，但不能说双方都在世时适用父母子女间的权利义务。[5] 本书认为其内在逻辑是，不能让继子女的善举成为义务。

---

〔1〕 参见巫昌祯主编：《婚姻家庭法新论》，中国政法大学出版社2002年版，第244页；陈苇主编：《婚姻家庭继承法学》（第3版），中国政法大学出版社2018年版，第154页；杨立新：《家事法》，法律出版社2013年版，第194页。

〔2〕 陈棋炎、黄宗乐、郭振恭：《民法亲属新论》，台北，三民书局2018年版，第232页。

〔3〕 参见高兴：《刍议我国父母对未成年子女监护制度》，载《上海法学研究》2020年第9卷。

〔4〕 参见夏吟兰、李丹龙：《民法典婚姻家庭编亲属关系通则立法研究》，载《现代法学》2017年第5期。

〔5〕 参见黄薇主编：《中华人民共和国民法典继承编释义》，法律出版社2020年版，第48～49页。

(2)基于“亲子身份生活事实”的拟制亲子关系的认定

假如当事人并非亲生父母子女,又不存在收养关系,也不是继父母子女,但长期以父母子女的名义和实质共同生活,能否拟制父母子女关系?我国法律对此无规定,但司法实践中的回答并非全然为否。在著名的上海龙凤胎监护权案的二审判决中,代孕所生的龙凤胎并非源自陈某(妻子)的卵子,法院基于“陈某与孩子共同生活已有五年,其间,陈某已完全将两名孩子视为自己的子女,并履行了作为一名母亲对孩子的抚养、保护、教育、照顾等诸项义务”的事实,认定陈某与子女形成“有抚养关系的继父母子女关系”。[1]

案例:陈某与罗某甲、谢某某监护权纠纷案(龙凤胎监护权案)[2]

罗乙系罗某甲、谢某某之子。罗乙与陈某于2007年4月28日登记结婚。婚后,罗乙与陈某通过购买他人卵子,并由罗乙提供精子,通过体外授精联合胚胎移植技术,出资委托其他女性代孕,生育一对异卵双胞胎即罗某丁(男)、罗某戊(女),两名孩子出生后随罗乙、陈某共同生活。2014年2月7日罗乙因病经抢救无效死亡,嗣后,陈某携罗某丁、罗某戊共同生活至今。2014年12月29日,罗某甲、谢某某提起本案监护权之诉,诉请判决罗某甲、谢某某为罗某丁、罗某戊的监护人;陈某将罗某丁、罗某戊交由罗某甲、谢某某抚养。一审法院支持了罗某甲、谢某某的诉讼请求,二审法院则撤销了一审判决,改判驳回其诉讼请求。

本案判决对“儿童最大利益原则”的适用引人关注。该原则源于《联合国儿童权利公约》,我国是该公约的缔约国,且2020年颁布的《民法典》中对该原则也多有体现。因此,在涉及未成年人的纠纷处理时,这一原则应当被始终遵循。但需注意,儿童最大利益原则并不是一项独立的认定父母子女关系的依据。仍以该案为例,法院是在认定了陈某继母身份的前提下,在确定子女监护权归属时才适用了儿童最大利益原则,而不是依据该原则认定陈某的母亲身份。[3] 试想,假如陈某未被认定为继母,无论孩子随她共同生活对孩子多么有利,她恐怕

[1] 在该判决书中,法院也坚持“分娩者为母”的原则,对代孕行为持否定立场。

[2] 参见上海第一中级人民法院民事判决书,(2015)沪一中少民终字第56号。

[3] 而且,该判决书明确表示:“‘子女利益最佳说’以子女最佳利益作为认定亲子关系的依据,此与我国传统的伦理原则及价值观念不相符合,缺乏社会文化基础。”

都没有和孩子的爷爷奶奶争夺监护权的资格。[1] 假如本案中的龙凤胎成年之后才发生认定亲子关系的纠纷,此时无所谓儿童最大利益,是否就不能认定陈某为母亲呢？恰恰相反,因为此时当事人以母子身份生活的时间更长,双方的情感联系更密切,更应该作此认定。由此可见,该案中认定亲子关系的依据并不是儿童最大利益,而是亲子身份的生活事实。

法院对陈某继母身份的认定,突破了继父母子女的一般定义,实际上是对不具有生父母子女、养父母女子、继父母子女关系的当事人,在其存在亲子身份的生活事实的情况下,类推适用继父母子女的相关规范,使其发生父母子女间的权利义务。这样做的根本理由是:如果当事人之间已经形成了稳定的亲子身份生活事实,建立起与真正的父母子女别无二致的情感联系,法律对这一事实所形成的人伦秩序就应当予以尊重。这种拟制的亲子关系,也并不消除自然血亲的权利义务关系。在代孕、错抱婴儿、事实收养等情况下,都有进行上述类推适用的空间。但对于丈夫不知情而对妻子同婚外第三人所生子女进行抚养即“欺诈性抚养”的情况,则需慎重考虑。

四、小结

法律上亲子关系的认定,如果想要针对不同的情形,找到某种“一步到位”的具体标准,难免顾此失彼。问题的解决,需要在亲属法一般理论的基础上,建立分步骤、分层次的认定规则。

对于待认定的父母子女关系,首先应进行自然血亲的亲子关系认定。就父子关系而言,又要分步骤进行:先是以母亲的婚姻状况和子女的出生时间为标准,进行父亲身份的婚生推定,结论不外乎该子女是婚生子女——有推定血缘关系的生父,或者是非婚生子女——没有推定血缘关系的生父。对于婚生子女,有

---

〔1〕 对于原告祖父母的身份,也有可商榷之处。法院在该案中认为,提供精子的丈夫罗某是代孕龙凤胎的生父,进而认定丈夫的父母是孩子的祖父母。本书对此持不同意见。罗某和孩子之间不存在婚生推定,也不能适用性行为说确定血缘关系,仅凭基因联系不能认定其为生父。但罗某与孩子之间存在亲子身份生活事实,同样可以类推适用继父母子女的相关规范。存在抚养教育事实的继父,其父母并不是孩子的祖父母,法律上也不存在“继祖父母”的身份,但本案原告也可基于亲属身份生活事实,被拟制为孩子的祖父母。

资格的主体可提起否认之诉,若婚生推定结论被真实血缘关系推翻,该子女就又成为非婚生子女;对于非婚生子女,有资格的主体可以提起确认之诉,以确认其有真实血缘关系的生父。上述真实血缘关系的判断标准,应采用性行为说。认定母子关系则完全是事实判断,判断标准应采用分娩说而不是基因说。通过上述步骤,即可认定该子女的生父母。人工生殖的情况,不需要作特别考虑。

在进行自然血亲的亲子关系认定之后,还需进行拟制血亲的亲子关系排查,按照基于法律行为的拟制亲子关系、非基于法律行为的拟制亲子关系的顺序进行。就前者而言,代孕协议因违背公序良俗而无效,仅需考察是否存在养父母子女关系,如果存在,即消除生父母子女间的权利义务。就后者而言,要先进行有抚养教育事实的继父母子女关系排查,如果存在,即适用父母子女间的权利义务,且不消除生父母子女间的权利义务;再进行基于亲子身份生活事实的拟制亲子关系的排查,如果存在,可类推适用有抚养教育事实的继父母子女关系相关规定。

回到文初案例提出的问题:在案例 1 中,根据婚生推定的结论,乙是甲的婚生子女,即甲是乙推定的生父。虽然丙掌握甲乙不具有亲子关系的医学鉴定结论,但鉴于甲已经去世,丙不是提起否认亲子关系之诉的适格主体,故婚生推定的结论无法被推翻,甲乙之间的父女关系在法律上仍然成立。在案例 2 中,依据分娩说,孩子的生母是丁,在现实中丁的身份往往是无法查明的;丁和甲不存在婚姻关系也未发生性行为,故孩子没有生父;甲乙和孩子之间存在亲子身份生活的事实,可以类推为“有抚养教育事实的继父母子女”拟制亲子关系,适用父母子女间的权利义务。在案例 3 中,两个儿子和亲生父母之间的亲子关系,不因 28 年的“错换人生”而消除;对于养育他们的“父母”,基于亲子共同生活的事实,本书认为同样可以拟制亲子关系,且与亲生父母子女关系并存。

法条链接

《民法典》

第 1071 条　非婚生子女享有与婚生子女同等的权利,任何组织或者个人不得加以危害和歧视。

不直接抚养非婚生子女的生父或者生母，应当负担未成年子女或者不能独立生活的成年子女的抚养费。

第1073条 对亲子关系有异议且有正当理由的，父或者母可以向人民法院提起诉讼，请求确认或者否认亲子关系。

对亲子关系有异议且有正当理由的，成年子女可以向人民法院提起诉讼，请求确认亲子关系。

第1127条 遗产按照下列顺序继承：

（一）第一顺序：配偶、子女、父母；

（二）第二顺序：兄弟姐妹、祖父母、外祖父母。

继承开始后，由第一顺序继承人继承，第二顺序继承人不继承；没有第一顺序继承人继承的，由第二顺序继承人继承。

本编所称子女，包括婚生子女、非婚生子女、养子女和有扶养关系的继子女。

本编所称父母，包括生父母、养父母和有扶养关系的继父母。

本编所称兄弟姐妹，包括同父母的兄弟姐妹、同父异母或者同母异父的兄弟姐妹、养兄弟姐妹、有扶养关系的继兄弟姐妹。

《民法典婚姻家庭编解释（一）》

第39条 父或者母向人民法院起诉请求否认亲子关系，并已提供必要证据予以证明，另一方没有相反证据又拒绝做亲子鉴定的，人民法院可以认定否认亲子关系一方的主张成立。

父或者母以及成年子女起诉请求确认亲子关系，并提供必要证据予以证明，另一方没有相反证据又拒绝做亲子鉴定的，人民法院可以认定确认亲子关系一方的主张成立。

第40条 婚姻关系存续期间，夫妻双方一致同意进行人工授精，所生子女应视为婚生子女，父母子女间的权利义务关系适用民法典的有关规定。

17. 错误抚养了他人子女怎么办？

——“欺诈性抚养”中的男方权利救济路径

案情导入

蒋某与张某于2004年3月4日登记结婚，蒋某于2008年9月14日生育一子张某某。后夫妻感情不睦。张某于2014年4月25日委托鉴定机构对张某和张某某进行亲子鉴定。鉴定结论为：不支持张某与张某某之间存在亲生血缘关系。张某遂向法院提起离婚诉讼，并要求判令蒋某承担张某养育张某某的抚养费41,387.5元，另赔偿张某精神损害抚慰金10万元。[1] 问：张某的诉讼请求有没有法律依据？

裁判法理

一、从“欺诈性抚养”到“误认抚养”

题述案例中张某这种情况，以往理论研究和司法实务中多称为“欺诈性抚养”。这一概念从未在我国的法律规范中正式出现过。在学理上，率先提出该概念并进行全面阐述的学者是杨立新教授，他认为：“在婚姻关系存续期间乃至离婚以后，妻明知其在婚姻关系存续期间所生子女为非婚生子女，而采取欺诈手段，称其为婚生子女，使夫承担对该子女的抚养义务的，可称之为欺诈性抚养关系。”[2]

欺诈者主观上只能是故意的。女方明知该子女与男方没有血缘关系，故意虚构事实、隐瞒真相，使男方误认为该子女是自己的亲生子女，这是典型的欺诈情形。但有没有这种可能：女方存在过失的心理状态，同样使男方错误抚养了非

---

〔1〕 参见《最高人民法院12月4日公布婚姻家庭纠纷典型案例》第36件，载最高人民法院官网2015年12月4日，http://www.court.gov.cn/zixun-xiangqing-16211.html。

〔2〕 杨立新：《论婚生子女否认与欺诈性抚养关系》，载《江苏社会科学》1994年第4期。

亲生子女呢？如女方在短期内分别和男方及第三人发生过性关系，并不确定所生子女的父亲是谁，但抱有侥幸心理，直至通过亲子鉴定才确定该子女与男方无血缘关系。此外，有没有可能在女方无过错的情况下发生了这种错误抚养？如女方短期内分别和两名男子发生过性关系，与前者未采取避孕措施，与后者采取了避孕措施，女方自己内心都确信该子女系前者亲生，但实际情况恰恰相反。

需注意，上述女方存在故意、过失的过错，或者不存在过错，都是指女方就“使男方不明真相”的过错而言，而非指其违反夫妻忠实义务的过错。上文特意使用“男方”而不是“丈夫”，意即男女双方未必存在夫妻关系，也就未必存在夫妻忠实义务的适用。即使该男方确实是女方的丈夫，“出轨”和“隐瞒”往往相伴而生，但也并非总是如此，出轨的情况一般存在隐瞒，反之则未必。例如，女方婚前与他人发生性关系，短期内结婚后又与丈夫发生性关系，女方不存在出轨，但若其明知所生子女不是丈夫亲生而不告知丈夫，就存在隐瞒，存在“使丈夫不明真相”的欺诈故意。

由此可见，在女方不同的主观状态下，都可能发生使男方抚养非亲生子女的情况。带有明显的故意意涵的“欺诈”，并不能涵盖上述各种情形。这种关系的本质特征显然不在于女方的欺诈行为，而在于男方的“不明真相而抚养”，这些男方当事人都需要得到法律上的救济。从救济对象的角度出发，近年来有论者弃用“欺诈性抚养”的概念，转而称为“错误抚养”[1]或者“误认抚养”，[2]指男方误将非亲生子女当作亲生子女而抚养。不过，习惯用法既已约定俗成，本书姑且沿用“欺诈性抚养”的概念。

二、关于“欺诈性抚养”法律性质的不同观点

最高人民法院曾于1992年4月2日发布了《关于夫妻关系存续期间男方受欺骗抚养非亲生子女离婚后可否向女方追索抚养费的复函》，该函认为：“在夫妻关系存续期间，一方与他人通奸生育了子女，隐瞒真情，另一方受欺骗而抚养了非亲生子女，其中离婚后给付的抚育费，受欺骗方要求返还的，可酌情返还；至

〔1〕 李丽棋：《试析错误抚养中抚养费追索之请求权》，载《广州广播电视大学学报》2021年第1期。
〔2〕 亓艳超：《误认抚养救济研究》，烟台大学2018年硕士学位论文。

于在夫妻关系存续期间受欺骗方支出的抚育费用应否返还,因涉及的问题比较复杂,尚需进一步研究。"该函仅针对离婚后给付的抚育费返还问题,对婚姻关系存续期间的抚养事实,以及现实中其他更为复杂的情形未予回应,无法应对司法实践的广泛需求。探寻具有普遍意义的裁判规则,首先需要在法律体系中对相关问题进行定性和定位。关于欺诈性抚养的法律性质,理论和实务专家在论述时,大多列举出如下四种不同观点。[1]

1. 无效(或可撤销)行为说

该观点认为,因女方隐瞒与他人发生性关系而生子的真实情况,致使男方在受欺诈,违背自己真实意思的情况下承担了原本不应承担的抚养义务,依照我国《民法通则》第58条第1款第3项的规定,属于无效民事行为。男方有权请求女方返还已支出的抚养费。

随着《合同法》《民法总则》不再将受欺诈的合同、民事法律行为归为无效,有观点认为,受欺诈者在知晓被抚养人并非其亲生子女后,可以依据《民法总则》第147条之规定,以重大误解为由主张撤销其之前基于认为被抚养人系其亲生子女的情况下所为民事法律行为,也可以依据《民法总则》第148条、第149条,以被抚养人生父生母对其实施欺诈为由,主张撤销其因受到欺诈而进行的民事法律行为。

该观点的问题在于,抚养行为很难说是民事法律行为。民法理论中,法律行为是指以意思表示为要素,因意思表示而发生一定私法效果的法律事实。[2] 而抚养行为基于生物本能,是亲情的自然流露,未必存在、往往不存在意思表示的成分。只有一部分涉及财产赠与的抚养行为,因存在赠与合同法律关系,该赠与合同作为契约是民事法律行为,在重大误解或受欺诈等情形下可撤销,但不能以偏概全,对所有的抚养行为都适用无效、可撤销等法律行为理论加以处理。

---

〔1〕 参见杨立新:《论婚生子女否认与欺诈性抚养关系》,载《江苏社会科学》1994年第4期;吴国平:《欺诈性抚养的认定及其侵权赔偿责任研究》,载《东方法学》2016年第4期;赵红肖:《"欺诈性抚养"的相关问题探究》,载《人民法院报》2021年4月1日,第7版;张济坤、李文丹:《欺诈性抚养关系的认定及救济》,载《人民司法》2020年第2期;韩德强、冉超:《欺诈性抚养问题的三维解构》,载《人民司法》2020年第2期。

〔2〕 参见王泽鉴:《民法总则》,北京大学出版社2009年版,第234页。

2. 无因管理说

该观点认为，男方无法定或约定义务而为他人抚养子女，构成无因管理，抚养义务人应返还无因管理人已支出的抚养费。

该观点的问题在于，无因管理指无法律上的义务而为他人管理事务，[1]主观上必须有为他人管理之意思。欺诈性抚养中，就客观而言，将抚养非亲生子女视为管理他人事务尚无不可，但主观方面，该男方绝无为他人管理的意思，而是误信他人事务为自己事务而为管理，构成典型的误信管理。对于误信管理，不能准用无因管理之规定。[2]

3. 不当得利说

该观点认为，无抚养义务的男方对子女进行抚养，使抚养义务人即该子女的生父生母从本该负担的抚养费用中得以解脱，男方利益受损，抚养义务人受有利益，受损与受益之间存在因果关系，且无法律上的原因。故男方的付出就抚养义务人而言构成不当得利，抚养义务人应予以返还。

该观点的问题在于，欺诈性抚养会给被欺诈方造成严重的精神损害，但若依据不当得利只能主张返还物质利益，无法要求精神损害赔偿，起不到弥补救济精神损害的作用，且不当得利说仅指出了行为后果的性质，不能概括行为本身的性质，不足以责难欺诈方。

4. 侵权行为说

该观点认为，侵权人是非婚生子女的生父母，并非生母一人；违法行为是逃避法定的抚养子女义务，采取欺骗手段，使男方相信该子女为其亲生子女，并为之提供抚养费用，从而在财产上造成了损失。其行为符合侵权行为的一般构成要件，即有违法行为，有主观过错，有损害结果，行为与损害结果之间具有因果关系。因此，侵权人应当承担侵权责任。

在上述四种观点中，侵权行为说几成通说。

该观点的问题在于，首先需要厘清男方的何种民事权益受到了侵害。学者讨论较多的，包括配偶权、生育权、亲权、知情权、一般人格权等，尚未有共识。其

---

〔1〕 参见王泽鉴：《民法概要》，北京大学出版社2011年版，第149页。

〔2〕 参见王泽鉴：《民法概要》，北京大学出版社2011年版，第151页。

次,侵权责任的承担一般以行为人有过错为构成要件。如前所述,在一部分误认抚养中,女方并不存在欺诈的故意,甚至不存在使男方陷入误认的过失;而该子女的亲生父亲,在不难想象的某些情况下,也未必有法律意义上的过错,比如,在女方婚前与其发生性关系,后来甚至不知道女方怀孕,子女出生。诸如此类,就无法适用侵权行为说。

三、救济路径:不当得利和侵权责任的选择

比较前述观点,无效(可撤销)行为说和无因管理说,均存在不合构成要件的弊端,无须再作讨论,仅在个别情况下可撤销行为说有其适用。而后两种观点存在功能上的瑕疵:不当得利说无法支持精神损害赔偿,且不足以对欺诈行为作出责难评价,侵权行为说无法适用于当事人无过错的情形。看似难以两全,之所以会这样认为,是基于一种非此即彼的假设——欺诈性抚养要么构成不当得利,要么构成侵权行为,问题是,有没有可能选择适用甚至同时适用不当得利和侵权责任路径,评价欺诈性抚养这个法律事实,得出相应的结论?

1. 不当得利救济路径

《民法典》在总则编(第 122 条)和合同编的准合同分编(第 985 ~ 988 条)规定了不当得利制度。不当得利,是指没有法律根据,取得不当利益,造成他人损失的情形。理论上,一般将不当得利区分为给付型不当得利和非给付型不当得利,其中给付的含义,是指“有意识的,基于一定目的而增益他人财产”。[1]

给付型不当得利中,得利人和受损失的人之间存在给付关系。其基本思想为,凡依当事人意思而增益他人财产,均有一定的目的,如果其给付目的自始不存在、目的不达或目的消灭时,财产变动即丧失法律上原因,给付受领人应负返还义务。非给付型不当得利,有基于行为,有基于法律规定,有基于特定事件,各有不同。所受利益有无法律上的原因,应当依其事由,分别判断受益人是否有权保有其所受利益。[2]

欺诈性抚养中谁是得利人?通说认为,被抚养的子女受有利益,且与误将其

---

〔1〕 参见王泽鉴:《不当得利》(第 2 版),北京大学出版社 2015 年版,第 40、195 页。
〔2〕 参见王泽鉴:《不当得利》(第 2 版),北京大学出版社 2015 年版,第 37 页。

当作亲生子女而抚养的男方之间存在给付关系,由于抚养义务不存在,男方对该子女的抚养,无论是事实行为或法律行为,均属非债清偿,自始欠缺给付目的,故该子女受有抚养利益,欠缺法律上的原因,构成给付型不当得利。但是,在双方之间的亲子关系被否认前,通常情况下该子女不知道且不应当知道取得的利益没有法律根据,系属善意,故可以主张所受利益已经不存在,而免负返还义务。[1] 这也符合我国《民法典》第986条的规定。有观点认为,“财产原形虽然不存在,但其转化为身体的发育、知识技能的积累等无形的财产,难谓现存利益已不存在”。[2] 本书认为,成长发育、知识积累等是人的本质提升,已不属于财产利益的范畴;被抚养人大多没有财产,就算有也无须从该财产中支付自己的抚养费用,故也不存在被抚养人整体财产上的费用节省。在得利人善意的情况下,不能苛求子女“吃了我的给我吐出来”。

现实中,男方向被抚养子女主张不当得利返还的情况非常罕见。能不能认为女方以及该子女的生父,因男方的抚养行为,减少或者免除了其本应承担的抚养费用,据此成立不当得利?王泽鉴先生对此持否定态度,在他看来,误偿他人债务属于非债清偿,仅成立债权人的不当得利,是一种给付型不当得利;除非第三人有为真正债务人清偿债务的意思而为清偿,则构成第三人清偿,方可成立真正债务人的不当得利,是一种非给付型不当得利(求偿不当得利)。而男方在履行抚养义务时,并无为他人清偿债务的意思,且不应允许其事后变更清偿意思从而获得向何主体主张不当得利的选择权,故就女方和子女生父而言,均不成立不当得利,[3]但司法实务中有相反观点。有法官著文认为:“抚养费的支出可以解释为生父生母因受欺诈者之误养行为而获得的不当得利。”[4]也有判决书认为:“原告(男方)由于不明真相将朱某乙作为其亲生女进行抚育,被告(女方)由此获利,构成不当得利。被告应将原告所支付的抚育费返还原告。”

---

〔1〕 参见王泽鉴:《民法学说与判例研究》(重排合订本),北京大学出版社2015年版,第957页。

〔2〕 李丽棋:《试析错误抚养中抚养费追索之请求权》,载《广州广播电视大学学报》2021年第1期。

〔3〕 参见王泽鉴:《不当得利》(第2版),北京大学出版社2015年版,第236~238页;王泽鉴:《民法学说与判例研究》(重排合订本),北京大学出版社2015年版,第957页。

〔4〕 胡哲:《欺诈性抚养中受欺诈者的权利救济路径》,载《人民司法》2020年第2期。

案例:朱某甲与戴某某离婚纠纷案〔1〕

原告朱某甲、被告戴某某系夫妻。婚后,被告生一女名朱某乙。原、被告婚姻基础及婚后夫妻感情一般。因怀疑朱某乙非自己亲生,原告于2015年4月15日委托安康公司就朱某甲与朱某乙之间是否为亲子关系进行鉴定。2015年4月20日,安康公司出具鉴定意见书,鉴定意见为:依据DNA分析结果,排除1号检材所属人朱某甲与2号检材所属人朱某乙的亲子关系。该案在审理过程中,被告对上述鉴定意见提出疑问,经法院组织调解,双方协商由原告向法院申请就朱某甲与朱某乙是否具有亲子关系进行鉴定。经法院摇号,选定南通大学附属医院司法鉴定所为鉴定机构,但被告未在规定的时间内到该所进行鉴定,致使鉴定未能进行。南通大学附属医院司法鉴定所于2015年7月16日终止对朱某乙与朱某甲的司法鉴定。

法院认为:合法的婚姻家庭关系受法律保护。原、被告婚姻基础及婚后夫妻感情一般。婚后被告虽生育一女朱某乙,但原告委托安康公司进行DNA检测,排除原告与朱某乙的亲子关系,被告对该检测意见予以否认。本案就朱某甲与朱某乙是否存在亲子关系依法启动了司法鉴定程序,并通过摇号选择了司法鉴定机构,然被告在本院通知的时间内拒绝前往鉴定机构进行鉴定,故本院依法确认原告与朱某乙之间不存在亲子关系。原、被告离婚后,被告所生之女朱某乙应随被告共同生活,朱某乙的抚育费也应由被告负担。原告与朱某乙之间既无血缘关系,又无法律上的拟制血亲关系,其对朱某乙不负抚育义务。原告由于不明真相将朱某乙作为其亲生女进行抚育,被告由此获利,构成不当得利。被告应将原告所支付的抚育费返还原告。

本书认为,父母对子女固然负有抚养义务,但抚养同时是权利,是为人父母的自然天性。在进行抚养行为时,恐怕少有父母本着清偿债务的心态,有意识地、基于一定目的地增益子女财产,故将抚养行为视为给付或清偿债务未必合适。不妨将其视为管理事务,欺诈性抚养无异于一种"以他人之事务误为自己

〔1〕 参见江苏省海安市人民法院民事判决书,(2015)安李民初字第00315号。

之事务而为管理",[1]构成他人的非给付型不当得利。[2] 这个他人是谁?就是女方以及该子女的生父,他们对抚养子女负有共同责任,男方可向双方主张,也可向任何一方单独主张返还不当得利。

不当得利制度的功能并不在于对受损失的人填补损害,而在于使得利人返还其无法律根据而受的利益。若以女方以及该子女的生父作为不当得利的返还主体,在男方实际支出的抚养费用能够确定的情况下,可以认为抚养费用等同于子女生父母整体财产上节省的费用,即消极的得利;若无法确定,则需结合抚养时间长短、当事人生活水准、当地经济水平等实际情况予以酌定。

2. 侵权责任救济路径

我国《民法典》未采用德国及我国台湾地区相关规定中的侵权行为三类型构造,[3]在第 120 条、第 1164 条等条款中未区分权利和利益,将侵权行为的对象统称民事权益。《民法典》第 120 条规定:"民事权益受到侵害的,被侵权人有权请求侵权人承担侵权责任。"在欺诈性抚养中,男方的何种民事权益受到了侵害?

有学者认为,男方被侵害的是一般人格权。"当受害人知道配偶与他人有染、孩子非自己亲生的真相后,所遭受的巨大打击而造成的精神痛苦、心理崩溃、情感折磨和绝望,甚至名誉受损,实质上就是侵犯抚养人的人格尊严。换言之,其侵犯的就是受害人的一般人格权。"[4]本书认为,一般人格权是指自然人基于人身自由和人格尊严平等享有的基本权利,是人之所以为人而享有的权利。夫妻一方婚内出轨固然是既不符合法律也不符合道德的过错行为,但若这种行为贬损了配偶的人格,玷污了配偶的名誉,虽符合世俗观念,但有悖人格独立的精神。同理,男方错误抚养非亲生子女,也不导致男方作为有尊严、有自由的人的

---

[1] 史尚宽:《债法总论》,1978 年自版发行,第 79 页。

[2] 有观点认为,这是一种"支出费用不当得利",参见臧蕊:《欺诈性抚养的法律适用研究》,华东政法大学 2020 年硕士学位论文,第 19 页。

[3] 我国台湾地区"民法"规定了以违法性为核心的 3 种类型的侵权行为:(1)故意或过失不法侵害他人之权利。(2)故意以悖于善良风俗之方法加损害于他人。(3)违反保护他人之法律,推定其有过失。其中前一项的侵害对象是权利,后两项的侵害对象是利益。

[4] 吴国平:《欺诈性抚养的认定及其侵权赔偿责任研究》,载《东方法学》2016 年第 4 期。

价值贬损,男方受损害的,实为身份权利。

身份权利是指自然人基于特定身份关系(现代社会中即特定亲属关系)所享有的权利。常见的对身份权利的侵害,是将自然人从其所在的身份关系以及基于该身份关系的生活状态中排除出去,使其无法行使该身份关系中的权利,履行该身份关系中的义务,如抢夺、藏匿子女令父亲或母亲无法行使亲权。另一种对身份权利的侵害,是将自然人置于其本不应置身的身份关系之中,使其错误地行使权利、履行义务,欺诈性抚养就是典型。在上述两种情况下,当事人作为"一般的人"的价值没有贬损,受损的是作为"特定身份人"的权利。身份权利(包括义务)具有专属性,该享受的没享受到则是侵害,不应"享受"的却"享受"了,也是侵害。

侵权行为的主体,要视谁有"使男方不明真相"的过错而定。在女方有过错的情况下,侵权人为女方。如果该子女的生父也知情,则其与女方构成共同侵权,根据《民法典》第 1168 条的规定,二者应负连带责任。共同侵权的构成,可能基于共同故意,也可能基于共同过失,还可能基于一方故意行为与一方过失行为的结合。[1] 并不要求女方和子女生父具有同样类型的主观过错。

根据《民法典》第 179 条的规定,承担侵权责任的方式,包括停止侵害,排除妨碍,消除危险,返还财产,恢复原状,赔偿损失,消除影响、恢复名誉,赔礼道歉。这些方式可以单独适用,也可以合并适用。就欺诈性抚养而言,依其性质主要适用赔偿损失。赔偿的目的最基本的是补偿损害,使受损害的权利得到救济,使受害人能恢复到未受损害前的状态。[2] 这就与不当得利制度不以填补损害而以返还利益为宗旨,判然有别。赔偿的范围,当然包括财产损失,主要是男方已支付的抚养费用;鉴于欺诈性抚养侵害人身权益的严重性,根据《民法典》第 1183 条第 1 款的规定,也可包括精神损害赔偿。

《民法典》第 1091 条规定的离婚损害赔偿制度,在《婚姻法》第 46 条的基础上,增加第 5 项"有其他重大过错"的情形。该条文能否成为欺诈性抚养的受害

---

[1] 参见黄薇主编:《中华人民共和国民法典侵权责任编释义》,法律出版社 2020 年版,第 18 页。

[2] 参见黄薇主编:《中华人民共和国民法典总则编释义》,法律出版社 2020 年版,第 472 页。

方主张赔偿的请求权基础？本书认为，如果女方存在欺诈故意或严重过失，造成男方不明真相地、长期地抚养了非亲生子女，投入大量时间、财力和感情，甚至丧失了生育亲生子女的机会，该行为的恶劣程度与重婚、与他人同居、实施家庭暴力、虐待遗弃家庭成员等情形等量齐观，可以构成重大过错，因此，可适用《民法典》第1091条的规定，赔偿的范围也包括财产损害和精神损害。[1] 但需注意，该条的适用仅以离婚为前提，责任主体也只能是配偶一方，其适用范围比较有限。

四、小结

无论男女双方是否存在婚姻关系，也无论女方是否存在“使男方不明真相”的故意或过失，都可能发生男方将非亲生子女误认为亲生子女而抚养。在此情况下，男方的权利需要得到救济。救济路径并不唯一。在不当得利路径中，抚养行为应被视为管理事务，而非给付或清偿债务，故不当得利返还主体应为女方以及子女生父，而非被抚养的子女。在侵权责任路径中，错误抚养非亲生子女的男方被侵害的，应为其身份权利而非一般人格权。侵权主体一般是女方，也可能由女方和子女生父构成共同侵权。侵权责任的承担方式以赔偿损失为主，赔偿范围包括财产损失和精神损害赔偿。

救济路径可从不当得利和侵权责任二者中选择适用，在无法证明对方存在过错的情况下，只能选择不当得利路径；反之，选择侵权责任路径既可以支持精神损害赔偿，又更能体现对过错行为的责难评价。在特定情况下，两条路径甚至可以同时适用：当事人可基于不当得利要求返还抚养费用，另行基于侵权行为要求精神损害赔偿。此外，如女方存在严重过错，当事人还可以选择《民法典》第1091条关于离婚损害赔偿的规定作为请求权基础，但该条的适用场合、责任主体都有特别限制。

回到文初的案例，该案一审、二审法院的判决结果均支持蒋某向张某返还抚养费，并赔偿精神抚慰金。最高人民法院将该案作为典型案例公布，认为其典型

---

〔1〕 参见黄薇主编：《中华人民共和国民法典婚姻家庭编释义》，法律出版社2020年版，第184页。

意义包括:“本案中张某在得知张某某并非自己的亲生子后,其精神受到伤害,要求蒋某赔偿精神损害抚慰金的理由正当合法,得到了法院的支持。而张某某因与张某并无血缘关系,张某对其并无法定抚养义务,故法院对张某要求蒋某返还自己已承担的张某某的抚养费的主张予以了支持。”[1]

法条链接

《民法典》

第986条　得利人不知道且不应当知道取得的利益没有法律根据,取得的利益已经不存在的,不承担返还该利益的义务。

第1091条　有下列情形之一,导致离婚的,无过错方有权请求损害赔偿:

(一)重婚;

(二)与他人同居;

(三)实施家庭暴力;

(四)虐待、遗弃家庭成员;

(五)有其他重大过错。

第1168条　二人以上共同实施侵权行为,造成他人损害的,应当承担连带责任。

第1183条　侵害自然人人身权益造成严重精神损害的,被侵权人有权请求精神损害赔偿。

因故意或者重大过失侵害自然人具有人身意义的特定物造成严重精神损害的,被侵权人有权请求精神损害赔偿。

---

〔1〕《最高人民法院12月4日公布婚姻家庭纠纷典型案例》第36件,载最高人民法院官网2015年12月4日,http://www.court.gov.cn/zixun-xiangqing-16211.html。

18. 如何理解我国法律上父母对未成年子女的监护职责？

案情导入

高同学发现日常生活中，人们常说父母对子女有抚养权，父母被称为未成年子女的抚养权人；又说父母对子女有监护权，父母是未成年子女的监护人；在一些学术资料中，父母还被称为未成年子女的亲权人。抚养权、监护权、亲权等概念到底是什么关系，高同学感到十分困惑。

裁判法理

关于父母对未成年子女权利义务的立法体例，有“大监护”与“小监护”之分。“大监护”将父母对未成年子女的监护、父母以外的其他主体对未成年人的监护、未成年人以外的其他主体作为被监护人的监护，都归入监护制度，采用广义的监护概念。“小监护”则将父母对未成年子女的权利义务（也有称父母照顾权、亲权等）和监护区分开来，不称其为监护，而将其作为监护之外独立的制度；对监护采用狭义的概念。“大监护”在英美法系常见，“小监护”则被认为是大陆法系传统。我国自 1986 年《民法通则》始，即确立了“大监护”的立法体例，并贯彻至今。应如何理解我国的该项制度？本篇尝试从立法流变出发，对该问题作出初步回答。

一、我国父母监护职责的立法流变

我国先有《婚姻法》，后有《民法通则》，先有父母子女关系的规定，后有监护制度并将前者纳入其中。不同立法的时间跨度大，修订多，具体而言：

1. 1950 年《婚姻法》第 13 条规定，“父母对于子女有抚养教育的义务，子女对于父母有赡养扶助的义务”。彼时“六法全书”已废除，无监护规定，也谈不上“大监护”“小监护”之分。此处的抚养教育、赡养扶助实为“亲生的父母子女间相互义务”[1]的概括总称。

2.1980 年《婚姻法》第 15 条保留了“父母对于子女有抚养教育的义务”，但从该条新增的抚养费规定看，此处的“抚养教育”重点在于抚养，指“父母对于子女的生活和学习，应当提供一定的物质条件，承担必要的经济责任”，[2]含义缩小为经济支持。该法在第 17 条新增了父母有“管教和保护”未成年子女的权利和义务。至此，1950 年《婚姻法》中“抚养教育”概念开始分化。有疑义的是，第 15 条中的“教育”与第 17 条中的“管教”是不是一回事，含义模糊。

3.1986 年《民法通则》和 1988 年《民通意见》建立了监护制度，规定父母是未成年子女的监护人，奠定了“大监护”体例。在监护职责的内容上，《民法通则》和《民通意见》不区分父母监护与其他监护类型，仅举一例：《民通意见》第 10 条中规定的监护人的监护职责包括对被监护人进行教育，但显而易见，在对行为能力欠缺的成年人的监护中，是不会包括教育在内的。

4.1991 年《未成年人保护法》是我国关于未成年人保护的首部专门立法。在监护职责主体方面，该法将未成年人的父母和其他监护人并列。在监护职责内容方面，该法将监护职责和抚养义务并列，抚养义务和监护职责的关系，又生疑义。[3]

5.2001 年修正的《婚姻法》第 23 条将 1980 年《婚姻法》第 17 条中的“管教”改为“教育”，澄清了后者第 15 条、第 17 条分别使用“教育”和“管教”概念的模糊。至此，抚养、教育、保护三者散见于不同的法律条文，呈现不同的组合。

6.2017 年《民法总则》第 26 条第 1 款首次将抚养、教育、保护并列，规定为父母对未成年子女的义务，并规定于监护一节。

7.2020 年《民法典》，延续并整合了《民法总则》《婚姻法》的相关规定。在第 1067 条关于抚养的规定中，一改 1950 年《婚姻法》以来将“抚养教育”并称的

---

[1] 中央人民政府法制委员会于 1950 年 4 月 14 日向中央人民政府委员会第七次会议所作《关于中华人民共和国婚姻法起草经过和起草理由的报告》，载华东政法学院民法教研组编印：《中华人民共和国婚姻法学习参考资料》，华东政法学院 1955 年版，第 32 页。

[2] 法学教材编辑部编审：《婚姻法教程》，法律出版社 1982 年版，第 213 页。

[3] 1991 年《未成年人保护法》第 8 条规定“父母或者其他监护人应当依法履行对未成年人的监护职责和抚养义务”。在 2020 年修订的《未成年人保护法》中，已在相应条款将“抚养义务”删除。

固定搭配，删除了“教育”，使之成为名副其实的、纯粹的经济支持条款。至此，我国立法上的父母监护制度实现了概念使用的统一，监护职责呈现明晰的结构。

二、在“大监护”体例下，我国的父母监护职责呈现三层结构，区别于其他监护类型

在现行规定中，父母监护职责内容由以下三部分构成。

1. 仅以父母作为职责主体的监护职责。为表述方便，本书称为“父母特别监护职责”，分别在《民法典》的总则编和婚姻家庭编规定。在总则编中体现为第 26 条第 1 款“父母对未成年子女负有抚养、教育和保护的义务”，在婚姻家庭编的第 1058 条、第 1084 条第 2 款等条款中，抚养、教育、保护同时被认为是权利，强调夫妻平等享有，共同承担。此外，父母有权通过遗嘱为子女指定监护人；父母监护人资格被撤销的，在一定条件下可以恢复。这些都是父母以外的其他主体担任未成年人监护人时所不具备的。

2. 未成年人的监护人——包括父母，以及在父母死亡或者没有监护能力情况下的其他监护人——所应承担的监护职责，为表述方便，本书称为“对未成年人的监护职责”，主要规定于《未成年人保护法》《预防未成年人犯罪法》《反家庭暴力法》等法律中，职责主体为“父母或者其他监护人”，如“保障适龄未成年人依法接受并完成义务教育”，不得“放任或者迫使应当接受义务教育的未成年人失学、辍学”等。[1]

3. 任何监护类型的监护人均应承担的监护职责，为表述方便，本书称为“一般监护职责”。主要包括《民法典》第 19 条、第 20 条、第 23 条、第 34 条和第 35 条中的代理、同意被监护人实施民事法律行为，以及“保护被监护人的人身权利、财产权利以及其他合法权益等”。在“大监护”体例下，父母监护属于监护制度的组成部分。监护制度中的一般规定，当然适用于父母对未成年子女的监护。

总体而言，我国立法关于监护职责的内容，采用了“提取公因式”的技术。根据适用主体范围的不同，在最大范围内将一般监护职责提取出来，适用于包括

---

〔1〕 参见 2020 年修订的《未成年人保护法》第 2 章，较之修订前，未成年人的父母或者其他监护人的监护职责有了大幅增加和细化。

父母监护在内的各种监护类型；在中间范围内将对未成年人的监护职责提取出来，适用于父母及其他主体对未成年人的监护；在最小范围内规定专属于父母的特别监护职责。形成了"父母监护职责——对未成年人的监护职责——一般监护职责"三层结构。与一般监护职责相比，父母监护职责的内容丰富得多，这正体现了我国监护制度中父母与其他监护人的重要区别。

三、我国父母监护职责和大陆法系相关制度存在实质的对应关系

大陆法系传统多采用"小监护"体例，在监护之外另设亲权制度，专门规定父母对未成年子女的权利义务。需注意，亲权是学理概念，在立法上因其带有人身支配色彩，多已被摒弃，如德国于 1979 年起将亲权改称"照护权"（Elterliche Sorge）；我国台湾地区早先使用"监护"一词，为避免与监护制度之"监护"相混淆，1996 年起将其修正为"对于未成年子女之权利义务的行使或负担"，学理上仍称亲权。[1]

以我国台湾地区为例，其亲权制度中，亲权内容分为父母对未成年子女的身上照护和财产照护。身上照护又可概括为保护和教养的权利义务。在亲权之外，另有扶养制度，规定亲属间经济供养的义务，父母对未成年子女的扶养（注意不是抚养）只是扶养制度的组成部分。要而言之，其亲权、监护、扶养三个制度是分立的。德国[2]、日本[3]的相关制度和体例也基本类似。

将我国立法上的父母监护职责内容拆分开来，与大陆法系上述体例对比可见：

---

〔1〕 我国台湾地区相关规定中未使用"亲权"一词，是由于"习惯上亲权过于庞大，流弊甚多，乃避用'亲权'之标题及用语"。参见胡长清：《中国民法亲属论》。转引自陈棋炎、黄宗乐、郭振恭：《民法亲属新论》，台北，三民书局 2018 年版，第 335 ~ 336 页。我国台湾地区"民法"第 1084 ~ 1090 条之规定，实具有亲权之内容。参见史尚宽：《亲属法论》，1980 年自版发行，第 588 页。

〔2〕 德国法上的父母照顾是最重要的实现父母责任的方式。父母照顾又分为人的照顾（personensorge）和财产照顾（vermögenssorge）；人的照顾又分为照料和教育（zu pflegen und zu erziehen）。在父母照顾之外，父母责任还包括经济上的保障义务、与子女的交往权等。参见［德］迪特尔·施瓦布：《德国家庭法》，王葆莳译，法律出版社 2010 年版，第 260 页。

〔3〕 在日本民法学说上，亲权分为身上监护与财产管理，参见史尚宽：《亲属法论》，1980 年自版发行，第 595 页。关于身上监护，《日本民法典》第 820 条规定"行使亲权的人有监护及教育子女的权利和义务"。而扶养同样是亲权之外的独立制度，扶养义务发生于直系血亲（包括父母子女）及兄弟姐妹之间。

1. 我国父母特别监护职责中的抚养，基本对应大陆法系扶养制度中的父母对未成年子女之扶养

我国法律上的抚养，不能望文生义将其理解为“爱护或教养”，[1]或者“父母对于未成年的或不能独立生活的子女的养育和照料”。[2] 从体系来看，若作此理解，和法条中的教育、保护势必难以区分。立法既然将此三者并列，应有分别所指。结合上下文，抚养义务以支付抚养费为替代履行方式，之所以能够替代，说明二者在目的、功能上具有同质性。从立法流变来看，抚养概念在我国经历了从广义到狭义的演化，其原本含义被不断剥离，转由其他条款规范，至《民法典》中已不再与“教育”合称，纯粹指向经济支持。至于生活语言中的抚养所包含的父母亲情、对子女关爱亲近等含义，是自然天性，无法也无须通过法律予以规范，故不纳入法定职责范围。在我国立法上，类似概念还有配偶及特定的平辈之间的扶养义务、特定的晚辈对长辈的赡养义务，区别在于主体的不同，但以经济支持为内容则是一致的。需注意，抚养是父母特别监护职责的组成部分，与“父母离婚后子女随某一方共同生活”意义上的“直接抚养”，不能混淆。[3]

大陆法系传统则将亲属间的经济支持义务统称为扶养，以我国台湾地区为例，扶养“乃一定亲属间有经济能力者，对于不能维持生活者，予以必要的经济上供给”，[4]其中包括父母对未成年子女的经济供给。可见，我国立法上的抚养，基本对应大陆法系扶养制度的一部分——父母对未成年子女的扶养。

2. 我国父母特别监护职责中的教育、保护，基本对应大陆法系亲权制度中的身上照护

我国现行立法上对教育、保护之规定，最早源于1980年《婚姻法》第17条中的“管教和保护”。根据立法之初的学说，管教指“按照法律和道德的要求，采用正确的方法，对未成年子女的行为加以必要的约束，以利于他们的健康成长”；

---

〔1〕 中国社会科学院语言研究所词典编辑室编：《现代汉语词典》，商务印书馆1996年版，第390页。

〔2〕 曾庆敏主编：《法学大辞典》，上海辞书出版社1998年版，第708页。

〔3〕 关于此观点，参见本书《为何说我国不存在父母离婚后的单方抚养权？——关于父母共同监护原则》。

〔4〕 陈棋炎、黄宗乐、郭振恭：《民法亲属新论》，台北，三民书局2018年版，第428页。

保护则指“父母应当为未成年人子女的安全和利益，防止和排除来自自然界的损害和来自他人的侵害”。[1] 2001年修正的《婚姻法》，将“管教”改为“教育”，解释上并无变化。[2] 教育的作用在于促进子女身心内生性的向好，侧重于积极引导；保护的作用在于防止子女身心遭受外来的侵害，侧重于消极防范。《民法典》第1068条将教育、保护组合在一起单独规定，体现二者的有机结合。

大陆法系亲权制度中的身上照护，其内容也为保护和教育（我国台湾地区称保护和教养）。“保护，谓预防及排除危害，以谋子女身心之安全。教养，谓教导养育子女，以谋子女身心之健康成长。对于子女身心之保护，例如子女疾病之预防及治疗；对于子女精神之保护，例如监督子女交际通信、选择宗教，禁止阅读黄色低级书刊及观看诲淫诲盗电影。对于子女身体之教养，例如鼓励有益身心之运动游戏；对于子女精神之教育，例如以身作则，鼓励崇尚品德，学习进修。”[3]“两者互为表里，相辅相成，而构成浑然一体的权利义务。”[4]这与上述关于我国立法上教育、保护的解释，如出一辙。

关于身上照护，我国台湾地区的学理和相关规定上另有居住所指定权、子女交还请求权、惩戒权、身份上行为之同意权及代理权等，均系上述保护教养权之具体表现。[5] 此等内容，在我国大陆立法上或者不需要，如我国的法定结婚年龄高于成年年龄，不存在未成年人结婚的“身份上行为之同意”；或者可由既有规定作出相同解释，如惩戒权可由教育权解释得出，居住所指定权可由保护权解释得出，子女交还请求权可由关于监护权保护的规范解释得出。

3. 我国《未成年人保护法》等法律中的对未成年人的监护职责，基本对应大陆法系亲权制度中的“民法以外的身上照护”

仍以我国台湾地区为例，其亲权制度的身上照护中，还有“民法以外之法律上之身上照护权”，如“亲权人有使六岁至十五岁之子女受国民教育之义务（‘宪’二一条，‘国教法’二条，‘强迫入学条例’六条、九条）……亲权人应禁止

[1] 法学教材编辑部编审：《婚姻法教程》，法律出版社1982年版，第214页。
[2] 参见余延满：《亲属法原论》，法律出版社2007年版，第455页。
[3] 史尚宽：《亲属法论》，1980年自版发行，第596页。
[4] 陈棋炎、黄宗乐、郭振恭：《民法亲属新论》，台北，三民书局2018年版，第342页。
[5] 参见陈棋炎、黄宗乐、郭振恭：《民法亲属新论》，台北，三民书局2018年版，第342页。

儿童及少年从事不正当或危险之工作（‘儿福’四三条、四七条、四八条）等”。[1]

在我国《民法典》之外，《未成年人保护法》《预防未成年人犯罪法》《反家庭暴力法》等法律也细致规定了对未成年人的监护职责。如《未成年人保护法》规定未成年人的父母或者其他监护人应当“尊重未成年人受教育的权利，保障适龄未成年人依法接受并完成义务教育”，不得“允许或者迫使未成年人从事国家规定以外的劳动”等。

4. 我国一般监护职责，可涵盖大陆法系亲权制度中的财产照护

大陆法系的亲权制度除了身上照护之外，还有财产照护，即关于子女财产上的权利义务，具体包括财产法上的法定代理，财产法上的同意权以及子女特有财产的管理、使用、收益、处分。[2] 这些内容，我国《民法典》第 19 条、第 20 条、第 23 条、第 34 条和第 35 条关于一般监护职责的规定足以涵盖，如代理其进行民事法律行为，对限制行为能力的未成年子女实施的民事法律行为的同意、追认权，以及对其财产的管理和保护。不难看出，“小监护”体例下，因亲权制度独立于监护制度，故必须另行规定父母对未成年子女的财产照护；而在“大监护”体例下，财产照护内容作为“公因式”，将其提取为一般监护职责即可。

四、小结

我国自 1986 年《民法通则》开始，即确立了“大监护”的立法体例。有学者对我国采用“大监护”体例持否定态度，如认为“大监护”体例“消解了父母与其他监护人的重要区别”，“不利于传承中国优秀家庭文化与伦理道德”；[3] 认为“大监护”体例“未能充分反映出父母子女关系的人权和基本权利内涵，也未能体现‘信任与不信任’的理念差异”；[4] 认为“我国在制定《民法通则》时，对英美法系和大陆法系的亲权和监护制度未加区分，不适当地使用了英美法系的监护

---

〔1〕 陈棋炎、黄宗乐、郭振恭：《民法亲属新论》，台北，三民书局 2018 年版，第 348 页。

〔2〕 陈棋炎、黄宗乐、郭振恭：《民法亲属新论》，台北，三民书局 2018 年版，第 341～355 页。

〔3〕 夏吟兰：《民法典未成年人监护立法体例辩思》，载《法学家》2018 年第 4 期。

〔4〕 刘征峰：《被忽视的差异——〈民法总则（草案）〉“大小监护”立法模式之争的盲区》，载《现代法学》2017 年第 1 期。

制度”;[1]认为我国在此问题上排斥大陆法系做法,改承普通法系传统“既无必要,施行效果也不甚理想”。[2] 上述批评主要集中于两点:一是“大监护”体例未能体现“父母对未成年子女的权利义务”和“其他监护类型之监护职责”的区别;二是采用英美法系的“大监护”体例,与大陆法系传统不符。

通过本篇分析可以看出,我国法律关于父母对未成年子女的监护职责,呈现出三层结构——父母特别监护职责、对未成年人的监护职责、一般监护职责,与其他监护类型有所区别。我国虽形式上采用英美法系的“大监护”体例,内容上却与大陆法系的亲权制度以及扶养制度(的一部分)相对应,并未完全脱离大陆法系传统。本篇内容系对相关概念的梳理,并不直接解决实务问题。笔者认为,关于父母子女间权利义务的争议解决,应在梳理法律概念的基础上展开,这样的探讨是有必要的。

法条链接

《民法典》

第 1058 条　夫妻双方平等享有对未成年子女抚养、教育和保护的权利,共同承担对未成年子女抚养、教育和保护的义务。

第 1067 条第 1 款　父母不履行抚养义务的,未成年子女或者不能独立生活的成年子女,有要求父母给付抚养费的权利。

第 1068 条　父母有教育、保护未成年子女的权利和义务。未成年子女造成他人损害的,父母应当依法承担民事责任。

第 1084 条第 2 款　离婚后,父母对于子女仍有抚养、教育、保护的权利和义务。

---

〔1〕 杨立新:《〈民法总则〉制定与我国监护制度之完善》,载《法学家》2016 年第 1 期。

〔2〕 蒋月、韩珺:《论父母保护教养未成年子女的权利义务——兼论亲权与监护之争》,载《东南学术》2001 年第 2 期。

19. 为何说我国不存在父母离婚后的单方抚养权?

——关于父母共同监护原则

案情导入

丙系甲与乙的婚生儿子。甲乙因性格不合经法院判决离婚,根据生效判决书,甲乙离婚后丙由甲直接抚养。离婚后,丙一直随甲共同生活。数年后,甲未和乙商量,就单方决定送尚未成年的丙去国外留学。乙知晓后表示反对,认为丙至少应在国内完成高中学业。甲乙双方因此产生纠纷。问:乙的反对意见是否成立?

裁判法理

一、我国立法上的父母共同监护原则

在有子女的核心家庭中,父母子女关系既包括"父母—子女"的外部关系,也包括"父—母"的内部关系。这里的内部和外部,是就父母的角度而言的。

1. 婚姻关系存续期间,父母共同监护未成年子女

男女平等是《宪法》规定的基本原则,在婚姻家庭领域得到了完全贯彻。从1950年《婚姻法》开始,法律涉及父母对子女权利义务时,绝大多数情况将父与母并列而无先后、主次之分。[1] 我国台湾地区"民法"中曾经有过的诸如"子女从父姓"(原1059条)、"未成年子女,以其父之住所为住所"(原1060条)、"子女之特有财产,由父管理;父不能管理时,由母管理"(原1088条第1项)、"父母对于权利之行使意思不一致时,由父行使之"(原1089条)等内容,在我国大陆法律中从未出现过。

1992年《妇女权益保障法》第45条规定,"父母双方对未成年子女享有平等

---

〔1〕 极个别的例外,如"哺乳期内的子女,以随哺乳的母亲抚养为原则",是从保护妇女儿童利益的角度出发的。

的监护权”。《民法典》第 1058 条在《婚姻法》第 21 条第 1 款的基础上新增规定，夫妻双方平等享有抚养、教育和保护权利，共同承担抚养、教育和保护义务，都凸显了父母双方监护职责的平等性和共同性，体现了监护事务的决定权是共同的而不是单方的。

2. 离婚后，父母仍然共同监护未成年子女

父母离婚导致家庭解体，一方面，父母监护职责的履行方式不得不发生变化，我国法律承认并规范这种变化；另一方面，父母双方共同监护仍然被强调，除了变化的，其余的都不变。具体而言：

(1)父母离婚后监护职责的履行方式发生变化，在《民法典》中体现于第 1084 条、第 1085 条、第 1086 条，可归纳为：子女由父或母一方直接抚养；不直接抚养方有负担抚养费的义务；不直接抚养方有探望权，直接抚养方有协助探望的义务。根据《离婚案件子女抚养问题意见》，“直接抚养”的含义就是“随一方生活”，[1]是一种生活状态安排而非一项权利；假如父母又重新生活在一起，单方带领子女生活的状态消失，父母离婚后监护职责履行方式的变化将立刻失去意义。

(2)离婚后父母共同监护，源自 1950 年《婚姻法》第 20 条第 2 款“离婚后父母对于所生的子女，仍有抚养和教育的责任”，该内容被 1980 年《婚姻法》、2001 年修正的《婚姻法》以及 2020 年《民法典》所延续，在《民法典》中体现于第 1084 条第 2 款：“离婚后，父母对于子女仍有抚养、教育、保护的权利和义务。”加之《民通意见》第 21 条规定：“夫妻离婚后，与子女共同生活的一方无权取消对方对该子女的监护权。”可见，离婚并非父母一方与子女监护关系终止的事由，不影响任何一方的监护人资格。离婚后共同监护原则在我国是法定的，不允许当事人约定或由法院决定因父母离婚而单方行使监护权，也不允许父母任何一方放弃。

3. 我国较早确立父母离婚后共同监护原则

各国或地区均认可父母子女的自然血亲关系不因父母离婚发生改变，但关于离婚后父母对未成年子女监护权或亲权的行使，则有单方行使，双方行使，兼

---

〔1〕 参见《离婚案件子女抚养问题意见》第 1 ~ 6 条。该司法解释颁布于 1993 年，当时的《婚姻法》相应条款使用的仍为“抚养”，2001 年修正《婚姻法》后才逐步改为“直接抚养”。

采单方和双方行使等原则。较早采用双方行使模式的苏联，于 1969 年在《苏俄婚姻和家庭法典》第 54 条中规定："即使在离婚之后，父母也仍然对自己的子女享有平等的权利，并承担平等的义务。"德国自 1982 年起认可由离婚的父母共同行使对子女的亲权，在此前规定"亲权应委诸父母一方单独行使"。法国于 1987 年起，开始承认父母离婚后由双方共同或一方单独行使亲权，此前也规定为单方行使。我国台湾地区原先规定父母离婚后单方行使对未成年子女的监护，甚至"由夫任之"优先，1996 年后才规定可由一方或双方共同任之。

1989 年 11 月 20 日，第 44 届联合国大会第 25 号决议通过的《儿童权利公约》第 18 条规定："缔约国应尽其最大努力，确保父母双方对儿童的养育和发展负有共同责任的原则得到确认。"公约的这一规定符合子女的最大利益原则，正逐渐为各国亲属立法所接受。[1]

我国早在 1950 年就确立了父母离婚后共同监护原则，一以贯之。这个立法理念，符合男女平等原则，符合亲子关系的自然本质，符合未成年子女的最佳利益，是先进的。

二、离婚后单方抚养权的误区

父母离婚后共同监护的先进立法理念，在法律实施的过程中却长期存在误区，详述如下。

1. 立法上的一词多义和《民法典》的纠偏

1950 年《婚姻法》中的"抚养教育"，指父母对子女义务的概括总称，但该法又在"离婚后子女随其共同生活"的意义上使用"抚养"（第 21 条）。1980 年《婚姻法》中，"抚养教育"在第 15 条指经济支持，在第 29 条第 2 款则指父母对子女的监护职责，而"抚养"单独出现时又指离婚后父母一方和子女共同生活（第 29 条第 1 款、第 30 条）。2001 年修正的《婚姻法》，对于离婚后父母一方和子女共同生活，在第 36 条称为"直接抚养"，在第 37 条仍然使用"抚养"。长期以来，立法上的一词多义衍化出了离婚后抚养权的习惯用法，在从中央到地方的各级规

---

〔1〕 参见夏吟兰：《离婚亲子关系立法趋势之研究》，载《吉林大学社会科学学报》2007 年第 4 期。

范性文件中屡见不鲜。离婚后的抚养权很容易被解读为由父母一方独享的某种权利，追根溯源，其实没有法律依据。至少，全国人大及常委会制定的法律从未规定过父母离婚后的单方抚养权。

《民法典》终于统一了概念使用，在第1067条以“抚养”指经济支持，在第26条、第1058条、第1084条以“抚养、教育、保护”指父母对子女的特别监护职责，在第1084条、第1085条、第1086条以“直接抚养”指父母离婚后子女随一方共同生活。需注意，在《民法典》中，抚养和直接抚养并非上下位概念，不能望文生义。

2. 裁判文书的表述不规范和理解偏差

关于父母离婚后子女随哪一方生活，规范表述应该是子女“由某某直接抚养”或者“随某某共同生活”。但司法实践中法院裁判文书的表述差异极大。比较典型的不规范表述包括“由某某抚养”[1]“由某某抚养成人”[2]“由某某负责抚养教育”[3]“由某某负责抚养”[4]“由某某携带抚养”[5]“由某某带领抚养”[6]“暂由某某抚养”[7]“抚养权归某某”[8]“随某某生活并由其抚养”[9]“由原、被告共同抚养，由被告监护并随被告居住生活”[10]等。值得注意的是，上海地区绝大部分裁判文书规范使用“随某某共同生活”。

种种不规范表述，假如只是用词的不严谨和实质含义无误的话，尚可接受。问题在于，有迹象表明一些法院对于相关概念的理解确已背离立法本意。2020年5月《中国妇女报》对南京市建邺区人民法院审理的一起离婚纠纷案件的报道提道，“主审法官创新裁判方法，采用抚养权与实际抚养人相分离的方式，确认男方对大女儿享有抚养权、女方对小女儿享有抚养权，两个女儿继

[1] 北京市丰台区人民法院民事判决书，(2019)京0106民初36276号。
[2] 江西省景德镇昌江区人民法院民事判决书，(2019)赣0202民初1475号。
[3] 浙江省杭州市江干区人民法院民事判决书，(2017)浙0104民初2292号。
[4] 广东省兴宁市人民法院民事判决书，(2019)粤1481民初2013号。
[5] 广东省佛山市顺德区人民法院民事判决书，(2019)粤0606民初15764号。
[6] 云南省会泽县人民法院民事判决书，(2019)云0326民初3335号。
[7] 青海省海晏县人民法院民事判决书，(2018)青2223民初20号。
[8] 广东省惠州市惠城区人民法院民事判决书，(2019)粤1302民初10310号。
[9] 山西省静乐县人民法院民事判决书，(2019)晋0926民初643号。
[10] 广西壮族自治区天峨县人民法院民事判决书，(2019)桂1222民初169号。

续随女方共同生活”,并引用法官的话,“这样有效化解了双方的抚养权之争。我们认为在子女抚养争议较大的离婚案件中,这种方式具有较强的可行性和可操作性”。[1] 笔者认为,这种“抚养权与实际抚养人分离”模式是对直接抚养概念的误解,创设了法律上并不存在的单方抚养权,违背了离婚后父母共同监护的原则。

3. 日常生活中的普遍误解

审判实践尚且如此,更不能奢望普通民众正确分辨上述概念。现实中,抚养、直接抚养、抚养权乃至监护权,常常被混为一谈。许多当事人担心离婚后会失去对子女的抚养权,甚至不再是子女的监护人,不少矛盾由此产生,实无必要。这样的错误认知,与立法本意背道而驰。

三、子女重大事务的决定

1. 共同监护的应有之义:子女重大事务的共同决定

父母离婚后,一方与子女不再共同生活,不影响父母双方进行共同监护。试想,即使父母未离婚,双方也未必时时与子女共同生活;关于子女各项事宜,也未必事事达成一致。共同监护是就子女生活状态的整体而言,而非事无巨细地就所有个别事项而言。在日常生活琐事上,并不排斥父母单方作出决定,甚至不排斥单方作出的决定不符合另一方的意志。“但如遇关系到子女人身或财产重大利益时,法律则要求父母需共同行使监护”,[2]不能由一方擅作决定。至于何为生活琐事何为重大事务,根据具体情况的不同,应允许有各异的判断标准。不能机械地理解共同监护的含义,甚至误将父母双方与子女共同生活当作共同履行监护职责的前提。

父母共同监护的理念固然先进,但在双方不能达成一致的情况下,还需要配套的子女重大事务决定机制,否则会造成未成年子女重大事务,尤其是关于医疗、受教育方面的事务悬而不决,可能损害未成年人的利益。

---

[1] 茹希佳:《南京市建邺区人民法院创新裁判——抚养权与实际抚养人分离,智慧化解抚养权之争》,载《中国妇女报》2020 年 5 月 13 日,第 B1 版。

[2] 孙若军:《父母离婚后的子女监护问题研究》,载《法学家》2005 年第 6 期。

2. 比较法上的借鉴

我国台湾地区"民法"第 1089 条第 2 款规定:"父母对于未成年子女重大事项权利之行使意思不一致时,得请求法院依子女之最佳利益酌定之。"例如,父母对未成年子女是否继续就学或中辍学业去工作的意见,属于对未成年子女重大事项的权利行使,双方意见不一致的,可以请求法院酌定,法院应依子女的最佳利益,对具体争议事务作出决定。[1] 关于子女称姓,我国台湾地区原先规定"子女从父姓",2007 年修正为:首先由父母书面约定,未约定或约定不成,由双方"于户政事务所抽签决定之"(参见我国台湾地区"民法"第 1059 条)。

在《德国民法典》上,父母双方共同承担责任的,可以在协商的基础上进行分工。意见分歧的,父母必须努力达成一致(参见第 1627 条第 2 句)。若对重要事项不能达成一致,家庭法院可以在一定情况下作出裁判。但法院不能就争议事务的具体安排直接作出决定,它只能将有争议的事项托付给父母一方作出决定,判断的主要标准是子女最佳利益。[2]

3. 我国的司法实践两例

(1)关于父母单方更改未成年子女姓名

1981 年《最高人民法院关于变更子女姓氏问题的复函》指出:"傅家顺在离婚后,未征得陈森芳同意,单方面决定将陈昊彬的姓名改为傅伟继,这种做法是不当的。"1993 年《离婚案件子女抚养问题意见》规定:"父或母一方擅自将子女姓氏改为继母或继父姓氏而引起纠纷的,应责令恢复原姓氏。"2002 年《公安部关于父母离婚后子女姓名变更有关问题的批复》认为:"对于离婚双方未经协商或协商未达成一致意见而其中一方要求变更子女姓名的,公安机关可以拒绝受理;对一方因向公安机关隐瞒离婚事实,而取得子女姓名变更的,若另一方要求恢复子女原姓名且离婚双方协商不成,公安机关应予恢复。"上述意见,都体现出父母无权单方更改子女姓名。

(2)关于父母单方处分子女名下房屋

司法实践中的观点不一。有观点认为,单方无权代理子女处分房产,如

---

〔1〕 参见黄碧芬:《民法·亲属继承》,台北,书泉出版社 2016 年版,第 212 页。

〔2〕 参见[德]迪特尔·施瓦布:《德国家庭法》,王葆莳译,法律出版社 2010 年版,第 334~335 页。

(2016)粤0606民初19247号民事判决书认为:"张某为未成年人,胡某某离婚后,张某的父亲仍为张某的监护人。胡某某无权独自变卖张某的财产"。(2016)粤0605民初20071号民事判决书认为:"(离婚)判决明确肖某由戴某携带抚养,肖某享有的份额的处分应由肖耿某、戴某为肖某的利益共同作出,原告认为肖耿某有权代理或表见代理肖某处分涉讼房屋的主张缺乏理据,本院不予采纳。"

另有观点认为,父母单方有权代理子女处分房产,如(2015)浦民一(民)初字第20766号民事判决书认为:"法律亦未强制性规定处分未成年人的财产必须有未成年人的全部监护人签字才有效。"(2016)沪0107民初14741号民事判决书认为:"江某作为宁某某的母亲是当然的法定代理人,有权代理宁某某的民事活动。……无论宁某某或者其父宁伟某对于系争房屋的买卖是否知情,宁某某以江某无权处分为由主张合同无效,于法无据,法院不予支持。"可见这一问题在司法实践中还有争议。

原国土资源部《不动产登记暂行条例实施细则》规定:"无民事行为能力人、限制民事行为能力人申请不动产登记的,应当由其监护人代为申请。"据笔者了解,上海的不动产登记机构在办理未成年人名下不动产登记时,一般会要求其父母双方代为申请。

笔者认为,房产处分属于子女重大事务,根据父母共同监护的原则,理应由父母为未成年子女利益共同为之。

四、小结

我国立法上早已确立父母共同监护未成年子女的原则,即使父母离婚也不例外。父母离婚后,法律规定子女由一方直接抚养,即随这一方共同生活,而不是说该方单独享有所谓抚养权。子女重大事务的共同决定,是父母共同监护的应有之义,无论父母的婚姻关系存续与否,当父母无法协商一致,又确有必要作出决定时,需要司法救济渠道。在共同监护原则的基础上,有必要借鉴其他国家、地区的经验,建立未成年子女重大事务决定机制,避免问题悬而不决,损害未成年人的利益。

回到文初案例的问题,虽然法院在甲乙离婚诉讼中判决丙由甲直接抚养,但这仅意味着甲乙离婚后丙随甲共同生活的安排,乙仍然是丙的监护人。长期离开熟悉的生活环境去国外读书,属于未成年子女的重大事务,在父母均健在的情况下,首先应由父母双方协商一致,不能由单方擅自决定。因此,乙的反对意见在法律上是成立的。

法条链接

《民法典》

第1058条　夫妻双方平等享有对未成年子女抚养、教育和保护的权利,共同承担对未成年子女抚养、教育和保护的义务。

第1085条　离婚后,子女由一方直接抚养的,另一方应当负担部分或者全部抚养费。负担费用的多少和期限的长短,由双方协议;协议不成的,由人民法院判决。

前款规定的协议或者判决,不妨碍子女在必要时向父母任何一方提出超过协议或者判决原定数额的合理要求。

第1086条　离婚后,不直接抚养子女的父或者母,有探望子女的权利,另一方有协助的义务。

行使探望权利的方式、时间由当事人协议;协议不成的,由人民法院判决。

父或者母探望子女,不利于子女身心健康的,由人民法院依法中止探望;中止的事由消失后,应当恢复探望。

20. 如何解决"抢孩子"难题?

案情导入

丙系甲与乙的婚生子。甲乙因感情不和协议离婚,离婚协议书约定,丙由甲直接抚养,乙有探望权。离婚后,在某次探望过程中,乙擅自将丙带走,拒不向甲告知丙的下落。甲为此前往多地寻找未果。乙及乙的家人断绝与甲的联系,甲长期见不到儿子。问:甲有何法律救济途径?假如此事发生在甲乙婚姻关系存续期间,又该如何救济?

裁判法理

本篇所说的“抢孩子”,不是父母在离婚诉讼中争夺直接抚养,而是无论在婚姻关系存续期间还是离婚后,一方将孩子带走、藏匿,使另一方无法和孩子接触,以此达到施压、报复、伤害对方等目的。社会新闻中时有听闻当街抢小孩事件,多源于此类家庭纠纷。[1] “抢孩子、藏孩子”现象,对社会和谐、家庭和睦、未成年人健康成长都有巨大伤害。问题的解决,有赖于从社会到家庭方方面面的协力,民事法律救济途径是其中重要且必要的一环。

一、何种民事权益受损

民事法律救济途径的选择,首先需要明确,在“抢孩子”现象中,有没有民事权益受到侵害?如果有,何人的何种民事权益受到了侵害?

1. 父母监护权的含义

我国采用“大监护”体例,将父母对未成年子女的监护、父母以外的其他主体对未成年人的监护、未成年人以外的其他主体作为被监护人的监护,都归入监护制度。父母对未成年子女的抚养、教育、保护,保障其接受并完成义务教育,防止其不当行为,管理子女财产等内容,均属于父母监护职责。

《民法典》未使用“监护权”概念。监护作为职责,同时具有权利和义务的属性。父母监护职责的权利属性,体现在如下几个条文:首先是《民法典》第 34 条第 2 款中的“监护人依法履行监护职责产生的权利”,该权利包括父母对未成年子女履行监护职责产生的权利,以及其他类型的监护中,监护人履行监护职责产生的权利。其次是《民法典》第 112 条中的“自然人因婚姻家庭关系等产生的人

[1] 参见鲁畅:《为何要抢?如何处罚?——北京警方通报“丰台抢孩子案件”》,载新华网 2018 年 10 月 26 日,http://www.xinhuanet.com/2018-10/06/c_1123523450.htm。

身权利”,该权利包括夫妻之间的身份权利以及“父母对子女的亲权和履行监护职责产生的权利”。[1] 可见,“监护人依法履行监护职责产生的权利”和“自然人因婚姻家庭关系等产生的人身权利”中,都包括父母对未成年子女履行监护职责产生的权利,根据上述两个条文的规定,这一权利受法律保护。此外,在《民法典》第 1058 条、第 1084 条第 2 款中,父母特别监护职责,即“抚养、教育、保护”也被认为是权利。下文将父母对未成年子女履行监护职责产生的权利简称为“父母监护权”。

父母监护权是一种身份权。身份权具有相对权和绝对权的双重属性。前者是指身份关系人之间可以请求彼此为一定行为,是对人权;后者是指权利人可以对于一般人请求不作为,是对世权。

2. 父母监护权与会面交往权、探望权的联系

《德国民法典》第 1684 条规定:“子女有与父母任何一方交往的权利;父母任何一方有义务并有权与子女交往。”我国台湾地区虽无父母子女会面交往权的规定,但学者认为,“会面交往者,正是保障父母爱情及亲子关系最后之羁绊,适当的会面交往,不惟不致害及子女之利益,反而多少或可弥补子女因父母离婚所招致之不幸。故法律虽无明文,亦宜为肯定之解释”。[2] 我国大陆法律上同样没有会面交往权的明文规定,但基于同样的理由,也可将会面交往解释为父母监护职责的应有之义,既是父母的权利也是其义务。从这个角度而言,不法阻挠父母一方和子女会面交往,就是侵害该方的父母监护权。

我国台湾地区 1996 年修正“民法”,新增的第 1055 条第 5 项规定:(父母离婚后)“法院得依请求或依职权,为未行使或负担权利义务之一方酌定其与未成年子女会面交往之方式及期间。但其会面交往有妨害子女之利益者,法院得依请求或依职权变更之”。我国大陆 2001 年修正的《婚姻法》,在第 38 条也新增了离婚父母对未成年子女探望权的规定。笔者认为,探望权是离婚父母中的不直接抚养方为履行监护职责依法享有的一项权利,是一种特定化的监护权。当

---

〔1〕 参见黄薇主编:《中华人民共和国民法典总则编释义》,法律出版社 2020 年版,第 294 ~ 295 页。我国采“大监护”体例,学理上的亲权内容,在法律上就包含于父母履行监护职责产生的权利。

〔2〕 陈棋炎、黄宗乐、郭振恭:《民法亲属新论》,台北,三民书局 2018 年版,第 215 页。

事人无正当理由,拒绝探望权人探望未成年子女的,属于侵害父母监护权的侵权行为。

3. 父母监护权是否被侵害的判断标准:未成年子女的利益

父母监护权是父母对未成年子女履行监护职责产生的权利。虽具有权利属性,但权利行使的目的是被监护人的利益。其中,接受父母抚养教育保护、与父母交往会面等,是未成年人成长必不可少的需求。基于未成年人利益保护的目的,父母监护职责应然的履行方式并非一成不变,要视情形而定。比如,父母离婚虽不影响双方仍是子女的监护人,但监护职责的具体履行方式一定会发生变化。父母即使在离婚协议中约定了监护职责的履行方式,甚至法院已就此作出判决,在将来的生活中仍有根据实际情况(未成年人需求、生活便利等)调整变化的可能。相应地,可根据《民法典》第1001条的规定参照适用《民法典》第998条,在认定行为人承担侵害父母监护权的责任时,考虑行为的目的、方式、后果等因素(尤其是未成年人最佳利益)进行综合判断。

当然,父母与子女天然的血缘关系决定了父母行使监护权也蕴含着父母的情感利益,这与子女利益应该是一致的。假如不一致,父母还坚持要这么做,就不符合法律要求的“按照有利于被监护人的原则履行监护职责”(《民法典》第35条),就是监护权的滥用(《民法典》第132条)。排斥其不当行使,也就不会构成对父母监护权的侵害。

在大多数情况下,“抢孩子”、阻挠父母一方和孩子见面的行为,显然损害未成年子女利益,因而是对该方父母监护权的侵害。

二、法律救济的路径

1. 侵权责任路径的理论分析

《民法典》第120条规定:“民事权益受到侵害的,被侵权人有权请求侵权人承担侵权责任。”如前所述,父母监护权是受法律保护的民事权利。《侵权责任法》(已废止)第2条也将侵害监护权作为应当承担侵权责任的情形之一。

根据《民法典》第179条的规定,承担侵权责任的方式,包括停止侵害,排除妨碍,消除危险,返还财产,恢复原状,赔偿损失,消除影响、恢复名誉,赔礼道歉。

这些方式可以单独适用,也可以合并适用。其中,《民法典》第 1167 条规定的停止侵害、排除妨碍、消除危险,是在损害后果还没有发生时,赋予被侵权人一定的请求权以发挥预防性的功能,防止损害后果的发生和扩大,是防御性的责任承担方式。我国法律将其作为侵权责任的承担方式,但在理论上,有观点认为它们不同于侵权责任的绝对权请求权。该观点认为:侵权责任仅限于损害后果已然发生的损害赔偿,损害赔偿的方式分为金钱赔偿和恢复原状两种,返还财产、赔礼道歉、消除影响及恢复名誉都是恢复原状的具体方式。损害后果尚未发生的防御性请求权不能纳入侵权责任的范畴,否则会带来归责原则上的困惑和与诉讼时效原理的冲突。[1] 无论是否将这些防御性的请求权归入侵权责任,通说认为它们与损害赔偿请求权不同,在构成要件上不要求过错和损害后果。将《民法典》第 1167 条和第 1165 条对比即可体现。

具体到对父母监护权的侵权,当对绝对权的侵害处于持续状态时,既存在已经发生的损害后果,又需要对尚未发生的损害后果防患于未然,即及时制止侵害。对于前者,适用《民法典》第 1165 条的规定,是损害后果已经发生的损害赔偿请求权,如要求赔偿精神损害,赔偿寻找子女的费用等。对于后者,则适用《民法典》第 1167 条的规定,是损害后果尚未发生的防御性的请求权,如要求停止侵害、排除妨碍。[2]

关于精神损害赔偿,《民法典》第 1183 条第 1 款规定:"侵害自然人人身权益造成严重精神损害的,被侵权人有权请求精神损害赔偿。"人身权益包括人格权益和身份权益,侵害父母监护权应有精神损害赔偿的适用。《最高人民法院关于确定民事侵权精神损害赔偿责任若干问题的解释》第 2 条也规定,"非法使被监护人脱离监护,导致亲子关系或者近亲属间的亲属关系遭受严重损害"的,监护人可向人民法院起诉请求赔偿精神损害。该司法解释不仅适用于拐卖、拐骗儿童的情形,也可适用于亲属间抢夺藏匿未成年人的情形。

---

〔1〕 参见周友军:《侵权责任法专题讲座》,人民法院出版社 2011 年版,第 61 页。

〔2〕 不能把"危及人身安全"理解为仅限于危及生命权、健康权、身体权等人格权,而应理解为危及人格权益和身份权益。

2. 侵权责任路径的司法实践观点

能否采用侵权责任路径解决“抢孩子”难题，在司法实践中存在不同观点。

（1）持肯定观点者，如重庆市第五中级人民法院（2017）渝 05 民终 205 号民事判决书。该案中，2011 年 2 月 25 日出生的崔某 2 系崔某 1 与刘某婚生子。2013 年 9 月 27 日，崔某 1 与刘某自愿办理离婚登记，离婚协议约定，崔某 2 由崔某 1 抚养，刘某有探视权。2015 年 3 月 26 日，刘某将崔某 2 带走。崔某 1 为此前往深圳及重庆多次寻找未果。刘某及家人断绝与崔某 1 的电话联系，崔某 1 一直无法探视崔某 2。

一审法院认为，刘某在行使探视权中，未经协议或法定变更将崔某 2 带离崔某 1 住所，刘某的行为侵犯了崔某 1 对崔某 2 的监护权，是错误的。崔某 1 要求刘某如实告知崔某 2 的下落的请求符合法律规定，法院应予支持。崔某 1 因刘某的行为使被监护人脱离监护，但崔某 1 未能举证证明导致亲子关系遭受严重损害的损失，对崔某 1 要求刘某赔偿精神损失的请求法院不予支持。二审法院认为，刘某擅自带离、故意藏匿双方婚生子崔某 2，造成崔某 2 与崔某 1 的长久隔离，构成对崔某 1 监护权的侵犯，同时给崔某 1 造成精神痛苦和不能享受因监护产生的精神利益。二审判令刘某停止对崔某 1 监护权的侵害，刘某于判决生效之日起 15 日内将崔某 2 送交崔某 1；刘某于判决生效之日起 15 日内赔偿崔某 1 精神损害抚慰金 3000 元。

（2）持否定观点者，如淄博市中级人民法院（2017）鲁 03 民终 2540 号民事判决书。该案中，李昊某（原告）与韩某（被告）系夫妻，双方于 2013 年 5 月 20 日登记结婚，于 2016 年 1 月 25 日生育一女孩李梓某。2016 年 5 月双方发生矛盾，被告带孩子回娘家居住。2016 年 9 月被告曾起诉离婚，经法院判决不准离婚后，原、被告一直分居生活。其间，原告为看孩子多次通过短信和上门等方式与被告协商，但双方因沟通不畅协商未果。

一审法院认为：本案系原、被告双方因家庭琐事发生矛盾，双方分居期间因子女探望和照看的问题发生的矛盾，应由夫妻双方本着求同存异，互谅互让的原则，自行协商处理。原、被告对子女的监护权并未经法定事由予以撤销或剥夺，故原、被告仍是婚生女李梓某的法定监护人，本案并非监护权纠纷，据此驳回了原告提出的停止侵害监护权并将女儿带回原告身边、精神损害赔偿费、赔礼道歉三项诉讼请求。二审法院认为:上诉人主张被上诉人侵犯了其法定监护权及亲权,《民事案件案由规定》中并无对此类案由的规定,本案可定性为侵权纠纷。上诉人与被上诉人已经分居,孩子只能跟随一方生活,不可能强制要求孩子跟随父母一起生活,且父母是孩子法定的监护人,孩子现跟随被上诉人生活,并未使孩子脱离监护状态,不符合相关司法解释列举的赔偿精神损害的范围。被上诉人已经提起离婚诉讼,孩子跟随哪一方生活对孩子成长更加有利以及另一方如何行使探视权均可以在离婚诉讼中解决。二审驳回上诉,维持原判。

3. 婚内探望权路径的可能性

在婚姻关系存续期间,当事人能否不要求离婚,仅主张对子女的探望权?《民法典》第1086条和《婚姻法》第38条规定的探望权被限制在"离婚后",但司法实践中并非没有支持婚内探望权的先例。

(1)有判决支持婚内探望权,如西安市中级人民法院(2011)西民一终字第01149号民事判决书认为,夫妻分居后,对子女的抚养应从有利于子女健康成长的角度出发,由夫妻双方共同协商,协商不成的,由人民法院根据当事人及子女的实际情况来决定。抚养权作为一种亲权,是父母对其子女的一项人身权利,当然包括分居期间不直接抚养孩子的一方探视子女的权利。直接抚养子女的一方有义务保障子女的健康成长,另一方有义务承担子女的生活和教育费用。不直接抚养子女的一方有探望子女的权利,另一方有协助的义务。韩某某、董某系夫妻,双方并未离婚,婚姻关系仍然存在,只是分居而已,两人均为韩子某的法定监护人,故韩某某对其仍有法定的监护抚养义务,其当然享有抚养、探望韩子某的权利,这是法定监护人行使抚养权的体现。据此,该判决在一审驳回原告诉讼请求的情况下,改判韩某某每月探望孩子两次(时间为每月第一个星期六和第三个星期六),韩某某探望孩子时,董某应予协助。另外,辽宁省新民市人民法院(2017)辽0181民初788号民事判决书亦持此观点。

(2)也有法院认为当事人主张婚内探望权不符合起诉条件,如淄博市中级人民法院(2018)鲁03民终4160号民事裁定书认为,上诉人侯某与被上诉人赵某的婚姻关系仍然存续,在双方的离婚纠纷诉讼中对子女的抚养问题也有涉及,尚无最终判决结果,因此,上诉人在此时单独就探望权提起诉讼,条件不成就,据此维持了一审驳回起诉的裁定。另外,南京市江宁区人民法院(2015)江宁民诉初字第21号民事裁定书认为,行使探视权的前提条件是父母离婚。而吴某与史某婚姻关系尚存,故吴某现要求行使探视权无法律依据,据此裁定对吴某的起诉不予受理。南京市中级人民法院(2015)宁民诉终字第59号民事裁定书二审维持了上述裁定。

三、紧急应对措施

民事诉讼旷日持久,但及时制止"抢孩子"行为刻不容缓,需要紧急措施予以应对。

1. 我国台湾地区相关规定的借鉴

如果夫妻双方已经分居,孩子势必无法继续与父母双方共同生活。为解决在此期间父母对孩子的同住相处、探视问题,我国台湾地区"家事事件法"有"暂时处分"制度。该制度着眼于先行解决眼前问题,追求的是时效。避免子女和父母一方长时间疏离。暂时处分申请不能单独提出,必须以已经提起离婚诉讼或者改定亲权诉讼为前提,且须具备必要性和急迫性。一般来说,暂时处分申请提出后的数周之内即会开庭,也可以书面审查。根据审理情况,法庭会下发裁定,对子女随哪一方生活、另一方如何探视、抚养费等方面作出暂时性的处理。裁定一经作出,即具有强制执行的效力;另一方即使不服并提出抗告,原则上也不停止裁定的强制执行。

2. 现实可行的紧急应对措施

《民法典》第997条规定:"民事主体有证据证明行为人正在实施或者即将实施侵害其人格权的违法行为,不及时制止将使其合法权益受到难以弥补的损害的,有权依法向人民法院申请采取责令行为人停止有关行为的措施。"又根据《民法典》第1001条的规定,对监护权这样"因婚姻家庭关系等产生的身份权利"的保护,可参照适用第997条。《民法典》权威释义认为:"本条规定的是通过请求人民法院判决之外的其他程序,申请人民法院采取责令行为人停止有关行为的措施,且仅规定了此种申请的实体法基础。如何通过程序而具体实现,其他法律对此有规定的,应当适用其他法律的规定。”[1]

在程序法上,2012 年修订的《民事诉讼法》第 100 条[2]关于保全的规定,新增了行为保全的内容。与修订前对比,新法使用的是“保全”概念而不再是“财产保全”。申请的理由,也不再仅限于“可能造成判决难以执行”,而是增加了“可能造成当事人其他损害”。具体措施上,不再仅针对财产采取措施,而是可以“责令或者禁止其作出一定行为”。

根据上述实体法和程序法规定,法院完全可以依当事人申请作出保全裁定,责令抢夺、藏匿孩子的当事人不得继续这一行为,或者责令其配合、协助父母或其中一方与孩子见面,还可以责令其将孩子送回父母或其中一方。义务人如不履行,则需承担拒不执行判决、裁定的法律责任。如此,可以起到与我国台湾地区暂时处分制度相似的作用。

在《民法典》施行之前,已有人民法院根据《民事诉讼法》的相关规定做过这方面的探索。如 2016 年,《上海市长宁区人民法院 2011 年—2015 年涉未成年子女离婚案件审判白皮书》提出:“通过运用《民事诉讼法》的行为保全制度,对诉前或诉讼中发生的或有证据证明极有可能将要发生的抢夺、藏匿未成年子女的行为进行司法约束。依申请或依法院职权裁定该当事人不得实施抢夺、藏匿未成年子女的行为,否则,可依法对其进行罚款、拘留甚至追究刑事责任。”2018 年 7 月广东省高级人民法院颁布的《广东法院审理离婚案件程序指引》规定,一方当事人抢夺、转移、藏匿未成年子女的,另一方可以申请行为保全。还规定对拒不停止抢夺、转移、藏匿未成年子女行为的,法院可以适用罚款、拘留等惩罚措施。

四、小结

孩子不是父母可以藏匿的物品,更不是谈判的筹码。成年人的恩怨无论多么深,多么复杂,孩子是无辜的。亲近父母是孩子的天性,亲子分离会使孩子产

---

[1] 黄薇主编:《中华人民共和国民法典人格权编释义》,法律出版社 2020 年版,第 40 页。

[2] 2021 年《民事诉讼法》修正后,该条为第 103 条。

生不安、焦虑、恐惧等负面情绪，对其身心健康产生不利影响。

恶意抢夺、藏匿未成年子女，阻挠父母一方与子女会面交往的行为，侵害了该方父母履行监护职责所产生的权利，即父母监护权。父母监护权虽具有权利属性，但权利行使的目的是被监护人的利益，故未成年子女利益是认定侵犯父母监护权的重要依据。承担侵权责任的方式，包括停止侵害、排除妨碍等防御性请求权，也包括精神损害赔偿等损害赔偿请求权。但需注意司法实践中的不同观点以及主张婚内探望权的可能性。为及时制止“抢孩子”行为，当事人还可以申请法院紧急采取行为保全措施。

回到文初案例的问题，甲可以先向法院申请行为保全，责令乙不得藏匿孩子。随后，甲可以对乙以及其他阻挠他履行监护职责的人提起侵权责任诉讼。当然，甲还可以根据实际情况，选择提起离婚诉讼、变更抚养关系诉讼、探望权诉讼等。

法条链接

《民法典》

第 35 条第 1 款　监护人应当按照最有利于被监护人的原则履行监护职责。监护人除为维护被监护人利益外，不得处分被监护人的财产。

第 132 条　民事主体不得滥用民事权利损害国家利益、社会公共利益或者他人合法权益。

第 998 条　认定行为人承担侵害除生命权、身体权和健康权外的人格权的民事责任，应当考虑行为人和受害人的职业、影响范围、过错程度，以及行为的目的、方式、后果等因素。

第 1001 条　对自然人因婚姻家庭关系等产生的身份权利的保护，适用本法第一编、第五编和其他法律的相关规定；没有规定的，可以根据其性质参照适用本编人格权保护的有关规定。

第 1165 条　行为人因过错侵害他人民事权益造成损害的，应当承担侵权责任。

依照法律规定推定行为人有过错，其不能证明自己没有过错的，应当承担侵权责任。

第1167条　侵权行为危及他人人身、财产安全的，被侵权人有权请求侵权人承担停止侵害、排除妨碍、消除危险等侵权责任。

《民事诉讼法》

第103条　人民法院对于可能因当事人一方的行为或者其他原因，使判决难以执行或者造成当事人其他损害的案件，根据对方当事人的申请，可以裁定对其财产进行保全、责令其作出一定行为或者禁止其作出一定行为；当事人没有提出申请的，人民法院在必要时也可以裁定采取保全措施。

人民法院采取保全措施，可以责令申请人提供担保，申请人不提供担保的，裁定驳回申请。

人民法院接受申请后，对情况紧急的，必须在四十八小时内作出裁定；裁定采取保全措施的，应当立即开始执行。

21. 父母处分未成年子女财产的法律行为效力如何？

案情导入

甲系未成年人，因接受其祖父遗赠取得产权房一套，登记在自己名下。甲的父母开办公司需要资金周转，遂作为甲的法定代理人，将该房屋抵押给债权人，为公司债务提供担保。问：甲的父母抵押甲名下房屋的行为，法律效力如何？若甲接受遗赠的财产为一祖传古董，甲的父母为获得赌资，以自己名义将该古董出售，法律效力又如何？

裁判法理

一、父母处分未成年子女的财产有何限制？

《民法典》第35条承袭自《民法总则》第35条，其第1款最后一句规定："监护人除为维护被监护人利益外，不得处分被监护人的财产。"父母是未成年子女的监护人，故从该条规定可以得出：父母除为维护未成年子女利益外，不得处分

未成年子女的财产。对该规则的理解,有3个问题需要说明:

1. 何为“未成年子女的财产”

现实生活中,有的夫妻共同出资购买房屋后,基于各种因素的考虑,将房屋产权登记在未成年子女的名下。根据物权公示公信的原则,该房屋应为未成年子女的个人财产,但实际情况存在其他可能性。

《上海市高级人民法院民事法律适用问答》2005年第3期有如下表述:“……这并不意味着该房屋的真实产权人即为该未成年子女,而应考量夫妻双方在购买房屋时的真实意思。因此,除非有相反的证据,否则通常仍然将该房屋视为夫妻及未成年子女共有财产。”该文件同时强调,这是就不动产物权登记的内部效力而言。在对外效力上,仍应基于物权公示公信原则予以处理。

《江苏省高级人民法院婚姻家庭案件审理指南》认为:“人民法院应审查夫妻双方在购买房屋时的真实意思表示……如果真实意思并不是将房屋赠与未成年子女,离婚时应将该房屋作为夫妻共同财产处理比较适宜。”

在湖北省高级人民法院(2017)鄂民终105号民事判决书和最高人民法院对该案再审审查的(2017)最高法民申3404号民事裁定书中,两级法院基于登记在未成年人王某轩名下的系争房屋系其父母出资购买,王某轩没有独立经济来源,系争房屋产权登记时父母债务尚未还清,案涉房屋一直由父母用于经营、明显超出王某轩的基本生活需要等理由,认定系争房屋为王某轩与其父母的家庭共有财产。

由此可见,在司法实践中,登记在未成年子女名下的房产未必是未成年子女的个人财产,还可能是其家庭共有财产或其父母的夫妻共同财产。本篇所讨论的未成年子女的财产,需排除这些情况,专指确定为未成年子女个人所有的财产,包括其依继承、接受赠与等无偿取得的财产,也包括其基于劳动、创作等有偿取得的财产。[1]

---

〔1〕 我国台湾地区相关规定将前者称为“未成年子女之特有财产”,后者为非特有财产。

2. 何为“处分”

民法上的处分有多重含义。最广义的含义包括法律上的处分和事实上的处分;较狭义的含义指法律上的处分,包括处分行为和负担行为;最狭义的含义仅指法律行为中的处分行为。

《民法典》第35条第1款限制监护人对被监护人财产的处分,该条主要功能在于规制监护人的不当行为,保护被监护人的财产利益。从这个目的出发,监护人以被监护人财产为标的,为转移所有权而交付、设定抵押权(处分行为)需要规制;签订买卖合同、租赁合同(负担行为)也需要规则;予以拆毁、加工(事实上的处分)同样需要规制。因此,对这里的“处分”应采最广义的解释,与《民法典》第240条中的“处分”含义相同,指“财产所有人对其财产在事实上和法律上的最终处置”。[1]

3. 何为“为维护未成年子女的利益”

《民法典》第35条确立了最有利于被监护人的原则。在对未成年人的监护中,这一原则体现为未成年人利益最大化(儿童利益最大化)原则。启蒙运动以来,传统亲权制度经历了从家族本位到亲本位再到子本位的变化过程。在这个过程中,未成年子女个人利益逐渐被强化,世界各国对未成年人权益保护都发生了观念上的改变和制度上的变革,承认未成年人最佳利益原则已经成为各国或地区立法以及《联合国儿童权利公约》等国际条约的共识。

我国传统习惯中,子女原不得有私产,所谓“子妇无私货、无私蓄、无私器、不敢私假,不敢私与”。[2] 民国时期民法始承认未成年子女因继承、受赠或其他方式无偿取得的财产为未成年子女的特有财产,虽有进步,但仍认为“因劳力或其他有偿而取得之财产,非归未成年子女私有”。[3] 新中国成立后,法律高擎反封建旗帜,以将子女从父权、族权中解放出来为己任,当然承认未成年子女的人格独立,承认子女可以拥有个人财产,且无须作特有财产、非特有财产的区分。在《民法典》中,第31条、第35条、第36条、第1044条、第1084条更是直接或间

---

〔1〕 黄薇主编:《中华人民共和国民法典物权编释义》,法律出版社2020年版,第56页。

〔2〕 《礼记·内则》。

〔3〕 王泽鉴:《民法学说与判例研究》(重排合订本),北京大学出版社2015年版,第1572页。

接地体现了未成年人最佳利益原则。

但于父母子女关系而言,需注意其不同于其他类型监护的特殊性。我国立法采用“大监护”体例,父母对未成年子女的权利义务固然属于监护制度的组成部分,但父母监护建立在对父母的信任假设的基础上,而其他类型的监护建立在对监护人不信任假设的基础上。在前者,需赋予父母更大的自由度,使其充分发挥抚育后代的天性,对子女才更有利;在后者,则需更严格地限制监护人的行为,避免其利用履行监护职责之便,损害被监护人的利益。

在这样的指导思想下判断父母处分未成年子女财产是否为维护未成年子女的利益,就不能机械地以直接有利、结果有利为唯一标准,而应允许对未成年子女间接有利或出于有利于未成年子女的动机作出的行为。如父母经营产业,其收入一般用于家庭,子女亦从中得以间接获益;又如父母用子女压岁钱购买理财产品,期望保值增值,即使投资失败,也不能说父母违反了维护子女利益的法律规定。在处分未成年子女财产的决策上,父母享有较大的自由裁量空间,是否维护子女利益,应“以一般理性人处理自己事务时应尽的注意义务为标准予以形式判断”。[1]

在上述认识的基础上还应看到,《民法典》第35条第1款最后一句是不完全法条,不具备法律效力的规范要素。针对前述不同的处分类型,法律后果不可能相同,需沿着相应的解释路径予以探究。其中,作为事实行为的处分不存在行为效力问题,若父母确实违反了为维护未成年子女的利益原则,仅存在子女基于不当得利、侵权行为等请求权基础向父母追责的问题,自不待言。有疑义者,在于法律上的处分,即作为法律行为的处分的效力。

二、父母不当处分是否因违反强制性规定而无效?

1. 认为无效的观点

《民法典》第153条第1款规定:“违反法律、行政法规的强制性规定的民事法律行为无效。但是,该强制性规定不导致该民事法律行为无效的除外。”父母

---

〔1〕 谷昔伟:《父母处分未成年子女房产行为的效力认定——基于代理权滥用的规范分析》,载《现代法治研究》2020年第2期。

非为未成年子女利益,处分未成年子女财产的法律行为,是否会因该条规定而归于无效?以往司法实践中,基于当时法律的类似规定,确有支持此观点的判决书。

案例:郭某2、王某与中国建设银行股份有限公司舟山城关支行、郭某1确认合同无效纠纷案〔1〕

郭某1与王某系郭某2的父母。2011年10月25日,郭某1与建设银行城关支行签订了《最高额抵押合同》,为浙江升宇船舶技术有限公司对建设银行城关支行在一定期限内所负债务提供抵押担保,最高限额为513.8万元。抵押物为舟山市定海区东大街82-8号三楼的房产,该房产所有权证显示为郭某1、郭某2两人共同共有。郭某2出生于1994年11月4日,《最高额抵押合同》签订时,郭某2尚未具备完全民事行为能力。郭某2、王某遂以《最高额抵押合同》损害共有人利益为由,起诉主张《最高额抵押合同》无效。

法院认为:案涉《最高额抵押合同》签订时,郭某2系未成年人。虽然郭某1出具了声明书,承诺抵押贷款事宜不损害郭某2的利益,但是,案涉《最高额抵押合同》并非为郭某2个人或其所在家庭的借款等提供担保,而是为案外人浙江升宇船舶技术有限公司提供担保,难以认定《最高额抵押合同》的签订系为被监护人的利益。一旦抵押权人行使抵押权处分抵押房产,未成年人的利益必然受损。《民法通则》第18条第1款规定,"监护人应当履行监护职责,保护被监护人的人身、财产及其他合法权益,除为被监护人的利益外,不得处理被监护人的财产",该规定属于禁止性规定。原告起诉主张《最高额抵押合同》无效,一、二审法院予以支持,有相应依据。

2. 如何理解《民法典》第153条第1款

法律行为的一般成立要件为当事人、内容(标的)、意思表示;一般生效要件则为当事人须有行为能力,内容(标的)须可能、确定、适法、妥当,意思表示须健全。《民法典》第143条规定的是法律行为的一般生效要件,其中第3项要求"民事法律行为不违反法律、行政法规的强制性规定,不违背公序良俗",即内容

〔1〕 参见浙江省高级人民法院民事裁定书,(2016)浙民申393号。

(标的)具有适法妥当性。[1] 以拘束力为标准,法律规范分为任意性规范和强制性规范,前者允许当事人改变或排除,后者不可。而强制性规范又可分为强行性规范(应当如何)和禁止性规范(不得如何)。[2] 在不存在其他效力瑕疵的前提下,"不违反法律、行政法规的强制性规定,不违背公序良俗"的民事法律行为固然有效,但违反法律、行政法规强制性规定者是否必然无效,也不尽然,从《民法典》第153条第1款第2句"该强制性规定不导致该民事法律行为无效的除外"的规定中就可以看出。

究竟哪些违反法律、行政法规强制性规定的民事法律行为无效呢?《合同法解释(二)》第14条将《合同法》第52条第5项中的"强制性规定"限定为"效力性强制性规定"。自此,在我国的司法实践中,效力性强制规定和管理性强制规定似乎成为判断合同效力的标准。[3] 但这个标准并不好用——什么样的规定是效力性强制规定?无非将问题重复了一遍。可能它连标准都谈不上,"效力性强制规定与管理性强制规定之分类是法律解释的结果,自然无法成为判断规范类型的依据"。[4]

继续寻找判断标准,有观点认为,根据"实质的规范意旨",将法律禁令三分为内容禁令、实施禁令和纯粹秩序规定,进而认为违反内容禁令的法律行为绝对无效;违反实施禁令的法律行为一般无效,但例外情况包括单方禁令与双方禁令之单方违反;违反纯粹秩序规定的法律行为,有效性不受影响。[5] 史尚宽先生认为,效力规定"着重违反行为之法律行为价值,以否认其法律效力为目的",取

〔1〕 学理上,法律行为内容的适法妥当性还包括禁止暴利行为。我国《民法典》不存在暴利行为的规定,而是将乘人之危和显失公平两种情形合二为一,归类于意思与表示不一致的可撤销情形,属于"意思表示健全"的规制范畴。

〔2〕 有学说将上述内容中的"强制"和"强行"互换,如王泽鉴先生认为:"法律规定可分为任意性规定及强行规定,强行规定又可再分为强制规定及禁止规定。"参见王泽鉴:《民法总则》,北京大学出版社2009年版,第266页。此仅为用词上的区别。从我国立法上的概念使用来看,应以前者为准。

〔3〕 史尚宽先生将强制性规定分为效力规定和取缔规定,认为以制裁违法者并达否认和防止行为效力为宗旨者,称为效力规定;以不否定其行为效力为目的者,称为取缔规定。参见史尚宽:《民法总论》,中国政法大学出版社2000年版,第330页。

〔4〕 朱庆育:《民法总论》,北京大学出版社2016年版,第296页。

〔5〕 参见朱庆育:《民法总论》,北京大学出版社2016年版,第297~300页。

缔规定[1]"着重违反行为之事实行为价值,以禁止其行为为目的"。[2] 王泽鉴先生认为,区分效力规定和取缔规定"应综合法律规定的意旨,权衡相冲突的利益(法益的种类、交易安全,其所禁止的究系针对双方当事人或仅一方当事人等)加以认定"。[3] 2009 年,《最高人民法院关于当前形势下审理民商事合同纠纷案件若干问题的指导意见》第 16 条表达了与王泽鉴先生基本类似的观点,[4] 并认为"如果强制性规范规制的是合同行为本身即只要该合同行为发生即绝对地损害国家利益或者社会公共利益的,人民法院应当认定合同无效。如果强制性规定规制的是当事人的'市场准入'资格而非某种类型的合同行为,或者规制的是某种合同的履行行为而非某类合同行为,人民法院对于此类合同效力的认定,应当慎重把握,必要时应当征求相关立法部门的意见或者请示上级人民法院"。此外,学界有"规范性质说""规范对象说""规范重心说""规范目的说"等不同学说,[5] 莫衷一是。

效力性强制规定之判断,应回到法律规范的目的来看。法律行为乃实践私法自治的主要手段。[6] 民法尊崇意思自治,但自治又不得不受到限制。一方面,令法律行为因违反其而无效的规范,目的就是限制私法自治。限制的理由,不仅是为制约某些行为成为法律行为的内容,更重要的是在公法与私法之间建立纽带,体现和维护整体法律秩序的无矛盾性,以实现各个法律部门协调一致地规范和调整相应法律关系的功能。另一方面,这种对私法自治的限制本身也是受限制的,从立法沿革看,令法律行为因违反其而无效的规范范围呈现不断缩小的趋势——从 1986 年《民法通则》第 58 条的"法律",到 1999 年《合同法》第 52 条的"法律、行政法规的强制性规定",再到 2009 年《合同法解释(二)》第 14 条的"法律、行政法规的效力性强制性规定"。就法律的解释而言,诚如王

[1] 即"管理规定"。

[2] 史尚宽:《民法总论》,1980 年自版发行,第 296 页。

[3] 王泽鉴:《民法总则》,北京大学出版社 2009 年版,第 270 页。

[4] 该条文第 1 句:"人民法院应当综合法律法规的意旨,权衡相互冲突的权益,诸如权益的种类、交易安全以及其所规制的对象等,综合认定强制性规定的类型。"几乎复述了王泽鉴先生的上述观点。

[5] 参见张驰:《民法总则专论》,法律出版社 2021 年版,第 210 ~ 211 页。

[6] 参见王泽鉴:《民法总则》,北京大学出版社 2009 年版,第 233 页。

泽鉴先生所说:“解释禁止规定应顾及其规范目的及法益权衡,尽量维持法律行为的效力,以保护私法自治原则。”[1]理解《民法典》第153条第1款,就是要在限制私法自治和保护私法自治之间寻找平衡,这里一定存在主观的价值判断空间。

3.《民法典》第153条第1款对于父母不当处分的适用

(1)从规范的目的看

被违反的《民法典》第35条第1款规定,着重于违反行为的事实行为价值,而非其法律行为价值,意即该禁止性规范并不专门针对当事人的意思表示,而是针对处分行为;只是当该行为恰好是法律行为时,通过认定法律行为无效而予以禁止;若是事实行为,同样是该规范的禁止对象。这就体现了该规范并不以否认法律行为的效力为目的,而以禁止该行为为目的。根据前述史尚宽先生的观点,该规定应属取缔规定,即管理性规定。

该法律禁令不针对行为内容,不属于内容禁令,仅禁止所实施的行为本身,应属实施禁令。违反实施禁令的法律行为将带来非正义后果,但未必导致法律行为无效。无效的例外之一是单方禁令,如公司董事或高管违反《公司法》第148条第1款种种“不得”的规定,与相对人实施法律行为,并不因董事或高管违反对公司的忠实义务而无效。[2] 同理,父母违反对未成年子女监护职责的要求,与相对人实施法律行为,也未必无效。

(2)从规范的对象看

若强行规定是针对双方当事人,如禁止窝藏赃物、禁止为竞争目的贿赂官员等,其目的均是维护整个社会经济秩序的利益,则应使此类行为完全归于无效。若强行规定仅针对一方,则规定法律行为无效就可能事与愿违。[3] 《民法典》第35条第1款仅针对法律行为中的父母这一方,并不针对法律行为中的相对人,故对其违反,并不一定导致法律行为无效。

---

〔1〕 王泽鉴:《民法总则》,北京大学出版社2009年版,第270页。

〔2〕 参见朱庆育:《民法总论》,北京大学出版社2016年版,第299页。

〔3〕 参见张驰:《民法总则专论》,法律出版社2021年版,第212页。

(3)从规范所保护的法益看

该规范仅涉及未成年子女即特定的第三人的利益,而与国家利益、社会公共利益无涉。仅调整私主体之间财产关系的法律条文,即使涉及特定第三人利益,因不涉及公法上的强制,通常不影响法律行为效力。[1] 此时可通过效力待定制度矫正第三人"他治"状态。王泽鉴先生认为:"父母非为其子女利益不得处分其特有财产,此项规定未直接关涉公益,应非属强制禁止规定,故违反之者,处分行为不宜谓为无效。"[2]

是否令违反该规范的法律行为无效,还在于未成年子女利益和法律行为相对人利益(交易安全)这两个法益的权衡。不认定无效[3]可能危及子女利益,有悖儿童权益保护,认定无效则易启欺诈之门,有损交易安全。在这个三方关系中,未成年子女和善意的相对人都是值得保护的。但需注意,不认定无效至少可以保全其中一方——善意相对人的利益,而认定无效,未成年人子女的利益也未必能实现,得益者更可能是始作俑者——那位侵害子女利益、欺骗交易对象的父亲或者母亲。

综上所述,并不能得出父母非为未成年子女利益处分子女财产的法律行为必然无效的结论。这只是说不必然,但也不排除。试想,若父母对未成年子女财产的不当处分已影响到子女的基本生活需求,而相对人尚能抵御交易风险,此时认定该法律行为无效就是正当的。这个问题没有必然的结论,需具体情况具体分析。

---

〔1〕 例外是《民法典》第154条规定的"恶意串通损害他人合法权益"。恶意串通行为无效是自《民法通则》《合同法》以来一直存在的制度,体现了我国民事立法的鲜明特色,被认为"能够最大限度地实现对第三方合法权益的保护"。参见黄薇主编:《中华人民共和国民法典总则编释义》,法律出版社2020年版,第410页。

〔2〕 王泽鉴:《民法学说与判例研究》(重排合订本),北京大学出版社2015年版,第1586页。

〔3〕 之所以说"不认定无效"而非"认定有效",因为此处所指的仅为法律行为不因违反法律、行政法规的强制性规定而无效,但仍有因其他原因不发生法律效力,或对特定主体不发生效力的可能,不能全然说有效。

三、代理规则的适用与不适用

1. 是否适用代理规则的区分标准

通常情况下,法律行为的效果由法律行为的主体承担,但在代理制度中,法律行为由代理人作出,行为效果却归属于被代理人。这看似违背私法自治——为何此人的法律行为效果可以归属于别人?原因首先在于代理授权,包括被代理人的授权(意定代理)和法律的授权(法定代理)——前者扩张私法自治,后者补充私法自治。但代理授权仅能回答在被代理人和代理人的内部关系中,为何后者的行为效果归属于前者,不能解决在代理人和第三人(行为相对人)的外部关系中第三人面临的疑惑——到底谁才是和他进行法律行为的人?为此,法律要求代理行为须以被代理人的名义实施,以保护第三人得以知悉交易对方。何为以被代理人的名义实施?指应呈现或者可推知行为人和被代理人是不同的主体,且行为的法律效果将归属于被代理人而不是行为人,这就是显名原则。显名原则的贯彻,使第三人知悉交易对方,不至于抵触第三人的私法自治。

显名原则有两个例外:一是在无必要显名的场合,如即时结清的超市购物,纵未显名,只要行为人内心有代理意思,仍可适用代理规则,学说上称为“纯正的行为归属”。[1] 二是行为人内心有代理意思,且第三人事后认可,也可适用代理规则。之所以不需要被代理人认可,是因为被代理人认可与否只关乎代理授权,无关乎显名原则。[2]

代理要显名,是大陆法系主要国家的普遍要求。只要显名原则被贯彻,即使代理授权欠缺,仍可适用无权代理规则,在被代理人追认或表见代理的情况下,发生代理效果。反之,若未显名且不属于上述例外情况的,法律行为就只能在行为人和相对人之间成立,不能适用代理规则。

---

〔1〕 参见朱庆育:《民法总论》,北京大学出版社2016年版,第336页。

〔2〕 《民法典》第926条规定,我国也承认隐名代理,从其第1款可得出:在无必要显名的场合,第三人不能以代理未显名为由,拒绝向被代理人履行义务;从其第2款可得出:只要第三人选择认可代理,被代理人不能以代理未显名为由,拒绝向第三人履行义务。该两款体现了显名原则的例外。

2. 适用代理规则的情形

父母若向相对人明确表示以未成年子女名义对其财产进行法律上的处分，符合显名原则。父母虽未明确表示，若处分的标的是登记在子女名下的不动产或者其他财产的，也应视为以子女名义。对于符合显名原则的代理行为，接下来看代理授权。

(1)关于有权代理的认定

法定代理权基于法律的授权而发生。父母是未成年子女的监护人，除非父母的监护资格被撤销，根据《民法典》第23条的规定，默认父母有权代理未成年子女实施民事法律行为。但是，若父母滥用法定代理权侵害子女利益，是否影响代理行为的效力？

在意定代理中，有授权行为无因性原则，指意定代理权由授权行为所决定，授权行为属于被代理人的单方行为，独立于代理人与被代理人之间的委托合同、雇佣合同、合伙合同、承揽合同等基础法律关系，这些基础法律关系的内容乃至效力属于代理人与被代理人的内部关系问题，不影响代理权。我国《民法典》第162条第2款规定，委托代理人按照被代理人的委托行使代理权，该委托应作授权理解而非指委托合同。[1] 从《民法典》第165条可以看出，我国法律承认授权行为的独立性和无因性。究其原理，内部基础法律关系于相对人而言难以获知，无因性原则可使相对人不必顾虑代理人的内部基础法律关系，有助于维护交易安全。

在法定代理的代理人与被代理人内部关系中，代理人行为也受到约束，即《民法典》第35条第1款规定的最有利于被监护人原则。代理人行为是否符合这些规定，必须基于家庭内部的日常生活和财产关系的事实，方能判断。而这些事实，与意定代理中的基础法律关系一样，相对人通常也是难以掌握的。因此，法定代理权，也应与意定代理的无因性原则类似，不受代理人与被代理人内部关系影响，故父母代理未成年子女进行法律行为，属于有权代理。

(2)关于引进禁止代理权滥用制度的评析

根据意定代理的无因性原则，代理人滥用代理权的风险一般由被代理人承

---

〔1〕 参见黄薇主编：《中华人民共和国民法典总则编释义》，法律出版社2020年版，第429~430页。

担，相对人不负有审查代理人与被代理人内部关系的义务。然而，如果相对人明知代理人滥用代理权，或者代理权滥用显而易见的，为了避免无因性原则对恶意相对人施以同样保护的不公正结果，德国司法实践和学界普遍承认禁止代理权滥用制度，以限制无因性原则，类推适用无权代理的规定。[1] 有观点主张在法定代理中借鉴该制度。“法定代理人违反法定职责的代理行为属于基础关系的内部义务违反，代理行为原则上对外有效；但相对人非善意（明知或因重大过失不知）时法定代理人的违背代理职责的行为侵害未成年人利益，系滥用代理权，适用无权代理规则，对被代理的未成年子女不生效力，以实现未成年人利益和交易安全的平衡保护。”[2]

上述禁止代理权滥用制度在我国法律框架下可能会遭遇水土不服。我国《民法典》第 154 条明确规定恶意串通损害他人权益的民事法律行为无效，引入禁止代理权滥用制度，势必要作“恶意串通”和“第三人恶意”[3]（或称“串通型代理权滥用”和“非串通型代理权滥用”[4]）的区分，并认为后者适用无权代理规则。假设如此，首先，由于相对人非属善意，自然不能依据《民法典》第 171 条第 3 款的规定要求该父母履行债务或者损害赔偿，而只能依据该条第 4 款，要求相对人和该父母“按照各自的过错承担责任”，这与《民法典》第 157 条规定的法律行为无效后果中“各方都有过错的，应当各自承担相应的责任”，别无二致。其次，若作此区分，法律行为在法律效果上的区别仅为，“恶意串通”的无效，“第三人恶意”的效力待定。但由于被代理人是未成年人，无法立即追认，效力待定的不确定状态将长期存续。最后，第三人单方的恶意（相对人明知或应知父母滥用代理权）背后往往是双方心照不宣的默契，在现实中与双方串通的恶意难以区分。综上，引入禁止代理权滥用制度意义不大，不如将相对人明知或应知父

---

〔1〕 参见迟颖：《德国法上的禁止代理权滥用理论及其对我国代理法的启示——兼评〈民法典〉第 164 条》，载《河北法学》2020 年第 11 期。

〔2〕 谷昔伟：《父母处分未成年子女房产行为的效力认定——基于代理权滥用的规范分析》，载《现代法治研究》2020 年第 2 期。

〔3〕 参见朱庆育：《民法总论》，北京大学出版社 2016 年版，第 352 页。

〔4〕 参见迟颖：《德国法上的禁止代理权滥用理论及其对我国代理法的启示——兼评〈民法典〉第 164 条》，载《河北法学》2020 年第 11 期。

母滥用代理权视为双方恶意串通,行为效力取决于是否损害未成年子女权益,由法院根据具体情况判断。既然子女无从决定追认与否,由法院斟酌行为效力,应属合理。

(3)关于适用代理规则的小结

父母以未成年子女名义对其财产进行法律上的处分,基于法定代理权,属于有权代理。若父母违反监护职责要求,滥用代理权,代理的民事法律行为不符合子女利益时,一般仅导致父母对子女的损害赔偿责任,而不影响代理行为对被代理人即子女的效力。但是,假如相对人明知或应知父母滥用代理权,仍与其实施法律行为,且确实损害到未成年子女利益的,构成恶意串通损害他人权益,该法律行为应归于无效。同时,不排除个别情况下,相对人虽属善意,但确有必要令法律行为无效以保障未成年人利益的,仍可依据《民法典》第 153 条第 1 款的规定,认定该法律行为无效。

3. 不适用代理规则的情形

父母以自己名义对未成年子女财产进行法律上的处分,不符合显名原则,除前述两种例外情形外,不适用代理规则。对此,需区分负担行为、处分行为进行讨论。

在负担行为中,行为主体是父母与相对人,该法律行为即在该双方主体之间成立,视是否具有无效、可撤销、效力待定等其他情形,确定行为效力。如果有效,也仅对父母和相对人发生效力,不会对子女发生效力。假如父母与相对人恶意串通,确实损害未成年子女权益的,根据《民法典》第 154 条的规定,应认定行为无效。

在处分行为中,"处分概念的唯一意义在于,处分人享有处分权是处分行为生效的前提条件"。[1] 一般情况下,处分权人是权利人(通常指所有权人,在债权处分时为债权人),但不以此为限,基于意定的处分授权以及法律规定获得处分权的主体也是处分权人。

意定的处分授权与意定代理授权不同,后者针对人而授予,赋予意定代理

〔1〕[德]维尔纳·弗卢梅:《法律行为论》,迟颖译,法律出版社 2013 年版,第 167 页。

人为被代理人实施法律行为的“权力”；前者针对标的而授予，直接形成对标的予以处分的“权力”。未成年子女无从对父母进行意定的处分授权，本篇需讨论的是基于法律规定获得的处分权。典型的就是监护人对被监护人财产的处分。[1] 根据《民法典》第35条第1款的规定，监护人有权处分被监护人的财产，但前提是为维护被监护人利益。符合这一前提的为有权处分；若不符合则为无权处分。

无权处分原则上不发生权利变动的效果，但为保护善意的相对人，法律上有善意取得制度作为例外，此处也应适用。善意取得以无权处分为前提。根据《民法典》第311条的规定，善意取得的要件有三：一是受让人为善意；二是支付了合理对价；三是权利已发生转移——在动产为完成交付，在不动产为完成登记。所谓善意，指的是受让人对错误的权利外观的信任，权利外观于动产而言指占有状态，于不动产而言指登记信息。即使权利外观有误，善意相对人基于该信赖，依法仍可取得标的财产。在此制度中，善意在一定程度上取代了处分权。同时，受损害的权利人（未成年子女）有权向无处分权人（父母）请求损害赔偿。

善意仅能弥补处分权的缺失。为进一步体现对未成年人利益的保护，如本篇第二部分末尾所述，在极端情况下也可以认定父母以自己名义对未成年子女财产的不当处分行为因违反《民法典》第35条第1款的强制性规定而无效，釜底抽薪，从而排除善意取得制度的适用。

四、小结

《民法典》第35条第1款最后一句规定，父母非为维护未成年子女利益，不得处分未成年子女的财产，包括事实上的处分和法律上的处分，本篇重点讨论后者。基于监护制度对父母的信任假设，应承认父母对未成年子女财产处分的自

---

[1] 有观点表述为法定代理人亦有处分权，参见王泽鉴：《民法总则》，北京大学出版社2009年版，第481页；朱庆育：《民法总论》，北京大学出版社2016年版，第292页。本书认为，处分权针对的是标的，代理针对的是法律行为，所指非同。尽管监护人依法就是法定代理人，这样表述并不为错，但这里使用“监护人”，更为合适。

由裁量空间,是否维护子女利益,应以一般理性人处理自己事务时应尽的注意义务为标准予以判断。

父母对子女财产实施法律上的处分时,不宜将《民法典》第35条第1款最后一句解释为效力性强制规定,即使父母非为子女利益,也未必因《民法典》第153条第1款而导致法律行为无效,需综合规范目的、法益权衡等各方面因素考虑。法律上的处分若是以未成年子女名义实施的,符合显名原则,适用代理规则,且属于有权代理。但假如父母与相对人恶意串通损害未成年子女权益,则应依据《民法典》第154条否定行为效力。法律上的处分若是父母以自己名义实施的,一般不适用代理规则。其中为负担行为的,法律行为在父母与相对人之间成立;为处分行为的,若符合为维护被监护人利益,是有权处分,发生权利变动后果,若不符合,则是无权处分,有善意取得制度的适用。

回到文初案例问题,甲的父母为公司经营需要抵押甲名下的房产,虽未直接用于甲的生活、学习,但家庭生活所需皆来自公司经营收益,甲也从中获益,就不能说该行为非为未成年子女利益。鉴于房屋登记在甲名下,甲的父母签署抵押合同、登记抵押权,均为代理甲而为之,且为有权代理。若甲的父母为赌博所需,以自己名义与他人签署买卖合同出售甲受遗赠所得的古董,除非买受人与甲的父母恶意串通,否则该买卖合同仍然是有效的,约束甲的父母及买受人,但甲的父母此举显然非为甲的利益,故对该古董无处分权,无法发生物权变动,甲的父母应向买受人承担违约责任。仅在买受人为善意、已支付合理对价且古董已交付的情况下,买受人可以善意取得。

法条链接

《民法典》

第23条　无民事行为能力人、限制民事行为能力人的监护人是其法定代理人。

第35条　监护人应当按照最有利于被监护人的原则履行监护职责。监护人除为维护被监护人利益外,不得处分被监护人的财产。

未成年人的监护人履行监护职责,在作出与被监护人利益有关的决定时,应当根据被监护人的年龄和智力状况，尊重被监护人的真实意愿。

成年人的监护人履行监护职责，应当最大程度地尊重被监护人的真实意愿，保障并协助被监护人实施与其智力、精神健康状况相适应的民事法律行为。对被监护人有能力独立处理的事务，监护人不得干涉。

第 153 条 违反法律、行政法规的强制性规定的民事法律行为无效。但是，该强制性规定不导致该民事法律行为无效的除外。违背公序良俗的民事法律行为无效。

第 154 条 行为人与相对人恶意串通，损害他人合法权益的民事法律行为无效。

第 171 条 行为人没有代理权、超越代理权或者代理权终止后，仍然实施代理行为，未经被代理人追认的，对被代理人不发生效力。

相对人可以催告被代理人自收到通知之日起三十日内予以追认。被代理人未作表示的，视为拒绝追认。行为人实施的行为被追认前，善意相对人有撤销的权利。撤销应当以通知的方式作出。

行为人实施的行为未被追认的，善意相对人有权请求行为人履行债务或者就其受到的损害请求行为人赔偿。但是，赔偿的范围不得超过被代理人追认时相对人所能获得的利益。

相对人知道或者应当知道行为人无权代理的，相对人和行为人按照各自的过错承担责任。

《最高人民法院关于当前形势下审理民商事合同纠纷案件若干问题的指导意见》(法发〔2009〕40 号)

第 16 条 人民法院应当综合法律法规的意旨，权衡相互冲突的权益，诸如权益的种类、交易安全以及其所规制的对象等，综合认定强制性规定的类型。如果强制性规范规制的是合同行为本身即只要该合同行为发生即绝对地损害国家利益或者社会公共利益的，人民法院应当认定合同无效。如果强制性规定规制的是当事人的“市场准入”资格而非某种类型的合同行为，或者规制的是某种合同的履行行为而非某类合同行为，人民法院对于此类合同效力的认定，应当慎重把握，必要时应当征求相关立法部门的意见或者请示上级人民法院。

22. 父母为子女婚后购房出资是赠与还是借贷？

——情势变更的适用可能性

案情导入

甲乙新婚燕尔，欲购买婚房，但苦于财力有限，难以负担。甲的父母于心不忍，遂为甲乙支付了总房价50%的首付款，余款由甲乙通过银行贷款解决。甲父母想让甲乙二人出具欠条，又担心乙心生芥蒂，只好作罢。数年后，甲乙感情破裂，正在法院进行离婚诉讼。甲父母要求甲乙归还购房首付款出资，问：甲父母的要求能否得到法律支持？

裁判法理

一、现行司法解释规定：认定为赠与

夫妻婚后购房，其中一方或双方的父母有出资的情况十分常见。若这对夫妻感情不和，出资的父母往往主张该出资系借贷，需归还父母。其儿媳或者女婿则主张该出资系对双方的赠与，无须归还。出资人为了避免出资被认定为赠与，常试图让自己的子女倒签借条，父母进而以夫妻共同债务为由起诉夫妻二人，这有伪造证据之嫌。关于借条的形成时间，有的案件还会进行司法鉴定，但囿于技术手段，鉴定也未必能有确切结论。即使当事人早早意识到这个问题，父母在出资时仍会陷入两难：如不与儿媳或者女婿约定清楚，万一夫妻二人将来婚姻有变，自己半生积蓄将损失惨重；但如果要求事先说清楚，又显得不近人情且很可能提前引发家庭矛盾。

对此问题，《民法典婚姻家庭编解释(一)》第29条连同《民法典》第1062条、第1063条已有规定，这套规则直接承继自《婚姻法解释(二)》第22条。从新旧司法解释文义来看，当事人对父母出资性质约定不明的，推定为赠与。至于赠与对象是夫妻一方还是双方，则根据出资发生于婚前还是婚后而区别，出资于婚前的,推定为对自己子女的赠与,出资于婚后的,推定为对夫妻双方的赠与。最高人民法院吴晓芳法官认为:一旦父母在出资时或出资后作出赠与意思表示,则意味着赠与关系已经成立生效。父母日后再主张借贷关系则一般不能得到支持。借贷关系是否成立应严格遵循"谁主张谁举证"的原则,如果父母有关借贷的举证不充分,则一般应认定该出资为赠与行为。[1] 如此看来,未明确约定性质的父母出资即为赠与,几成定论。

司法实践中持此观点者,北京市第一中级人民法院(2021)京01民终941号民事判决书就很有代表性。该案法院认为:本案纠纷属于婚姻家庭纠纷案件,应当适用婚姻法司法解释的相关规定审理。除非父母有证据证明该出资系借贷,否则根据相关司法解释的规定,父母在子女婚后为子女购房出资应当认定为对夫妻双方的赠与。该案原告的儿子写了一张借条给父母,对此法院认为,写借条时双方矛盾已激化,结合借条签字人是原告之子的身份关系,故难以认定该借条系女方的真实意思表示。

二、司法实践中认定为借贷的不同观点

司法实践中,也有裁判文书突破《婚姻法解释(二)》第22条第2款的文义,不将约定不明的父母为子女婚后购房出资认定为赠与。摘录部分观点如下:

1. 从规范目的角度,认为该规定并不推断为具有出资性质

四川省邻水县人民法院在(2017)川1623民初728号民事判决书中认为:"该条款(《婚姻法解释(二)》第22条)应当理解为适用于夫妻离婚分割共同财产之时,解决的是赠与夫妻一方还是双方的问题,但前提是父母出资款已被认定为赠与性质。因此,在父母出资时未有明确表示出资系赠与的情况下,应当认定为该出资款为对子女的临时性资金出借,子女亦应当承担返还义务。"北京市第三中级人民法院(2017)京03民终9865号民事判决书的裁判观点也认为:"该条款并不解决父母向子女转账的款项是赠与还是借款的问题,并不能由该条款得出只要父母向夫妻双方转账、夫妻双方用该款项购买房屋,则父母向夫妻双方的

[1] 参见吴晓芳:《婚姻家庭纠纷审理热点、难点问答》,载《民事法律文件解读》(2011年第11期)(总第83期),人民法院出版社2011年版,第66页。

转账即是对夫妻双方的赠与的结论。”

2. 从情理角度,否认为赠与,确认为借贷

绍兴市中级人民法院在(2016)浙06民终2248号民事判决书中认为:“敬老慈幼,是为人伦之本,亦为法律所倡导。慈幼之于父母,依法而言即为养育义务之负担。儿女一甫成年,当应自立生活,父母续以关心关爱,儿女受之亦应念之,但此并非父母所应负担之法律义务。现如今受高房价影响,儿女刚参加工作又面临成家压力,经济条件有限情况下父母出资购房虽为常事,但儿女万不能以为父母出资乃天经地义,须知父母养育儿女成人已为不易,儿女成年之后尚要求父母继续无条件付出实为严苛,亦为法律所不能支持。因此,在父母出资之时未有明确表示出资系赠与的情况下,基于父母应负养育义务的时限,应予认定该出资款为对儿女的临时性资金出借,目的在于帮助儿女渡过经济困窘期,儿女理应负担偿还义务,如此方能保障父母自身权益,并避免儿女成家而反使父母陷于经济困窘之境地,此亦为敬老之应有道义。至于事后父母是否要求儿女偿还,乃父母行使自己债权或放弃自己债权的范畴,与债权本身的客观存在无涉。”

3. 从结果角度,使不同认定在结果上利益平衡

《上海市高级人民法院关于恋爱期间购房处理等婚姻家庭案件若干争议问题指导意见》提出:“是借贷关系还是赠与关系,应根据双方提供的证据及查明的案件事实来确定。在处理结果上,若确系父母赠与出资购房,离婚纠纷中分割房屋时可考虑一方父母出资事实,在份额上可适当多分;若认定为借贷关系,且是夫妻共同债务的,则在房屋份额分割时应考虑夫妻均等享有产权份额。”由此可见,无论认定为赠与还是借贷,利益局面未必会有很大不同。

综上所述,在司法实践中,即使没有借贷的证据,也不必然能将婚后购房时的父母出资推定为赠与。

三、推定为借贷的理由

在借贷和赠与之间,本书更倾向于推定为前者,理由如下:

1. 如果说父母出资是借款尚有争议的话,称其为对子女的资金帮助,应当符

合常理常情。帮助的原因在于当今房价高昂,年轻人财力有限,需要资金支持以安身立命。赠与具有不可逆性,送出去的东西很难要回来;借贷则相反,有借有还,天经地义。将父母出资推定为借贷,有助于打消父母的顾虑,鼓励亲属之间的帮助扶持。

2. 父母对成年子女的资金帮助,是亲情,不是义务。将父母出资推定为借贷,对年轻人来说,有助于杜绝其"啃老"心态,培养其感恩之心,倡导其自食其力。

3. 如果子女婚姻美满,父母一般也不会主张债权,这当然是债权人的自由。但假如子女婚变,甚至子女与自己的父母之间产生纠纷,如子女不尽赡养老人的义务,父母可保有主张债权的机会。故将父母出资推定为借贷,有助于保障老年人权益。

4. 父母出于亲情帮助子女购房,不宜强求当事人签借条、立字据。本着生活经验就可以想见,如果父母对子女的配偶作此要求,有很大可能引发、激化家庭矛盾。将父母出资推定为借贷,则有助于家庭和睦,体现了法律的担当。

由此可见,将父母出资推定为借贷,更符合《民法典》第 1043 条第 1 款"树立优良家风,弘扬家庭美德,重视家庭文明建设"的规定;反之,将约定不明的父母为子女婚后购房出资"一刀切"地认定为赠与,显然与之相悖。此外,针对当事人倒签借条、伪造字据的错误行为,将父母出资推定为借贷还有助于倡导诚信诉讼,避免在个别案件中发生"造假者得益、老实人吃亏"的尴尬局面。

法律的适用,除了文义上的理解之外,还有条文背后规范意义上的法律秩序考量。基于上述理由,可以对《民法典婚姻家庭编解释(一)》第 29 条进行目的性限缩,并认为当事人之间存在借贷合意,进而适用借贷关系的相关规则。

四、情势变更制度的适用可能性

在赠与和借贷之间二选一,明显弊端在于结果的两极分化,就出资父母而言,诉求的利益要么全有,要么全无。事实上,父母在为子女购房出资时,心态是非常特殊的,既不同于通常的礼物意义上的赠与,也不同于典型的民间借贷。前文倾向于选择借贷,与其说是推定,不如说是拟制。〔1〕有没有第三条路径,能够更准确地反映当事人的真实意思,并缓和两极分化的紧张局面?

早在1999年《合同法》起草过程中,情势变更制度就一度被写进了草案,最终却未能成为法律条文。在2008年国际金融危机的背景下,2009年《合同法解释(二)》第26条首次规定了情势变更,但最高人民法院对该制度的适用非常谨慎,甚至要求"确需在个案中适用的,应当由高级人民法院审核。必要时应报请最高人民法院审核"。〔2〕《民法典》第533条首次在人大立法层面规定情势变更制度。根据该条规定,合同的基础条件如发生当事人在订立合同时无法预见的、不属于商业风险的重大变化,继续履行合同对于当事人一方明显不公平的,当事人协商不成,可以请求法院或者仲裁机构变更或者解除合同。

比较法上,德国在2002年债法改革中以行为基础丧失理论为名将情势变更制度纳入《德国民法典》,其第313条规定:"已成为合同基础的情事在合同订立后发生了重大变更,而假使双方当事人预见到这一变更就不会订立合同或会以不同的内容订立合同的,可以请求改订合同,但以对一方来说,在考虑到单个案件的全部情事,特别是合同所定或法定的风险分配的情况下,对未被变更的合同的维持是以不能合理地期待为限。""合同的改订为不可能或对一方来说是不能合理地期待的,受不利益的一方可以解除合同。"我国台湾地区"民法"第227-2条第1款规定:"契约成立后,情事变更,非当时所得预料,而依其原有效果显失公平者,当事人得申请法院增、减其给付或变更其他原有之效果。"

在德国联邦最高法院2011年7月20日的一项判决中,夫妻双方结婚后,丈夫的父母(原告)给他们出资购买土地并建造房屋。房屋建好后,配偶双方及子女居住于此。之后两人开始分居,女方(被告)从该房屋搬出。原告起诉被告,

---

〔1〕推定是指法律或法官依据已知的事实推知未知事实,而拟制是指把某种已知的事实视为另一种事实并发生相同的法律效果。

〔2〕《最高人民法院关于正确适用〈中华人民共和国合同法〉若干问题的解释(二)服务党和国家的工作大局的通知》(〔2009〕165号)。

要求其返还出资款的一半。法院认为公婆的给付行为可以根据《德国民法典》第313条的规定请求补偿,理由包括行为基础,指的是尚未上升为合同内容,但在订立合同时已经显露出来的合同双方当事人的共同设想,这些设想是对现有的或将要出现的特定情况的想法,双方的交易意思即建立在此种设想之上。倘若父母在给予时设想接受赠与的儿媳和儿子的婚姻共同生活持续存在,从而自己的子女可以从赠与中持续获益,那么在婚姻破裂之后,就可以根据行为基础丧失规则要求返还赠与。[1]

这个判例带来了启发:在婚姻家事领域,对亲属之间的给予——不仅是子女婚后购房父母出资,还包括婚前赠与、夫妻间的赠与等情况,都可借助情势变更制度或者行为基础丧失理论,在合同信守和维护公平之间找到更为精确的平衡点。但需注意,根据法律规定,情势变更制度仅适用于合同成立后、完全履行完毕前。若已给付完毕,欲援引情势变更规则变更或者解除合同,则需要进行类推适用。

五、小结

尽管司法解释已有规定,但对于父母为子女婚后购房的出资性质,在约定不明的情况下,仍不一定要推定为赠与。在很多情况下,将该出资推定为借贷,有助于鼓励亲属间互帮互助,有助于鼓励年轻人自强自立,有助于老年人权益保障,有助于家庭和睦,有助于诚信诉讼。将出资推定为借贷的判决,在司法实践中已多有先例。

亲属之间玩的不是"零和游戏",父母对子女成家立业的帮助与祝福也并非自甘风险,如能摆脱全有全无、非此即彼的思维定式,在特定情况下类推适用情势变更制度,可以更好地平衡当事人的利益。

回到文初案例问题,按照现行司法解释的文义,甲父母的出资应视为对甲乙双方的赠与,归甲乙共同所有,无返还之理。但参酌具体情况,仍可对相关司法解释进行目的性限缩,从而将甲父母的出资推定为借贷,甲乙应予归还。即使推

---

〔1〕 参见王葆莳:《德国婚姻赠与返还制度研究》,载《中国应用法学》2020年第3期。

定为赠与,也可类推适用情势变更规则变更或者解除赠与合同,令甲乙返还部分或者全部出资。

法条链接

《民法典婚姻家庭编解释(一)》

第29条　当事人结婚前,父母为双方购置房屋出资的,该出资应当认定为对自己子女个人的赠与,但父母明确表示赠与双方的除外。

当事人结婚后,父母为双方购置房屋出资的,依照约定处理;没有约定或者约定不明确的,按照民法典第一千零六十二条第一款第四项规定的原则处理。

《民法典》

第533条　合同成立后,合同的基础条件发生了当事人在订立合同时无法预见的、不属于商业风险的重大变化,继续履行合同对于当事人一方明显不公平的,受不利影响的当事人可以与对方重新协商;在合理期限内协商不成的,当事人可以请求人民法院或者仲裁机构变更或者解除合同。

人民法院或者仲裁机构应当结合案件的实际情况,根据公平原则变更或者解除合同。

第1062条　夫妻在婚姻关系存续期间所得的下列财产,为夫妻的共同财产,归夫妻共同所有:

(一)工资、奖金、劳务报酬;

(二)生产、经营、投资的收益;

(三)知识产权的收益;

(四)继承或者受赠的财产,但是本法第一千零六十三条第三项规定的除外;

(五)其他应当归共同所有的财产。

夫妻对共同财产,有平等的处理权。

第1063条　下列财产为夫妻一方的个人财产:

(一)一方的婚前财产;

(二)一方因受到人身损害获得的赔偿或者补偿；

(三)遗嘱或者赠与合同中确定只归一方的财产；

(四)一方专用的生活用品；

(五)其他应当归一方的财产。

第四章
CHAPTER 02

继承制度相关问题

23. "祭奠权"纠纷如何解决？
——从"祭奠权"的法律属性入手

案情导入

甲与乙系兄弟。两人的父亲早年去世，母亲丙长期随甲在国内共同生活，乙定居于国外。某日，丙突发疾病去世，甲因与乙长期不和，未将母亲去世的消息通知乙，使乙未能赶回国内为母亲奔丧。而且，甲在处理母亲后事时未与乙协商，在父母墓碑上的立碑人处也只刻了甲的名字。问：乙的何种权益受到侵害？有何法律救济途径？

裁判法理

"慎终追远，民德归厚矣。"[1]慎重地办理亲人丧事，虔诚地祭祀远代祖先，是中华民族传统道德的重要组成部分，进而形成了一整套对已故亲人悼念、祭奠活动的伦理秩序和社会规则。就个体而言，参与这样的活动，既是义不容辞的道德义务，其也能从中获得心灵慰藉和社会正面评价。基于此，参与悼念、祭奠活动的利益常被称为"祭奠权"，具体表现为知情、追悼、安葬、墓碑署名、

〔1〕《论语·学而篇》。

保有并保持纪念物完整等。现实中,或因亲人反目,或因他人过失,“祭奠权”的实现可能受阻,此种纠纷就不仅是道德规范的范畴,也需要法律予以调整和救济。

一、“祭奠权”的法律属性

《民法典》第120条规定:“民事权益受到侵害的,被侵权人有权请求侵权人承担侵权责任。”关于所谓“祭奠权”是否属于、属于何种民事权益,存在以下不同观点。

1. 身份权说

有观点认为,“祭奠权”属于身份权。杨立新教授认为,民法调整亲属关系,是通过赋予近亲属之间相互享有身份权的方式实现的,身份权具体包括夫妻之间的配偶权、未成年子女和父母之间的亲权,以及其他近亲属之间的亲属权。“所谓的祭奠权或者悼念权,都是近亲属之间对于已故的共同亲属的祭祀权。凡是近亲属,都有这种权利,它产生于配偶权、亲权和亲属权,是配偶权、亲权和亲属权的具体内容,而不是独立的权利。”[1]

司法实践中也有持此观点者,如上海市浦东新区人民法院在(2018)沪0115民初65759号民事判决书中认为,按照我国长期的民俗习惯,亲属之间在共同尊亲属逝世时,应该进行祭奠、悼念。同辈亲属之间应当互为通知,共同进行祭奠、悼念。与尊亲属共同生活的一方,有义务通知其他人,使其能够及时、顺利地参加对尊亲属的祭奠、悼念。他方有权知晓尊亲属逝世信息并予以祭奠、悼念。本案中,原被告系兄弟关系,被告作为与父母长期共同生活的一方,在父母去世后,未能及时地通知原告,使原告失去了向父母遗体告别的机会,也导致原告未能及时、顺利地参加父母的葬礼,力尽祭奠、悼念的义务,侵害了原告对父母亲属权中的祭奠权。[2]

---

〔1〕 杨立新:《诠释祭奠权———兼说民事习惯作为判决依据》,载《检察日报》2002年7月19日,第3版。

〔2〕 该案一审判决后当事人上诉,二审判决(后文提到的上海市第一中级人民法院民事判决书,(2019)沪01民终2333号)则认为祭奠权属于人格利益。

2. 人格权说

有观点认为：首先，身份权以身份关系的存在为前提，兼具绝对权和相对权的属性。祭奠活动发生时，身份关系已因一方主体的去世而消灭，身份权也随之灭失。而人格权是绝对权，与身份关系是否存续没有关系。其次，人格权旨在保障主体人格尊严、人身自由，以及为实现这一目的所需要的公正的社会评价，身份权的目的则在于彰显和维持特定的身份关系。从侵权后果看，侵害祭奠权导致权利人人格尊严贬损和社会评价降低，而非权利人与死者的身份关系的破坏。因此祭奠权更符合人格权而非身份权的特征。[1]

在司法实践中，为数不少的裁判观点认为"祭奠权"属于人格利益。如上海市第一中级人民法院(2019)沪01民终2333号民事判决书认为："祭典权虽非法律明确规定的人格权类型，但应当属于其他人格利益范畴，应作为侵权责任法的民事权益保护范围。"北京市第二中级人民法院(2019)京02民终10247号民事判决书认为："祭奠权是近亲属之间对于已故亲属的祭祀权，包含权利人对逝者的哀思、怀念等精神利益，近亲属对于逝去亲人的祭奠、吊唁符合善良风俗，属于应当受到法律保护的人格利益。"厦门市思明区人民法院(2019)闽0203民初17522号民事判决书认为："我国现行法律、法规没有关于祭奠权利的明文规定，但因祭奠涉及自然人的人格利益，应当将祭奠的权益纳入一般人格利益予以保护。"

3. 非法律所保护的民事权益说

有学者否定"祭奠权"是一种受法律保护的民事权益。该观点认为，并非所有的利益均能够获得法律的救济，也并非所有受到法律保护的利益都能够获得侵权法的救济。法律的规定是权利的来源，欠缺法律明确的规定，权利就不存在。即使法官认为原告的利益受到侵害，但是欠缺保护该利益的法律规范基础，该利益就不受法律保护，进而其诉讼请求无法获得支持。"在法律沉默的地方，法官也必须沉默。"否则，"不是解决了一个纠纷，而是可能增加新的问题"。该学者对"祭奠权""亲吻权""视觉卫生权""永久眺望权"等权利"满天飞"的权利

---

〔1〕 参见瞿灵敏：《司法裁判视野中的祭奠权：性质、行使与法律保护》，载《求是学刊》2016年第3期。

话语泛化现象提出尖锐批评:“不患其不能自由,惟恐其不知科学,不患其拘泥逻辑,惟恐其没有概念。”[1]

4. 本书观点

并非所有以特定身份关系为前提的权利都属于身份权,继承权就是典型例证。笔者部分赞同上述第三种观点,“祭奠权”不是一种独立的受法律保护的民事权益。但是,祭奠活动中,可能涉及多种受法律保护的民事权益,包括一般人格权、死者人格利益[2]、财产权益等,“祭奠权”只是对这些权益笼统、便捷的称呼而已。在所谓“祭奠权”纠纷中,需要判断的不是“祭奠权”有没有受到侵害,而是人格权、死者人格利益、财产权等法律所保护的权益有没有受到侵害,不能将当事人参与祭奠活动或与祭奠活动相关的一切利益都排斥在法律保护之外。

二、“祭奠权”侵权行为类型

民事权益是侵权行为的对象,也是侵权法保护的对象,学理上可以分为两类:一是权利,二是利益。“所谓权利乃得享受特定利益之法律上之力,利益系指私人享有并为法律(私法体系)所保护,尚未赋予法律之力而言。权利本质上亦属于利益之一种,二者之观念随时代变迁及社会需求而相互流通发展,原难有一绝对之划清界限。”[3]我国《民法典》未采用德国及我国台湾地区相关规定中区别权益的侵权行为三类型构造,故在第120条、第1164条等条款中未区分权利和利益,而是将侵权行为的对象统称民事权益。根据受侵害的民事权益的不同,可将“祭奠权”侵权行为主要分为如下三种类型。

1. 侵害一般人格权益

根据《民法典》第990条,人格权除了第1款所列举的生命权、身体权、健康权、姓名权等具体类型之外,自然人享有基于人身自由、人格尊严产生的其他人格权益,也属于人格权的范畴。该规定是框架性的、有待价值填充的、不确定的一般条款。根据人格权保护的动态系统理论,对于生命权、健康权、身体权等物

---

〔1〕 参见胡岩:《“祭奠权”的法学方法论反思》,载《法律适用》2012年第6期。

〔2〕 《民法典》第994条即关于死者人格利益的规定。

〔3〕 王泽鉴:《侵权行为》,北京大学出版社2016年版,第101页。

质性人格权[1]以外的其他人格权益在具体案件中是否值得保护,必须顾及个案中的所有情况,并通过以比例原则为导引的利益权衡予以确定,摆脱僵硬的全有或全无的模式。《民法典》第998条规定:"认定行为人承担侵害除生命权、身体权和健康权外的人格权的民事责任,应当考虑行为人和受害人的职业、影响范围、过错程度,以及行为的目的、方式、后果等因素。"此条规定即可适用于此。

以"祭奠权"纠纷中最为多见的排斥对方参加祭奠活动为例,例如,部分当事人不通知其他近亲属参加祭奠活动,使后者失去与死者最后告别的机会;又如,当事人之间未就丧葬事宜达成一致,部分当事人擅自决定、实施。此外,在逝者墓碑上镌刻亲属姓名作为立碑人,体现了亲属对逝者丧葬仪式的参与,是祭奠活动的组成部分,在墓碑上漏刻他人姓名,本质上也是排斥对方参加祭奠活动。上述排斥,只有发生于一定范围的亲属之间,方有进行法律评价的需要。假如这样的排斥行为足以导致对受排斥一方人格尊严的贬损,或使其社会评价降低,则构成对其一般人格权益的侵害;反之,则不构成侵权。

如前所述,对一般人格权益侵害与否,判断标准与诸多因素有关。就排斥对方参加祭奠活动而言,对方和死者的亲系远近、感情状况,行为的方式及后果、民俗习惯等,都是考量因素,需视具体情况而定。在北京市第二中级人民法院(2019)京02民终10247号案件中,原告系死者的丈夫,虽为至亲,但自2013年起,该对夫妻便因感情不和导致矛盾冲突而分居,直至女方去世长达5年之久。法院考虑这一情况,认为死者其他亲属未及时告知原告死者去世的消息等行为,并不构成侵权。

2. 侵害死者人格利益

《民法典》第994条规定:"死者的姓名、肖像、名誉、荣誉、隐私、遗体等受到侵害的,其配偶、子女、父母有权依法请求行为人承担民事责任;死者没有配偶、

---

[1] 王利明教授认为:"人格权编基于人格权保护中的位阶差异、利益冲突频发、保护程度差异、救济方式差异等原因,区分物质性人格权与其他人格权,对后者的民事责任确立采用动态系统论,考量行为人和受害人的职业、影响范围、过错程度、行为目的、行为方式、行为后果等因素,按法定顺序排列其权重。"参见王利明:《民法典人格权编中动态系统论的采纳与运用》,载《法学家》2020年第4期。

子女且父母已经死亡的,其他近亲属有权依法请求行为人承担民事责任。”该条款规定了对死者人格利益的保护。与祭奠活动相关的情形,如在死者追悼会上以侮辱、诽谤的方式侵害死者名誉,又如损害死者遗体,遗失或不当存放死者骨灰等,都可能影响祭奠活动的正常进行。根据《民法典》第994条的规定,此类行为侵害的对象,实为死者人格利益。

关于遗体(包括遗骨、骨灰)的法律属性,施启扬先生认为:“基本上尸体是不融通物且受保护与限制,‘刑法’有侵害尸体罪,‘民法’上死者的继承人不得以尸体作为所有权的客体,不得作为使用、收益、处分及先占的标的,继承人将尸体售与医院供作解剖研究之用,也有背于公序良俗。至于生前处分自己遗体,赠与医院解剖研究的契约或遗嘱,在死亡前得随时撤回,在死亡后则应尊重死者的遗志而认为有效。”[1]王泽鉴教授指出,通说认为尸体为物,构成遗产,对无权占有者得请求返还,“然尸体究与其他之物不同,应以尸体之埋葬、管理、祭祀及供养为目的,不得自由使用、收益及处分”。[2] 根据《民法典》第994条的规定,遗体(包括遗骨、骨灰)不应是物权的客体。

3. 侵害具有人身意义的特定物

《民法典》第1183条第2款规定:“因故意或者重大过失侵害自然人具有人身意义的特定物造成严重精神损害的,被侵权人有权请求精神损害赔偿。”早在2001年,《最高人民法院关于确定民事侵权精神损害赔偿责任若干问题的解释》已有类似规定,该司法解释将此类物品称为“具有人格象征意义的特定纪念物品”,《民法典》将之称为“具有人身意义的特定物”。常见的如死者的遗物、遗像、墓碑、坟茔等,但不包括死者的遗体、遗骨、骨灰。侵害具有人身意义的特定物,属于对物权的侵害。

三、“祭奠权”侵权责任的承担方式

如前所述,一般人格权益、死者人格利益、具有人身意义的特定物之物权,都是法律所保护的民事权益。法律上并不存在独立的所谓“祭奠权”,但祭奠活动

---

〔1〕 施启扬:《民法总则》(修订第8版),中国法制出版社2010年版,第180页。

〔2〕 王泽鉴:《民法总则》,北京大学出版社2009年版,第205页。

所涉及的上述民事权益,则完全可以纳入侵权法中予以保护。

关于侵害一般人格权益所导致的侵权责任的承担方式,如尚未造成损害后果,被侵权人可依《民法典》第1167条的规定请求侵权人停止侵害等;如已经造成当事人人格权益受损的后果,可依《民法典》第1000条的规定请求侵权人赔礼道歉;如果造成了严重精神损害的,可依《民法典》第1183条第1款请求精神损害赔偿;如果另外造成了财产损失,则可依《民法典》第1182条等规定请求赔偿损失。

侵犯死者人格利益,请求的主体是死者的近亲属,且有顺位限制。具体的责任承担方式,包括停止侵害、赔礼道歉、赔偿损失等。侵犯死者人格利益往往会造成近亲属巨大的精神痛苦,若如此,近亲属有权依法请求精神损害赔偿。

侵害具有人身意义的特定物,作为对物权的侵害,侵权责任形式原本与一般的财产侵权并无不同。唯根据《民法典》第1183条第2款的规定,"故意或者重大过失"侵害具有人身意义的特定物,且"造成严重精神损害"的,还可以另行请求精神损害赔偿。

四、小结

法律上并不存在独立的"祭奠权",故对所谓"祭奠权"的主体范围、行使顺序的讨论,[1]可能并无实益。北京市第二中级人民法院(2019)京02民终13152号民事判决书参照法定继承顺序,试图构建"祭奠权"行使顺序的一般规则,但也不得不承认"还应结合死者亲属与死者生前共同生活、相互扶助等因素,对亲属与死者之间的精神依赖程度作综合考量",实质上宣告了普遍适用的"祭奠权"一般规则难以构建。

"祭奠权"在现行法律中的缺位,并无充分理由被认为是"违反立法者计划"的法律漏洞,应将其视为立法者有意的沉默。法律不是万能的,无必要介入社会生活的各个角落。主祭资格在历史上曾作为身份继承的一部分,由身份继承到财产继承是文明的进步,若反其道而行之则是开历史倒车。"祭奠权"纠纷宜用伦理调处,并无法律解决的急迫性。常见的侵害所谓"祭奠权"的纠纷,实为侵

---

〔1〕 参见张科:《涉安葬权的裁判规则研究》,载《人民司法》2020年第8期;刘扬军:《祭奠权的性质及法律保护》,载《山东审判》2017年第2期。

害一般人格权益、死者人格利益、具有人身意义的特定物的侵权责任纠纷，适用《民法典》中关于人格权保护、侵权责任的相关规范，即可得到妥善解决。

回到文初案例问题，在该案例中，甲仅因与弟弟之间的矛盾，竟故意不向乙告知母亲去世的消息，使其不能参加母亲的后事，失去了向母亲遗体告别的机会，甚至在父母墓碑上都未能署名，势必对乙造成巨大的精神痛苦，并导致不明真相的亲朋对乙评价的降低。甲的行为侵害了乙的一般人格权益。乙有权要求甲赔礼道歉，赔偿精神损害，并要求甲配合、协助其在父母墓碑上署名。但是，假如乙长期不履行赡养母亲的义务，甚至甲的行为出于母亲的生前意愿，根据《民法典》第998条等规定，则很难说甲须向乙承担侵权责任。

法条链接

《民法典》

第1000条　行为人因侵害人格权承担消除影响、恢复名誉、赔礼道歉等民事责任的，应当与行为的具体方式和造成的影响范围相当。

行为人拒不承担前款规定的民事责任的，人民法院可以采取在报刊、网络等媒体上发布公告或者公布生效裁判文书等方式执行，产生的费用由行为人负担。

第1167条　侵权行为危及他人人身、财产安全的，被侵权人有权请求侵权人承担停止侵害、排除妨碍、消除危险等侵权责任。

第1182条　侵害他人人身权益造成财产损失的，按照被侵权人因此受到的损失或者侵权人因此获得的利益赔偿；被侵权人因此受到的损失以及侵权人因此获得的利益难以确定，被侵权人和侵权人就赔偿数额协商不一致，向人民法院提起诉讼的，由人民法院根据实际情况确定赔偿数额。

第1183条　侵害自然人人身权益造成严重精神损害的，被侵权人有权请求精神损害赔偿。

因故意或者重大过失侵害自然人具有人身意义的特定物造成严重精神损害的，被侵权人有权请求精神损害赔偿。

24. 如何判断继承协议的效力?

案情导入

案例1:某老人甲为解决养老问题,在未咨询法律专业人士的情况下,与儿子乙签订了遗赠扶养协议一份,约定今后与乙共同生活,由乙照顾,如乙一直照顾他直至去世,即可获得他遗产中的某处房屋。该协议系打印并由当事人亲笔签字。此后乙将父亲甲接至自己家中尽心尽力赡养。甲去世后,儿子丙得知该协议存在,提出:(1)遗赠扶养协议只能与法定继承人以外的主体签署,乙是法定继承人,本身就有赡养义务,该遗赠扶养协议主体不适格;(2)协议中甲处分遗产的内容实质是遗嘱,该协议系打印,又无见证人,不符合遗嘱的形式要件。据此,丙认为协议无效,某房屋应进行法定继承。问:丙的主张是否成立?

案例2:某老人甲与儿子乙签订一份"生不管养、死不管葬"的协议。主要内容是:甲的生养死葬与乙无关,乙无须履行赡养义务,也不享有继承权。数年后,甲无力独自生活,遂向法院起诉,要求乙履行赡养义务。问:甲的要求能否得到支持?又假设甲去世后,乙主张协议违背公序良俗而无效,问:乙的主张能否成立?

案例3:丧偶老人甲、乙相恋,欲结为夫妻。为避免子女因房屋等财产继承问题不同意其结婚,甲、乙达成一份互不继承遗产的协议,之后办理了结婚登记。甲去世后,其子女与乙发生纠纷。甲的子女认为,按照互不继承遗产协议约定,乙对甲的遗产不享有继承权。乙认为:(1)该协议违反了夫妻有相互继承遗产的权利的法律规定;(2)相关司法解释规定"继承人放弃继承的意思表示,应当在继承开始后、遗产分割前作出"。[1] 该协议中放弃继承的意思表示在继承开始前作出,也

[1] 《继承法解释》第49条、《民法典继承编解释(一)》第35条。

违反上述司法解释规定。据此，乙主张协议无效。问：该互不继承遗产协议的效力如何？

裁判法理

德国、瑞士等国都有继承契约制度，如《德国民法典》第1941条规定："被继承人得以契约指定继承人，以及指示遗赠或遗嘱负担。订约的他方当事人或第三人均得被指定为继承人或受遗赠人。"《瑞士民法典》第494条规定："被继承人得以继承契约，承担使对方或第三人取得其遗产或遗赠的义务，被继承人得自由处分其财产。遗赠或赠与，如与继承契约中被继承人所承担义务不一致，得撤销之。"我国法律没有专门规定继承契约或继承协议，但类似协议在现实生活中大量存在。归纳其共同点，系由被继承人与他人签订，以其遗产处置为内容。上述3个案例中的协议均属此类。法无明文规定，司法实践中就会产生问题。外国法的规定远水难解近渴，更何况遗赠等基本概念的含义都不同。问题的解决，还需对我国现有法律进行解释。

一、继承协议的分类和性质

1. 对继承协议的类型划分

如前所述，本篇姑且将被继承人与他人签订的关于其遗产处置的协议称为继承协议，可作如下划分：

（1）被继承人与继承人之间的继承协议、被继承人与继承人以外的主体之间的继承协议

继承协议的主体，其中一方必须是被继承人。[1] 另一方主体，则可分为继承人，以及继承人之外的主体，下文将其统称为相对人。在一份协议书中，相对人未必只有一个人，可以是全体继承人、部分继承人、兼有继承人和继承人以外的主体等。作为契约行为，基础的关系还是在被继承人和直接受影响的单独的

---

〔1〕 假如是数位继承人在继承发生前签订的相关协议，被继承人未参与签署的，本书在《继承发生前放弃继承有效吗？》篇中另作讨论。

相对人之间发生,其他主体参与签订,视为对该约定的知情、认可。

(2)赋权的继承协议、弃权的继承协议

继承协议的效果在于对遗产的处置。赋权的继承协议指赋予相对人对遗产一定的利益,从无到有,或从少到多。弃权的继承协议指减损相对人对遗产一定的利益,从有到无,或从多到少。

(3)单务的继承协议、双务的继承协议

单务合同、双务合同的区分标准原本是双方当事人是否互负对待给付义务,即双方义务是否存在对价关系。但继承协议有特殊之处:被继承人自己未必有给付义务,义务往往在被继承人去世后才产生。在继承协议中使用单务、双务概念,仅取其对价关系的含义,即相对人取得遗产处置上的利益或者不利益,是否存在相应的对价。在一些情形中,虽然相对人需要承担一定的义务,但考虑具体情况,该义务与其所获利益并不能形成对价关系,此类继承协议仍被视为单务的。

(4)有名合同中的继承协议、无名合同中的继承协议

根据合同在法律上是否被赋予特定名称,合同可分为有名合同和无名合同。《民法典》第1158条规定的遗赠扶养协议是有名合同,其中关于遗产处置的内容符合前述对继承契约的定义,可称为有名合同中的继承协议。此外,《老年人权益保障法》第20条规定的赡养协议,往往也带有遗产处置的内容。而更多的继承协议体现在无名合同中,法律上虽然没有明文规定,但无名合同只要符合契约行为的一般成立、生效要件,同样具有法律效力。

2. 对继承协议的性质分析

(1)继承协议是财产行为

财产行为是以发生财产上的效果为目的的法律行为。与之相对的,身份行为的定义有广义和狭义之分。广义而言,身份法上的行为也可以产生财产关系效果,如夫妻财产约定、亲权中的财产照护等,可称为附随的身份行为[1]或者基于身份的行为。[2] 狭义而言,身份行为仅指直接以发生或消灭身份关系为目的

[1] 参见史尚宽:《亲属法论》,中国政法大学出版社2000年版,第14页。

[2] 参见张作华:《亲属身份行为基本理论研究》,法律出版社2011年版,第24页。

的法律行为。[1] 继承协议既不以发生或消灭身份关系为目的，也不必基于身份关系而发生——法定继承人以外的主体完全可以成为继承协议的当事人，可见，即使对身份行为采用最广义的定义，都无法涵盖继承协议。继承协议只能属于财产行为，只是当事人之间往往具有亲属身份关系而已，但并不必然。

(2)继承协议是契约行为

契约行为是由双方互异而相对立的意思表示一致而成立的法律行为。与之相对的，单方法律行为是只需要一方意思表示就可以成立的法律行为。遗嘱是典型的单方行为。继承协议有双方当事人，单方意思表示不能成立继承协议，这是继承协议与遗嘱的最大区别，也是其作为契约行为的根本原因。

(3)继承协议是死因行为

死因行为是以行为人的死亡为生效要件的法律行为。与之相对的，在行为人生前发生效力的法律行为，称为生前行为。继承协议以处置遗产为法律效果，该效果只能在被继承人死亡后发生，故继承协议是死因行为。需注意，遗赠扶养协议中关于扶养的内容在协议成立时即可生效，一般认为，遗赠扶养协议是生前行为。[2] 即便如此，遗赠扶养协议中关于遗产处置的内容，即其中包含的继承协议，在受扶养人在世时，也不会发生效力。

在上述对继承协议的认识基础上，下文将以区分单务、双务继承协议为框架，具体讨论继承协议的效力。

二、双务继承协议的效力

1. 遗赠扶养协议中的继承协议效力

我国法律上特有的遗赠扶养协议制度，是在我国农村“五保”制度的基础上形成和发展起来的，即由政府组织实施，对无劳动能力、无经济来源以及无人赡养(抚养)的老、幼、残疾人员“保吃、保穿、保住、保医、保葬(孤儿保教)”。遗赠

---

〔1〕 参见陈棋炎、黄宗乐、郭振恭：《民法亲属新论》，台北，三民书局 2018 年版，第 21 页；陈棋炎：《亲属、继承法基本问题》，台北，三民书局 1980 年版，第 124 页。

〔2〕 参见郭瑞明、房绍坤：《继承法》，法律出版社 1996 年版，第 184 页；彭诚信：《继承法》，吉林大学出版社 2007 年版，第 151 页；张平华、刘耀东：《继承法原理》，中国法制出版社 2009 年版，第 376 页。

扶养协议既然包含遗赠的内容，在我国法律语境下，法定继承人不能成为协议主体。《民法典》第1158条明确规定遗赠扶养协议应与继承人以外的组织或者个人签订。遗赠扶养协议自签订时成立，作为双务合同，当事人双方必须切实履行自己的义务。就扶养人而言，应当承担对受扶养人生养死葬的义务。对受扶养人而言，不得擅自处分遗赠财产。任何一方违反协议，如扶养人不尽扶养义务，或者受扶养人擅自处分遗赠财产，另一方有权解除协议，后一种情况下扶养人有权要求受扶养人补偿已指出的扶养费用。如果遗赠标的因不可抗力而灭失，无论发生于受扶养人生前或者去世后，协议均履行不能，扶养人有权解除协议，并要求获得扶养费用补偿。

2. 赡养协议中的继承协议效力

《老年人权益保障法》第20条规定："经老年人同意，赡养人之间可以就履行赡养义务签订协议。"赡养人往往和继承人重合或部分重合。继承人虽不能成为遗赠扶养协议的主体，但不妨作为赡养协议的主体；被继承人与继承人签订的包含赡养内容的协议，即使名为遗赠扶养协议，也不会因主体不适格而无效（如案例1中丙的第1个观点），而是应将该协议视为赡养协议。

赡养人虽然本身就有赡养义务，但赡养义务的具体承担方式千差万别。赡养人有多人的，承担赡养义务所付出的时间、精力、经济成本也不尽相同。如果根据协议约定，多个赡养人赡养义务之负担状况显著悬殊，并相应调整其各自可继承份额的，可视为赡养义务的承担和继承份额的调整形成了对价关系，此类赡养协议就具备了双务继承协议的特征，对当事人具有法律约束力，各方应诚实履行，不得擅自变更或者解除。

司法实践中，有法院认为此类协议虽然以合同形式签订，但本质上属于遗嘱性质的文书。[1] 这就混淆了契约行为和单方行为。尤其是在赡养人已履行了约定义务的情况下，如将此类协议中关于遗产处置的内容割裂出来，视其为遗嘱而允许受赡养人单方撤回，或者允许法定继承人以不符合遗嘱形式要件为由挑

---

〔1〕 参见北京市门头沟区人民法院民事判决书，(2018)京0109民初5333号；辽宁省大石桥市人民法院民事判决书，(2018)辽0882民初6884号；河南省洛阳市西工区人民法院民事判决书，(2016)豫0303民初1250号。

战协议效力(如案例1中丙的第2个观点),严重违背诚实信用原则。

3. 其他双务的继承协议效力

除上述遗赠扶养协议、赡养协议之外,现实生活中还有大量双务继承协议,只能视作无名协议。作为契约行为,适用民法一般理论,对其效力不难得出结论。

例如,老人生前把某套房屋提前给到儿子,以解决其结婚之需;为顾及其他子女利益平衡,老人和该儿子约定,在老人去世后该儿子不参与继承遗产。我国继承法上没有归扣制度,[1]社会生活中却不乏此现实需求。当事人既已通过协议,约定被继承人以生前转移特定财产给某继承人,以换取其将来不继承遗产的承诺;已提前受有财产的继承人,若于被继承人去世后,又以遗嘱不合形式要件、提前放弃继承无效等理由企图推翻承诺,有悖诚信。尽管学理上有否定观点,[2]但笔者认为,此类协议的效力应予尊重。

又如,案例2中的"生不管养、死不管葬"的不赡养协议,仍属本篇所称的双务的继承协议,但该协议内容既违反法律的强制性规定,又违背公序良俗,因此协议无效。虽然协议无效,假如负有法定赡养义务的主体有赡养能力却不履行赡养义务,根据《民法典》第1130条的规定,分配遗产时也应当不分或者少分;如果构成了对被继承人的遗弃或虐待情节严重,则依《民法典》第1125条的规定丧失继承权。

再如,案例3中的互不继承协议,当事人双方之间也存在对价,即用不继承对方遗产的承诺,换取对方不继承自己遗产的承诺,故属于双务的继承协议。司法实践中,法院多以协议系当事人真实意思的表示、不违反法律规定或社会公共利益为由,承认此类互不继承协议的效力。[3] 笔者认为这样处理是正确的。若

---

〔1〕 我国台湾地区"民法"第1173条规定:"继承人中有在继承开始前因结婚、分居或营业,已从被继承人受有财产之赠与者,应将该赠与价额加入继承开始时被继承人所有之财产中,为应继遗产。但被继承人于赠与时有反对之意思表示者,不在此限。前项赠与价额,应于遗产分割时,由该继承人之应继分中扣除。赠与价额,依赠与时之价值计算。"

〔2〕 参见史尚宽:《继承法论》,中国政法大学出版社2000年版,第326页。

〔3〕 参见四川省科学城人民法院民事判决书,(2013)科民初字第9号;北京市海淀区人民法院民事判决书,(2014)海民初字第6701号;山东省淄博市张店区人民法院民事判决书,(2018)鲁0303民初2336号。

否定其效力，于诚实信用原则破坏甚巨，会发生明显不公义的后果。至于案例3中乙提出的夫妻有相互继承遗产的权利的规定，只是婚姻法对男女平等原则的宣示，并非直接调整法律关系的裁判规范，更不是强制性规定。若按照乙的观点，难道遗嘱不能排除配偶继承吗？对此问题不难得出结论。

三、单务继承协议的效力

1. 赋权的单务继承协议效力

赋权的单务继承协议赋予相对人对遗产的一定利益，且相对人不需为对待给付，即不存在相应对价，具有单务性、无偿性的特征，与赠与合同颇为相似。它与赠与合同的根本区别在于，赠与合同是生前行为，赋权的单务继承协议是死因行为。德国法上有死因赠与的概念，指以受赠人晚于赠与人死亡为生效条件的赠与(《德国民法典》第2301条)。照此概念，死因赠与为附条件(受赠人晚于赠与人死亡)而不是附期限(赠与人死亡)的赠与合同。我国立法未就死因赠与作出规定，但学说上予以认可，[1]司法实践中也偶有出现。[2] 基于其赋权、单务、无偿、死因等属性，不妨将赋权的单务继承协议视为死因赠与合同。

我国法律规定，赠与合同中的赠与人有任意撤销权。死因赠与合同的任意撤销，需区分赠与人生前和去世后两种情况，并分别与生前赠与、遗赠制度进行对比，采用举重明轻的方法予以讨论。在赠与人生前，生前赠与作为诺成合同在订立时已经生效，赠与人在赠与财产的权利转移之前尚且可以撤销赠与(法定特殊情况除外)；死因赠与在赠与人生前尚未生效，赠与人所受约束更小，更应允许其任意撤销。而在赠与人去世后，遗赠作为遗嘱人的单方行为，并无对方的信赖保护问题，遗赠人的继承人在继承发生后尚且须履行遗赠；死因赠与的受赠人在合同成立时已作出接受赠与的意思表示，赠与人的继承人更应履行。

---

[1] 参见刘春茂主编：《中国民法学·财产继承》，中国人民公安大学出版社1990年版，第471页；郭明瑞、房绍坤：《继承法》(第2版)，法律出版社2004年版，第174、176页。

[2] 参见舟山市普陀区人民法院民事判决书，(2016)浙0903民初3371号；鄂州市鄂城区人民法院民事判决书，(2018)鄂0704民初2151号。

2. 弃权的单务继承协议效力

弃权的单务继承协议减损相对人原本可以期待的对遗产的利益，且不存在相应对价。其重点不在于继承人的弃权，而在于被继承人剥夺其继承。试想，若无继承人参与订立，实与遗嘱无异；现继承人参与订立，需考虑有何不同。

笔者认为，最大的不同在于是否适用遗嘱的形式强制。法律上形式强制的目的无外乎警告目的、证据目的、公开目的、流通目的。遗嘱是典型的要式行为，适用严格的形式强制，必须选择法定的六种形式订立。遗嘱不存在公开、流通之需要，不需考虑公开目的、流通目的。而警告目的是"使当事人了解其法律行为的意义及利害关系，俾免为仓促、轻率的决定"，[1]遗嘱法定形式中包括危急情况下的口头遗嘱，可见遗嘱并不排斥在仓促状态下制定，故警告目的也并非主要考虑。遗嘱的形式强制，更多是基于遗嘱的利害影响重大，且发生争议时遗嘱人已经死亡，无从探知行为人的真意，故其主要目的是确保遗嘱真实性，即证据目的。弃权的单务继承协议，因有受影响的继承人参与订立，该继承人欲否定协议的真实性，首先要否定自己签字的真实性，从而使适用形式强制的必要程度大大缓解。虽然法律没有规定继承协议的特定形式，也需要首先对协议进行真实性判断。如果判断为真，仅仅以不符合遗嘱的形式要件为由否认其效力，未免舍本逐末。

综上所述，弃权的单务继承协议无须适用遗嘱的形式强制，仅需将其作为契约行为进行考察。如无效力瑕疵，应认可其法律效力。

四、小结

针对我国法律上没有规定但现实生活中大量存在的继承协议，首先，需明确其财产属性是财产行为而不是身份行为。其次，需明确其协议属性是契约行为而不是遗嘱。最后，需明确其死因属性是死因行为而不是生前行为。基于上述判断，运用法律行为一般原理，比照遗赠扶养协议、赠与合同等法律规定，即可判断各种类型的继承协议——不同主体之间的、赋权的或弃权的、单务的或双务

[1] 王泽鉴：《民法总则》，北京大学出版社 2009 年版，第 290 页。

的、有名合同或无名合同中的等——的法律效力。

回到文初案例问题：案例1中，甲、乙签订的实为赡养协议，其中包含继承协议的内容，不适用遗嘱的形式强制，协议合法有效，丙的主张不能成立。案例2中，“生不管养、死不管葬”协议因违背公序良俗而无效，甲要求乙履行赡养义务的诉讼请求应得到法院支持。乙如有赡养能力却不履行赡养义务，应少分或者不分遗产。案例3中，甲、乙之间的互不继承协议合法有效，各方均应遵守。

虽然继承协议不适用遗嘱的形式强制，但为确保协议不发生真实性方面的争议，建议当事人在订立此类协议时进行公证、律师见证或者录音录像。

法条链接

《老年人权益保障法》

第20条　经老年人同意，赡养人之间可以就履行赡养义务签订协议。赡养协议的内容不得违反法律的规定和老年人的意愿。

基层群众性自治组织、老年人组织或者赡养人所在单位监督协议的履行。

《民法典》

第1125条　继承人有下列行为之一的，丧失继承权：

（一）故意杀害被继承人；

（二）为争夺遗产而杀害其他继承人；

（三）遗弃被继承人，或者虐待被继承人情节严重；

（四）伪造、篡改、隐匿或者销毁遗嘱，情节严重；

（五）以欺诈、胁迫手段迫使或者妨碍被继承人设立、变更或者撤回遗嘱，情节严重。

继承人有前款第三项至第五项行为，确有悔改表现，被继承人表示宽恕或者事后在遗嘱中将其列为继承人的，该继承人不丧失继承权。

受遗赠人有本条第一款规定行为的，丧失受遗赠权。

第1130条　同一顺序继承人继承遗产的份额，一般应当均等。

对生活有特殊困难又缺乏劳动能力的继承人，分配遗产时，应当予以照顾。

对被继承人尽了主要扶养义务或者与被继承人共同生活的继承人，分配遗产时，可以多分。

有扶养能力和有扶养条件的继承人，不尽扶养义务的，分配遗产时，应当不分或者少分。

继承人协商同意的，也可以不均等。

第1158条　自然人可以与继承人以外的组织或者个人签订遗赠扶养协议。按照协议，该组织或者个人承担该自然人生养死葬的义务，享有受遗赠的权利。

25. 继承发生前放弃继承有效吗？

案情导入

甲、乙、丙系同胞兄妹，父母早年均已过世。哥哥甲患精神病多年，未婚且无子女，乙多年来一直担任甲的监护人，照顾甲的生活起居。甲名下有产权房一套。在甲住院期间，乙、丙签署协议书一份，约定甲去世后，其名下房产归乙所有。数年后甲去世，乙要求丙按照协议书约定配合办理房产过户手续，丙却认为，根据法律规定，放弃继承的意思表示应当在继承开始以后作出，协议书签署于甲生前，故其中关于丙放弃继承的内容是无效的，系争房屋应作为甲的遗产由乙、丙各半继承。问：丙的主张是否成立？

裁判法理

一、司法实践中的主要裁判观点：提前放弃继承无效

《民法典继承编解释（一）》第35条（《继承法解释》第49条）确有规定："继承人放弃继承的意思表示，应当在继承开始后、遗产分割前作出。"2017年，笔者通过无讼案例网站，以上述司法解释的内容作为关键词进行检索，共取得全国各地、各级法院判决书近70份；其中，涉及当事人在继承开始前放弃继承的判决书共28份。

在这28份判决书中,仅有4份认为继承开始前放弃继承有效,而这4份判决中还有2份被二审法院改判为放弃无效;其余的相关判决,法院均认为继承开始前放弃继承无效。有法官著文指出:“司法实践中的多数观点认为:放弃继承的意思表示,须在继承开始后做出。在继承开始前放弃继承的,不生效力。”[1]笔者抽样统计的结果,与该表述看来是吻合的。

上述裁判文书绝大多数未进行详细说理,仅援引《继承法解释》第49条之规定作为判决理由。唯独成都市中级人民法院(2014)成民终字第3881号民事判决书,列举了法院不承认法定继承人在继承发生前作出放弃继承的承诺之法律效力的四点理由,归纳如下:

1. 不能放弃尚不存在的权利

继承权是一种既得民事权利,仅存在于继承开始后,遗产分割前的特定期间。被继承人死亡前,法定继承人与被继承人之间只存在身份关系,尚未取得继承权,实际也不能确定是否能够取得继承权,承诺放弃继承的财产本身能否成为遗产均为未知之数。因此,在继承开始前作出放弃继承的意思表示实际放弃的是一种不存在的权利,按照民法理论,此种意思表示应认定为不成立。

2. 违反法律规定的放弃继承起始时间

我国现行继承法律规定了放弃继承的起始期间。《继承法解释》第49条规定:“继承人放弃继承的意思表示,应当在继承开始后、遗产分割前作出。”结合第51条“放弃继承的效力,追溯到继承开始的时间”。可见,放弃继承意思表示能够有效的起点时间是继承开始之日。

3. 可能损害代位继承人的利益

允许继承人在继承开始前放弃继承可能损害他人利益。尚存在继承人先于被继承人死亡的情形,按照法律规定,除非继承人丧失继承权,其晚辈直系血亲在继承开始后本会通过代位继承取得继承权,承认继承开始前放弃继承会损害代位继承人的权利。

---

[1] 李军:《关于放弃继承问题的法律分析》,载微信公众号“高杉 LEGAL”2016年3月28日,https://mp.weixin.qq.com/s/D8bguqVEaJ-xZ2y04bEFdQ。

4. 难以确定意思表示是否真实,存在道德风险

放弃继承的意思表示在性质上是形成权,一经作出非因法定条件不得撤回和撤销。在继承开始前有无遗产或者遗产多少等都处于不明状态,继承人在继承开始前承诺放弃继承的意思表示是否真实无客观的评价标准,将会使继承人之间的权利义务关系处于不确定状态,容易引发道德风险。

但需注意,另有判决书持截然相反的观点,认为提前放弃继承是有效的,如上海市虹口区人民法院审理的乔某芳诉乔某香法定继承纠纷案[1]、笔者代理的上海市徐汇区人民法院(2017)沪0104民初10253号案等,说明这个问题在司法实践中仍有争议。

二、对"继承权"和"放弃继承"概念的梳理

1. 什么是"继承权"

通说认为,继承权具有"二阶性"的特征,以继承发生即被继承人死亡时为界限,之前的称为继承期待权或客观继承权,之后的称为继承既得权或主观继承权。

继承期待权是基于亲属关系或者遗嘱,在未来可能取得被继承人遗产的地位,也可称为"继承期望"。这种地位并不稳固,被继承人直至临近死亡,仍然可能通过遗嘱令法定继承人丧失取得遗产的机会。就遗嘱继承人而言,亦因被继承人可以随时撤回、变更遗嘱而无法享有继承权。同时,这种地位不具有可让与性与可继承性。如此不确定的法律地位,无法定型化为权利。[2] 另有观点虽承认"惟其地位不得滥予剥夺,受有法律上的保障,亦不妨称为权利",但同时又指出"无论以此种继承权为期待权或为附条件之权利,不发生现在被侵害之问题,不得为处分之标的,其性质甚为薄弱"。[3] 这实际上是赋予继承期望以权利之名,而否认其权利之实。

再看继承既得权。继承既得权的属性,要从继承发生、权利变动的过程进行

---

[1] 参见邹碧华主编:《2013年上海法院案例精选》,上海人民出版社2013年版,第99~102页。

[2] 参见朱庆育:《民法总论》,北京大学出版社2016年版,第509页。

[3] 史尚宽:《继承法论》,中国政法大学出版社2000年版,第92~93页。

分析。有观点认为,继承开始后,享有继承权的人并不立即取得所继承财产的物权,需要经过继承的实现,才能使遗产的所有权发生转移。[1] 此观点与《民法典继承编解释(一)》第35条(《继承法解释》第49条)的精神是一致的,将继承引发的权利变动过程分为继承发生前、继承发生与遗产分割之间、遗产分割后三个阶段,并认为遗产分割后继承人才取得遗产所有权。但此观点与《民法典》第230条"因继承取得物权的,自继承开始时发生效力"相冲突。根据物权编的这一规定,继承发生时继承人直接取得遗产的所有权,并不存在遗产的物权处于真空的过渡期间。遗产既已取得,若将继承既得权理解为取得遗产的权利,岂非多此一举。此外,如果继承人唯一,则不可能存在遗产分割,故不能以遗产分割作为继承人取得遗产的时点。事实上,继承发生后,继承人要求继承遗产,实质是要求确认物权;要求分割遗产,行使的是共有物分割请求权;要求被继承人的合同相对人继续履行合同,无异于行使合同债权。诚如谢怀栻先生所说:"继承开始后,继承人所有的权利即为许多物权、债权等权利的集合,并无所谓另外的继承权。"[2]

关于继承权的性质,历来有"权利说"和"法律地位说"两种主要主张。史尚宽先生定义继承权"谓继承人包括的承继被继承人之财产上权利义务之地位"。[3] 佟柔先生则认为"继承权,是指公民依照法律的规定或者被继承人生前立下的合法有效的遗嘱承受被继承人遗产的权利"。[4] 杨立新教授也认为"继承权的权利说更能反映继承权的本质"。[5] 我国立法上虽有使用继承权这一概念,但综上分析,所谓继承权在继承发生前、发生后都并非一种真正意义上的权利,笔者更认同法律地位说。

既然继承权本身只是一种法律地位而非权利,讨论放弃继承权,就有些名不副实。值得注意的是,我国《民法典》《继承法》使用的都是"放弃继承"概念,而不是"放弃继承权",但司法解释则兼用"放弃继承权"和"放弃继承"。若以人大

---

〔1〕 参见张伟:《家事法学》,法律出版社2016年版,第134页。
〔2〕 谢怀栻:《论民事权利体系》,载《谢怀栻法学文选》,中国法制出版社2002年版,第353页。
〔3〕 史尚宽:《继承法论》,中国政法大学出版社2000年版,第93页。
〔4〕 佟柔主编:《继承法学》,法律出版社1986年版,第62页。
〔5〕 杨立新:《家事法》,法律出版社2013年版,第389页。

立法的概念使用为准,这在一定程度上也印证了继承是地位不是权利。

2. 什么是“放弃继承”

放弃继承,又称继承的抛弃,是继承人作出不接受继承、不参与遗产分割的意思表示。[1] “谓继承人否认自己开始的继承效力之意思表示,即否认因继承开始当然为继承人之全部继承效力之行为。”[2]该概念可从如下七个方面理解。

(1)放弃继承是单方法律行为。[3] 继承人单独作出的放弃继承意思表示,即可发生法律效力。如果继承人与被继承人达成的意思合致(继承契约)中包括放弃继承的内容,或者继承人之间达成此类意思合致,均应视为契约行为,与真正的放弃继承性质不同。

(2)放弃继承是处分行为。继承是当事人的一项法律地位,放弃继承是对该地位的处分,直接使之消灭,而非以发生债权债务为内容。

(3)放弃继承的主体是继承人,包括法定继承人、遗嘱继承人。放弃继承可以有相对人,但并不必需。继承人是数人的,放弃继承并不以该意思表示传达给其中一人或全部为效力发生的要件。[4]

(4)放弃继承的客体是继承资格,即全面否定自己的继承人地位,完全拒绝继承对其发生法律效力,相应地,根据《民法典》第1161条第2款的规定,可以不履行清偿被继承人税款、债务的义务。放弃继承不包括就个别的遗产作部分放弃。如果仅就个别遗产表示放弃,实为关于遗产分割的意思表示,而非放弃继承。即使当事人表示不要遗产,只要其未表示放弃继承,严格来说也只是遗产的放弃,而不是继承的放弃,区别在于其仍具有继承人资格,仍可推选或者担任遗产管理人。如史尚宽先生所言:“因继承所取得个人财产或对于遗产之应有部分之抛弃与继承之抛弃,异其性质。”[5]

---

[1] 参见黄薇主编:《中华人民共和国民法典继承编释义》,法律出版社2020年版,第23页。

[2] 史尚宽:《继承法论》,中国政法大学出版社2000年版,第325页。

[3] 参见最高人民法院民法典贯彻实施工作领导小组主编:《中华人民共和国民法典婚姻家庭编继承编理解与适用》,人民法院出版社2020年版,第511页。

[4] 参见最高人民法院民法典贯彻实施工作领导小组主编:《中华人民共和国民法典婚姻家庭编继承编理解与适用》,人民法院出版社2020年版,第513~514页。

[5] 史尚宽:《继承法论》,中国政法大学出版社2000年版,第325页。

(5)通说认为,放弃继承应当在特定时间作出,即继承开始后,遗产处理(分割)前。[1] 史尚宽先生认为,继承抛弃"惟于继承开始后始得为之。于继承开始前为之,不生效力"。[2]《民法典》权威释义认为:"放弃继承必须在被继承人死亡后放弃。如果被继承人尚未死亡,继承人就作出放弃继承的意思表示,这种放弃是无效的。放弃必须在遗产处理前作出,在遗产处理之后,遗产的所有权已移转给具体的各个继承人,此时继承人放弃的不是继承,而是所继承遗产的所有权。"[3]

(6)放弃继承必须通过书面形式,这是《民法典》的新规定。《继承法》无此要求,仅在《继承法解释》第 47 条规定,放弃继承应当以书面形式作出,但"用口头方式表示放弃继承,本人承认,或有其他充分证据证明的,也应当认定其有效"。《民法典》之所以规定更为严格的形式强制,一方面出于警示目的,促使继承人三思而行,谨慎作出;另一方面出于证据目的,书面形式有利于保留证据,避免纠纷。[4]

(7)放弃继承的效力溯及既往。《民法典继承编解释(一)》第 37 条(《继承法解释》第 51 条)规定:"放弃继承的效力,追溯到继承开始的时间。"

3. 提前放弃继承是附条件的民事法律行为

民事法律行为可以附条件、附期限。继承人在继承发生前放弃继承,其隐含的意义是:如果被继承人死亡时,本人仍在世,则本人放弃继承。

人固有一死,被继承人死亡是必然发生的事实。但被继承人死亡时本人仍在世,则是不确定的,应视为放弃继承的生效条件而非期限。故,继承发生前放弃继承可视为附条件的民事法律行为。只是该条件依法律规定也本当如此,属于法定条件,学说上被认为是一种不真正条件,无另行适用民法关于条件规定的必要。[5]

---

〔1〕 参见佟柔主编:《继承法学》,法律出版社 1986 年版,第 62 页;刘素萍:《继承法》,中国人民大学出版社 1988 年版,第 350 页;杨立新:《家事法》,法律出版社 2013 年版,第 410 页。

〔2〕 史尚宽:《继承法论》,中国政法大学出版社 2000 年版,第 326 页。

〔3〕 黄薇主编:《中华人民共和国民法典继承编释义》,法律出版社 2020 年版,第 23 页。

〔4〕 参见黄薇主编:《中华人民共和国民法典继承编释义》,法律出版社 2020 年版,第 24 页。

〔5〕 参见王泽鉴:《民法总则》,北京大学出版社 2009 年版,第 400 页。

三、对提前放弃继承无效的反思

1. 作为单方行为的提前放弃继承的效力

如前所述，作为单方行为的放弃继承，通说认为应在继承开始后作出。但有学者质疑，这并不意味着继承人不能在继承开始前作出单方放弃继承的意思表示，也不意味着继承人在继承前单方作出的放弃继承的意思表示必然无效，“这仅仅是说明继承人放弃继承的意思表示只能于继承开始后才发生效力。继承人于继承开始前作出放弃继承的单方意思表示，并不当即发生继承权放弃的效力。在继承开始以前，继承人可以随时任意地撤回其此前单方作出的放弃继承的意思表示”。[1] 本书也尝试对通说以及前述支持提前放弃继承无效的裁判理由提出如下不同意见：

(1)继承权尚不确定，不能成为否认提前放弃继承效力的理由

虽然继承发生前，继承权的内容尚不确定，但这并不妨碍遗产和继承人在未来特定时点有可能确定，法律将之作为放弃继承的生效条件。试想，大多数遗嘱本质上也是一种附条件（而非附期限）的单方民事法律行为，所附条件至少包括被继承人先于遗嘱继承人去世这一不确定事实。在订立遗嘱时，将来的遗产范围、继承人也是不确定的。我们不会因此而质疑自然人订立遗嘱的效力，提前放弃继承应同理。

(2)承认提前放弃继承有效不会损害代位继承人的利益

有判决书认为提前放弃继承会导致代位继承人丧失继承权，损害代位继承人的利益。[2]

根据《民法典继承编解释（一）》第 17 条（《继承法解释》第 28 条）规定，继承人丧失继承权的，其晚辈直系血亲不得代位继承。又根据《民法典》第 1125 条（《继承法》第 7 条）规定，丧失继承权的情形不包括放弃继承。代位继承的前提是被继承人的子女先于被继承人去世，在继承发生时，提前放弃继承所附的“被继承人死亡时本人仍在世”之条件因该人已去世而未能成就，该放弃行为自

---

〔1〕 郭明瑞：《继承放弃行为辨析》，载《东方法学》2018 年第 4 期。

〔2〕 参见成都市中级人民法院民事判决书，(2014)成民终字第 3881 号。

然不发生法律效力。代位继承人直接成为了法定继承人，利益丝毫没有受到损害。

(3)不应割裂理解《民法典继承编解释(一)》第35条的规定

《民法典》第1124条规定："继承开始后，继承人放弃继承的，应当在遗产处理前，以书面形式作出放弃继承的表示；没有表示的，视为接受继承。"该规定只是说继承开始后继承人放弃继承的应当如何，但并未说继承开始前放弃继承的效力如何。而《民法典继承编解释(一)》第35条(《继承法解释》第49条)规定的"继承人放弃继承的意思表示，应当在继承开始后、遗产分割前作出。遗产分割后表示放弃的不再是继承权，而是所有权"，强调的重点是继承发生后放弃继承权和所有权的区别，不应当割裂理解。

2. 契约行为中提前放弃继承内容的效力

单方提前放弃继承在现实中并不常见。常见的情形是当事人于继承发生前，在《赡养协议》《养老送终协议》《家庭内部约定》等协议中作出放弃继承的意思表示，即在契约行为中放弃继承。尤其是有的放弃继承仅及于个别遗产，与前述真正的放弃继承已完全不同。故，即使按照通说观点，否认作为单方行为的提前放弃继承的效力，也未必能说这些契约行为中的放弃继承内容无效。

德国法上有继承抛弃契约，指继承人(包括法定继承人及指定继承人)、受遗赠人或特留份权人于继承开始前，预先与被继承人订立，以抛弃继承权、遗赠或特留份为标的之契约。如《德国民法典》第2346条规定："被继承人之血亲或配偶，得与被继承人以契约抛弃其法定继承权。抛弃继承之人，视为于继承开始时已死亡，而被排除其继承权。抛弃继承之人无特留份之权利。"继承抛弃契约虽订立于继承开始前，德国法并不以之为无效。

与此相反，我国台湾地区相关规定均不承认这种契约，如当事人于继承开始前作此约定，其约定为无效，"约为抛弃之继承人，仍得主张其继承权"。[1] 但也有我国台湾地区学者对此反思："惟依我国传统习惯，常有所谓家财生前之分析

〔1〕 史尚宽：《继承法论》，中国政法大学出版社2000年版，第326页。

(尤其一部分直系血亲卑亲属之分居),或女儿出嫁时,亦常有赠送妆奁之习俗,或农地为防止其细碎化之土地处分。故立法政策上,宜承认抛弃继承契约。"[1]

我国大陆法律没有规定放弃继承契约制度。最高人民法院民一庭的机关论著也认为,我国不承认继承契约,在继承开始前订立放弃继承的契约,其约定无效。[2] 但笔者认为,现实生活中大量存在的这些协议往往对老年人将来的生养死葬、遗产处理作出"一揽子"安排,部分当事人放弃继承,部分当事人多得遗产,也都隐含着利益交换、亲情伦理的权衡考量。没有无缘无故的放弃,也没有无缘无故的多得。对于这样的协议,尤其是其中一部分当事人为家庭作出较多贡献或者已经履行了约定的义务,只要协议本身不违背公序良俗,不存在当事人通过放弃继承逃避法定义务等情形,根据诚信原则应予以尊重和保护。

2018 年,《北京市高级人民法院关于审理继承纠纷案件若干疑难问题的解答》第 16 条规定:"继承纠纷中,当事人以继承人在继承开始前已明确表示放弃继承期待权为由,请求确认继承权丧失的,人民法院不予支持;但该放弃表示系在分家析产等合意行为中作出,涉及继承权之外其他权利义务安排,继续享有继承权有违相关习俗并导致显失公平的,人民法院对作出放弃表示方请求继承遗产的请求不予支持。"该意见值得赞同。

3. 当事人对提前放弃继承反悔的效力

持提前放弃无效的观点中,有担心此种放弃的意思表示是否真实难以考察,可能存在道德风险。该顾虑是有道理的,不仅是放弃继承,在家事纠纷中还有很多情况,如夫妻财产协议、忠诚协议等都存在这一问题。在合同法上,每个主体被假定是为了自己利益深思熟虑的理性经济人,严格要求当事人信守承诺有利于交易安全;而在家事法上,当事人未必适用"理性经济人"假设,很难说其意思表示是出于内心真实想法还是出于一时冲动或压力。家事纠纷的争议解决,还

---

[1] 戴炎辉、戴东雄、戴瑀如:《继承法》,2013 年自版发行,第 232 页。

[2] 参见最高人民法院民事审判第一庭编著:《最高人民法院民法典继承编司法解释(一)理解与适用》,人民法院出版社 2022 年版,第 335 页。

有维护家庭和睦团结的价值取向，片面强调恪守承诺、“愿赌服输”也有悖常理，有违亲情，且容易造成实体不公。笔者认为，家事纠纷的这种特殊性，才是提前放弃继承最终发生法律效力的最根本障碍。为解决这个问题，法律在一定程度上承认对提前放弃继承的反悔。

《民法典继承编解释(一)》第36条规定：“遗产处理前或者在诉讼进行中，继承人对放弃继承反悔(笔者注：《继承法解释》第50条使用的是‘翻悔’)的，由人民法院根据其提出的具体理由，决定是否承认……”可见，在继承发生后、遗产处理前，继承的主体和客体都已明确作出放弃继承表示的，继承人尚有机会反悔。举重明轻，在继承尚存诸多不确定因素时作出的提前放弃继承表示，当事人更应享有同样的权利。这并不是说一定可以反悔，只是保留反悔的可能性。是否允许，由人民法院决定。

如有证据证明当事人放弃继承表示确非其在理性状态下作出，或者存在外部因素的不当影响，或者有其他特殊情形，[1]使其不分得遗产将明显不公，则法院有权承认其反悔，允许该当事人参与继承，以维护公平原则；否则，不应允许反悔的随意主张，以维护民事法律行为的既定效力，维护诚实信用原则。如何权衡不同的法律原则和价值，取决于法官基于查明的事实、生活经验以及价值判断的自由心证。

四、小结

继承权是一种法律地位而非权利。放弃继承，是整体性否认自己的继承人地位，拒绝继承自始对自己发生法律效力的单方民事法律行为。继承开始前放弃继承，可视为附法定条件的民事法律行为。

虽然通说否定继承发生前放弃继承的效力，但理由并不充分。现实生活中更为常见的是契约行为中的放弃继承内容，以及仅涉及个别遗产的放弃继承表示，这些均非真正的放弃继承，更不能一概认定为无效。承认提前放弃继承的效力，不违反现行法律规定，不损害其他当事人的利益，彰显了诚信原则，在司法实

---

〔1〕 若存在欺诈、胁迫、重大误解等情形，通过民事法律行为的撤销制度也可达到否定放弃继承效力的目的，但承认反悔的可适用情形更加广泛。

践中亦不乏支持声音。

家事纠纷具有特殊性，为避免实体不公，依法可允许提前放弃继承的当事人提出反悔，是否承认反悔效力则由法院根据具体情况决定，并且应当从严把握，以平衡利益，实现公平。

回到文初案例问题，考虑到被继承人甲除了乙、丙之外再无其他法定继承人，乙、丙已通过协议对甲名下房产的继承事宜作出明确约定，且乙一直照顾甲的生活起居，故应承认该协议中丙提前放弃继承意思表示的效力，且不应允许丙任意反悔。

法条链接

《民法典继承编解释(一)》

第 17 条　继承人丧失继承权的，其晚辈直系血亲不得代位继承。如该代位继承人缺乏劳动能力又没有生活来源，或者对被继承人尽赡养义务较多的，可以适当分给遗产。

第 35 条　继承人放弃继承的意思表示，应当在继承开始后、遗产分割前作出。遗产分割后表示放弃的不再是继承权，而是所有权。

第 36 条　遗产处理前或者在诉讼进行中，继承人对放弃继承反悔的，由人民法院根据其提出的具体理由，决定是否承认。遗产处理后，继承人对放弃继承反悔的，不予承认。

《民法典》

第 230 条　因继承取得物权的，自继承开始时发生效力。

第 1124 条　继承开始后，继承人放弃继承的，应当在遗产处理前，以书面形式作出放弃继承的表示；没有表示的，视为接受继承。

受遗赠人应当在知道受遗赠后六十日内，作出接受或者放弃受遗赠的表示；到期没有表示的，视为放弃受遗赠。

第 1125 条　继承人有下列行为之一的，丧失继承权：

（一）故意杀害被继承人；

（二）为争夺遗产而杀害其他继承人；

(三)遗弃被继承人,或者虐待被继承人情节严重;

(四)伪造、篡改、隐匿或者销毁遗嘱,情节严重;

(五)以欺诈、胁迫手段迫使或者妨碍被继承人设立、变更或者撤回遗嘱,情节严重。

继承人有前款第三项至第五项行为,确有悔改表现,被继承人表示宽恕或者事后在遗嘱中将其列为继承人的,该继承人不丧失继承权。

受遗赠人有本条第一款规定行为的,丧失受遗赠权。

第1161条　继承人以所得遗产实际价值为限清偿被继承人依法应当缴纳的税款和债务。超过遗产实际价值部分,继承人自愿偿还的不在此限。

继承人放弃继承的,对被继承人依法应当缴纳的税款和债务可以不负清偿责任。

26. 共同遗嘱继承纠纷如何处理?

案情导入

甲、乙为再婚夫妻。甲与前妻生育子女A、B,乙与前夫生育儿子C,甲、乙婚后未生育子女。某房屋是甲、乙的夫妻共同财产。甲、乙经商议决定订立共同遗嘱,甲执笔书写遗嘱一份,主要内容为“甲、乙两人只要有一人健在,双方共有的某房屋不能作为遗产分割。甲、乙都去世后,子女才可以分割该房屋,A得40%,B得40%,C得20%”。甲、乙都在遗嘱上签名署期。数年后甲去世,乙又自书遗嘱一份,内容为“某房屋内我享有的全部份额,在我去世后由C继承”。问:待乙去世后,该房屋应如何继承?

裁判法理

一、共同遗嘱相关概念的厘清

1. 共同遗嘱的定义

遗嘱本是典型的单方法律行为,但现实中,也有数个主体共同订立遗嘱的情况,以夫妻为多,故本篇仅讨论夫妻共同遗嘱。共同遗嘱的典型特征是共同遗嘱人将同一遗嘱内容记载于同一载体。如果是将两份独立的遗嘱装入同一信封,或是在同一张纸上两人各自独立的书写自己的遗嘱并将纸裁开就是两份遗嘱,都不能称为共同遗嘱。

2. 共同遗嘱的分类

共同遗嘱的类型多样。有的共同遗嘱只有形式上的共同,即在同一遗嘱中,遗嘱人各自表述自己遗产的处分,彼此并无关联,可称为"单纯的共同遗嘱"。有的遗嘱人互相指定对方为继承人,可称为"相互的遗嘱"。有的共同遗嘱中各自意思表示互为条件,即一方遗嘱以另一方遗嘱为条件,可称为"相关的遗嘱"。还有学说进一步细分出"共同指定遗嘱",即双方共同指定第三人为自己的唯一继承人,以及《德国民法典》第2269条规定的"柏林式遗嘱",即互相指定对方为继承人,并约定后死亡一方将遗产留给共同指定的受益人。

以上分类,均源于学理或外国法。事实上,共同遗嘱在立法上是否被承认,各国(地区)并不一致。英美判例承认共同遗嘱。德国和奥地利明确承认夫妻共同遗嘱。法国、日本、意大利明确禁止共同遗嘱。瑞士民法对共同遗嘱未作规定,解释上不许共同遗嘱。我国台湾地区对此未作规定,学界观点不一,如史尚宽先生认为"内容完全独立之共同遗嘱,应不在禁止之列"。[1] 戴炎辉等学者则认为"不应承认共同遗嘱之效力,不问其属于何种共同遗嘱"。[2] 我国《民法典》和《继承法》同样没有关于共同遗嘱的明文规定,学理上则有肯定说、有限制

---

〔1〕 史尚宽:《继承法论》,中国政法大学出版社2000年版,第418页。

〔2〕 戴炎辉、戴东雄、戴瑀如:《继承法》,2013年自版发行,第287页。

的肯定说(仅承认夫妻共同遗嘱)、否定说等不同观点。[1]

笔者认为,根据同一份遗嘱中各自意思表示内容是彼此关联还是相互独立,可将共同遗嘱区分为无关联的共同遗嘱和有关联的共同遗嘱。对关联性的认定标准,可参考《德国民法典》第2270条第1款关于"相互依存的处分"的规定,即"须认为假如没有配偶另一方的处分,配偶一方的处分就不会为之"。[2] 无关联的共同遗嘱大部分为前述"单纯的共同遗嘱",可能还包括一部分"共同指定遗嘱",如夫妻共同指定子女尤其是唯一子女为继承人,但有明示或者可推定的相反意思的除外。有关联的共同遗嘱可涵盖前述"相关的遗嘱"、"相互的遗嘱"(包括相互继承和相互不继承)、"柏林式遗嘱"以及另一部分"共同指定遗嘱"。

3. 共同遗嘱的特殊性

共同遗嘱的特殊性首先在于遗嘱本身为单方法律行为,其成立或撤回均由遗嘱人单独为之,而共同遗嘱存在两个主体之间的合意。如果这个合意是同一内容的两个意思表示"平行一致",应视为共同行为;如果是不同内容的两个意思表示"相向一致",比如,互为条件,则应视为契约行为。史尚宽先生就认为前述"相关的"共同遗嘱近似于继承契约。[3] 无论是共同行为还是契约行为,都是多方法律行为,其成立需有赖于他方意思表示,其撤回亦应共同为之。这就与遗嘱自由原则发生了冲突。可见,在共同遗嘱中存在的根源矛盾是多方意思表示合致与单方撤回遗嘱自由之间的矛盾。在现实中的典型表现就是,共同遗嘱成立之后,单方撤回所引发的纠纷。

遗嘱是死因行为,遗嘱人死亡时生效。共同遗嘱有两个遗嘱人,一般不会同时死亡,因此共同遗嘱何时生效也成问题。尤其是一方去世后,另一方可否撤回自己的遗嘱意思表示,这和前一个问题是挂钩的。

此外,共同遗嘱人必有至少一方没有亲笔自书,由此引发该遗嘱是否符合形式要件的争议也层出不穷。

---

[1] 参见郭明瑞、房绍坤:《继承法》(第2版),法律出版社2004年版,第170~171页。关于否定说,参见刘素萍:《继承法》,中国人民大学出版社1988年版,第261~263页。

[2] 陈卫佐译注:《德国民法典》,法律出版社2010年版,第614页。

[3] 参见史尚宽:《继承法论》,中国政法大学出版社2000年版,第416页。

二、共同遗嘱的形式要件问题

遗嘱是典型的要式行为,《民法典》规定的遗嘱形式仅有公证、自书、打印、代书、录音录像、口头六种。关于公证的共同遗嘱,《遗嘱公证细则》第 15 条规定,“两个以上的遗嘱人申请办理共同遗嘱公证的,公证处应当引导他们分别设立遗嘱。遗嘱人坚持申请办理共同遗嘱公证的,共同遗嘱中应当明确遗嘱变更、撤销及生效的条件”。该规定对公证的共同遗嘱持审慎认可的态度。打印、代书的共同遗嘱,首先需要符合打印遗嘱、代书遗嘱的法定形式要件,应无疑义。录音录像、口头共同遗嘱并不多见,判断其是否符合形式要件,与一般的遗嘱亦无不同。[1] 争议最大的是一方自书、双方签字、又无见证人的共同遗嘱。

1. 司法实践中的主要观点

(1)共同遗嘱因不符合形式要件而无效

如上海市虹口区人民法院在(2018)沪 0109 民初 24946 号民事判决书中认为,我国继承法并无关于共同遗嘱的法律规定,且此份遗嘱也不符合我国关于代书遗嘱的规定。该份遗嘱男方仅签字,对其部分不符合有关自书遗嘱的法律规定,应认定为无效。至于涉及女方部分,该份遗嘱确由其书写,但从形式上并未注明“日”,存在重大瑕疵;从内容上看,因男方部分无效,则该份遗嘱女方处分的遗产超出其本人遗产范围,无法确认其遗嘱真实意思指向,即应由各遗嘱受益人按比例降低所得或按股数继承,抑或由其他一人或几人受益。因此,本院认定夫妻双方订立的共同遗嘱是一份无效遗嘱。

(2)自书的遗嘱人所涉部分有效,仅签字、捺印的遗嘱人所涉部分无效

如上海市高级人民法院(2015)沪高民一(民)再提字第 13 号民事判决书显示,上海市人民检察院抗诉认为,涉案遗嘱为被继承人褚某执笔,并有其签名、盖章和捺印,结合我国《继承法》关于遗嘱形式的规定,该遗嘱对褚某而言系自书遗嘱,遗嘱形式要件符合法律规定,应认定有效。就金某某而言,该遗嘱系代书遗嘱,虽有其盖章、捺印,但缺少两位见证人签名,不符合法定的代书遗嘱形式要

---

[1] 如北京市第二中级人民法院(2017)京 02 民终 4366 号民事判决书就认定了以录音形式订立的共同遗嘱的效力。

件,故金某某所立遗嘱为无效遗嘱。

(3)遗嘱内容系立遗嘱人的真实意思表示的,共同遗嘱有效

上述上海市高级人民法院判决书中,针对检察院的抗诉意见,法院再审认为,涉案遗嘱由两被继承人共同订立,其中一人亲笔书写,并由两被继承人共同署名、盖章、捺印确认,是两被继承人的真实意思表示。本案中亦无证据证实两被继承人在先后去世前曾对该共同所立之遗嘱作过变更、解除或者撤销,我国《继承法》对于夫妻双方共同设立之遗嘱的形式要件也未作相应的规定,原一、二审法院结合涉案遗嘱的设立情况等认定该遗嘱有效,并无不妥,亦予维持。

2018 年,《北京市高级人民法院关于审理继承纠纷案件若干疑难问题的解答》第 19 条第 1 款就此问题有明确规定:“以夫妻双方名义共同订立的处理夫妻共同财产的遗嘱,符合遗嘱形式要件的应为有效。当事人仅以遗嘱内容为一方书写,不符合代书遗嘱相关形式要件为由请求认定遗嘱无效的,人民法院不予支持。”

2. 本书观点

法律行为形式强制的目的,无外乎警告目的、证据目的、公开目的、流通目的。遗嘱不存在公开、流通之需要;法定遗嘱形式中包括危急情况下的口头遗嘱,此时当事人虽未深思熟虑而仓促为之,法律仍承认其效力,可见警告目的也并非遗嘱形式强制的主要意旨。基于遗嘱的利害影响重大,且发生争议时往往无从探知行为人的真意,遗嘱形式强制的主要目的是确保真实性的证据目的。因此需要考虑,在其他证据已足以确保遗嘱真实性的情况下,如何把握遗嘱形式强制的标准。上述观点(3)尤其是北京市高级人民法院的司法意见对于此类共同遗嘱的形式强制标准是从宽的,本书认为,这符合形式强制的立法目的。但也不能排除对真实性确实可疑的共同遗嘱以不符合形式要件为由否定其效力。

三、共同遗嘱的单方撤回、变更问题

如前所述,本书基于共同遗嘱当事人各自遗嘱内容是彼此关联还是相互独立,将共同遗嘱区分为无关联的共同遗嘱和有关联的共同遗嘱两大类。

1. 无关联的共同遗嘱

无关联的共同遗嘱,并不存在"假如没有配偶另一方的处分,配偶一方的处分就不会为之"的情形,其实无所谓双方的意思表示合致,本质上是两个相互独立的遗嘱,在各自去世时分别生效。因此,任何一方均可任意撤回自己的遗嘱内容,在另一方去世后也无妨,不影响另一方遗嘱的生效和执行。

2. 有关联的共同遗嘱

有关联的共同遗嘱情况更为复杂,至少存在以下三种不同观点。

(1)一方死亡后,在世一方不得单方撤回或变更遗嘱

例如,辽宁省绥中县人民法院(2020)辽1421民初19号民事判决书认为,共同遗嘱是双方的共同意思表示,一方当事人单方任意变更、撤销[1]难免与死者的意愿相违,失去共同遗嘱存在的意义。共同遗嘱中有一人死亡后,除非存在继承人严重损害被继承人利益的情形,其他的遗嘱人不得变更、撤销共同遗嘱。[2]

又如,贵州省毕节市中级人民法院(2020)黔05民终5996号民事判决书认为,夫妻双方对夫妻共同财产进行处置所立的共同遗嘱,不具有可分性,故不具有在世一方可以单独撤销的内容,且该遗嘱因一方的故亡已发生法律效力,故不支持在世一方单独撤销。

(2)在世一方可撤回、变更自己的遗嘱内容,不影响另一方的遗嘱内容

例如,北京市西城区人民法院(2018)京0102民初38265号民事判决书认为,夫妻二人立有共同遗嘱,一方去世后,另一方又立自书遗嘱,明确表示不再同意按照共同遗嘱处理其遗产,且明确了其遗产的具体继承方式,故对后去世一方的遗产按照其新立的自书遗嘱予以继承,对先去世一方的遗产按照共同遗嘱中确立的继承方式进行继承。

又如,北京市海淀区人民法院(2019)京0108民初29931号民事判决书认为,共同遗嘱一方当事人去世,另一方有权撤销、变更遗嘱中涉及的部分内容。

---

[1] 《继承法》第20条使用"撤销"而非《民法典》第1142条使用的"撤回",该判决作出于《民法典》施行之前,故使用"撤销"无误。以下同。

[2] 该案二审的辽宁省葫芦岛市中级人民法院(2020)辽14民终1768号民事判决书否定了一审的上述观点,采下文观点(2)。

但其仅能变更遗嘱中属于其份额部分,关于已去世一方的份额,应当依据共同遗嘱原先的内容继承。

(3)在世一方可撤回、变更自己的遗嘱内容,另一方遗嘱自动失效

有学者认为:"一方死亡后,生存配偶可任意撤回单独处分,关联性处分同样可以撤回,夫妻不得约定预先放弃撤回权。对先死亡一方信赖利益的保护,体现在当生存配偶撤回死因处分时,解除条件成就,先死亡方关联性处分的法律效果自动终止,相关遗产溯及适用法定继承。"[1]该观点似乎参照了《德国民法典》第2270条第1款的法律后果:"其中一项处分之无效或被撤回,导致另一项处分之不生效力。"但在我国的司法实践中,鲜见这样的判例。

3. 本书观点

就无关联的共同遗嘱而言,因不存在意思合致所产生的保护信赖利益之需,所以允许单方在任何时候任意撤回。而就有关联的共同遗嘱而言,上述不同观点是在尊重双方意思合致和尊重个人遗嘱自由之间寻求平衡。

有关联的共同遗嘱,双方均在世时,任何一方可以在通知另一方的前提下撤回、变更自己在遗嘱中的意思表示,无须征得另一方同意。允许其单方撤回、变更是尊重遗嘱自由的体现。要求其通知另一方是尊重双方意思合致的要求,使另一方有机会重新决定是否维持或者相应地变更、撤回其意思表示,以保护其信赖利益。如果未通知,则单方的撤回、变更不发生效力。

当有关联的共同遗嘱一方去世后,本书认为在世一方就不能撤回、变更自己的遗嘱内容了。理由包括:(1)从意思自治考虑,如允许上述情况,有悖已去世一方的生前意愿。(2)从利益平衡考虑,如允许上述情况,可能出现当事人始料未及的不公平局面。如文初案例,乙在共同遗嘱中已作出让步,假如允许甲在乙去世后撤回其遗嘱而乙的遗嘱内容不变,将会发生更加严重的利益失衡。(3)从诚实信用考虑,如允许上述情况,无异于鼓励有心机者另立秘嘱,交给自己亲信的人,日后情况有利则出示,不利则隐藏;而诚信一方则难免"老实人吃亏"。这在家事领域尤其应当避免。(4)若采前述观点(3)即允许一方任意撤

〔1〕 汪洋:《民法典时代共同遗嘱的理论构造》,载《法商研究》2020年第6期。

回、变更，另一方遗嘱内容自动失效，相当于使在世一方不仅能够控制自己的遗嘱效力，还能控制对方的遗嘱效力，道德风险更大。综上，对于有关联的共同遗嘱，遗嘱人一方去世后，在世一方撤回、变更自己遗嘱内容的，不发生效力。

即使单方变更、撤回的内容仅涉及自己的个人财产而非夫妻共同财产，因该共同遗嘱具有关联性，对个人财产的遗嘱处分就与对方的遗嘱处分存在关联性，在利益局面上牵一发而动全身。《北京市高级人民法院关于审理继承纠纷案件若干疑难问题的解答》第19条第2款规定："夫妻一方先死亡的，在世一方有权撤销、变更遗嘱中涉及其财产部分的内容；但该共同遗嘱中存在不可分割的共同意思表示，上述撤销、变更遗嘱行为违背该共同意思表示的除外。"这里的"不可分割的共同意思表示"体现的就是关联性，一方去世后，另一方不得任意撤回、变更。

一种特殊情况是，单方撤回、变更遗嘱时，另一方为无民事行为能力或限制民事行为能力人。由于我国法律要求遗嘱人在遗嘱行为时具有完全民事行为能力，另一方虽然在世但撤回、变更遗嘱已不可能，故也不能允许单方的任意撤回、变更。

四、小结

根据共同遗嘱中各遗嘱人的意思表示是彼此关联还是相互独立，可将共同遗嘱分为无关联的共同遗嘱和有关联的共同遗嘱。在其他证据已足以确保遗嘱真实性的情况下，对共同遗嘱的形式强制标准可以从宽。无关联的共同遗嘱，允许单方任意撤回、变更。有关联的共同遗嘱，原则上任何一方都可以在通知另一方的前提下撤回、变更自己的遗嘱意思表示，但一方去世或者丧失完全民事行为能力的，则不允许另一方撤回、变更。

回到文初案例问题，甲、乙是在各自有子女的情况下再婚重组家庭，其共同遗嘱对夫妻共同财产的处分兼顾各自子女，显然存在关联性。鉴于甲已去世，根据本篇分析和结论，乙不得撤回、变更其遗嘱意思表示，应按照双方共同遗嘱进行继承。

此类纠纷争议解决的难点是判断关联性的有无，即能否认为"假如没有一方的处分,另一方的处分也不会为之”。如果当事人未作明确约定,只能根据遗嘱内容并结合常理常情作出判断,实质是进行意思表示的解释。为最大限度确保当事人真实意思的实现,建议当事人在订立共同遗嘱时就写明双方的意思表示是否具有关联性,甚至可以进一步设定生效条件和解除条件。《遗嘱公证细则》第15条规定,“遗嘱人坚持申请办理共同遗嘱公证的,共同遗嘱中应当明确遗嘱变更、撤销及生效的条件”,即含有此意。

法条链接

《民法典》

第1134条　自书遗嘱由遗嘱人亲笔书写,签名,注明年、月、日。

第1135条　代书遗嘱应当有两个以上见证人在场见证,由其中一人代书,并由遗嘱人、代书人和其他见证人签名,注明年、月、日。

第1136条　打印遗嘱应当有两个以上见证人在场见证。遗嘱人和见证人应当在遗嘱每一页签名,注明年、月、日。

第1137条　以录音录像形式立的遗嘱,应当有两个以上见证人在场见证。遗嘱人和见证人应当在录音录像中记录其姓名或者肖像,以及年、月、日。

第1138条　遗嘱人在危急情况下,可以立口头遗嘱。口头遗嘱应当有两个以上见证人在场见证。危急情况消除后,遗嘱人能够以书面或者录音录像形式立遗嘱的,所立的口头遗嘱无效。

第1139条　公证遗嘱由遗嘱人经公证机构办理。

第1142条　遗嘱人可以撤回、变更自己所立的遗嘱。

立遗嘱后,遗嘱人实施与遗嘱内容相反的民事法律行为的,视为对遗嘱相关内容的撤回。

立有数份遗嘱,内容相抵触的,以最后的遗嘱为准。

27. 后位继承在我国法律上如何实现？

案情导入

甲、乙系夫妻，丙、丁均系二人子女。甲订立遗嘱，主要内容是：甲个人所有的某套住房，甲去世后由乙继承，待乙去世后，该房屋由女儿丙继承。不久后甲去世。问：如何确定该遗嘱的规则适用？

裁判法理

遗嘱是实现私法自治的重要工具。现实生活中，人们为了妥善安排身后事，在订立遗嘱时考虑得越来越长远，类似上述案例中的“先由谁继承、后由谁继承”的遗嘱屡见不鲜。这种遗嘱继承方式一般被称为“后位继承”。要发现和解决后位继承相关问题，首先要进行概念的梳理。

一、后位继承的概念和在我国的现状

1. 什么是后位继承

后位继承，又称次位继承，是指被继承人在遗嘱中指定遗产由某继承人继承，当遗嘱指定的某种条件成就或者某一期限到来时，遗产又转由另外的继承人继承。先继承遗产的继承人被称为前位继承人，后继承遗产的继承人被称为后位继承人。本篇中，结合上下文意，后位继承既可以指包括第一次继承和第二次继承的全过程，或称“后位继承制度”；也可以特指基于遗嘱指定的条件成就或者期限到来而发生的第二次继承。

遗嘱人通过后位继承遗嘱指定特定条件或者期限。承认这一指定的效力，是对死者意愿的尊重，是遗嘱自由原则的体现，是继承法固有的价值取向之一，但这种自由也是有边界的。如遗嘱人设置条件，不能违反法律规定或公序良俗；如遗嘱人设置期限，期限不能过久。“死者的意志不能总附着于财产之上而阴

魂不散,代表死者意愿的遗嘱不能过分人格化。"[1]为防止财产所有权一直处于受限状态而不利于流通,有立法例对后位继承发生的期限作了限制,如《德国民法典》第2109条规定,继承开始后30年仍未出现后位继承情形的,则后位继承人的指定失去效力。

后位继承制度最早出现在后期的罗马法中。《德国民法典》继承了罗马法的传统,设置专门章节对后位继承进行了详细的规定。瑞士对后位继承也有明确的法律规定。另有一些国家对后位继承持否定态度,如法国、匈牙利。直至2020年《民法典》颁布,我国法律对后位继承仍未作规定。

2. 关于引入后位继承制度的争论

学界对我国立法是否要引入后位继承制度存在争议。持反对观点者,如刘素萍认为,后位继承同财产所有权理论相违背,"遗嘱继承人继承了遗产,就说明财产所有权已经转移了。如果遗嘱人在遗嘱中又预先指定后位继承人,这就侵犯了遗嘱继承人已经取得的财产所有权"。[2] 刘定华、屈茂辉也认为若承认后位继承制度就等于认可了遗嘱人对前位继承人所有权的侵犯。[3] 郭明瑞、房绍坤认为完全可以通过对遗嘱继承人或受遗赠人附加义务的方式,达到给予后位继承人或后位受遗赠人某种利益的目的,而不应当承认后位继承和后位遗赠。[4] 龙俊认为,若遗嘱能达成限制处分效力,将与物权的公示原则相矛盾。而如规定后位继承只发生债法上的效力,则对能否达到制度目的仍存在疑问。在《民法典》已经规定居住权的情形下,规定后位继承的制度必要性并不明显。[5]

持肯定观点者,如杨震、孙毅认为,后位继承制度有积极功能,不应为形式正义而放弃实际正义,为追求法的安定性而不顾社会妥当性,我国应承认后位继承

〔1〕 杨震、孙毅:《论后位继承制度的立法选择及法的构成》,载《求是学刊》2002年第5期。
〔2〕 刘素萍:《继承法》,中国人民大学出版社1988年版,第281页。
〔3〕 参见刘定华、屈茂辉:《民法学》,湖南人民出版社2001年版,第682页。
〔4〕 参见郭明瑞、房绍坤:《继承法》(第2版),法律出版社2004年版,第152页。
〔5〕 参见龙俊:《继承编:变革与争议》,载《人民法院报》2020年6月11日,第7版。

效力。[1] 孙若军认为,我国司法实践应当承认后位继承,但需要相关法律配套。[2] 刘琳认为,后位继承制度充分尊重财产所有权人的意志,使其能按照自己的遗愿合理安排其财产归属,体现私权神圣理念,又符合当今世界处于"社会本位"立法思想对遗嘱自由的限制规定。[3] 周子凡认为,既然我国承认遗嘱自由,应当允许遗嘱人将遗产分属不同顺位的继承人,也可以将遗产各项权益进行分割并分配给不同继承人。我国应借鉴德国、瑞士等国家成熟做法,积极探索并创建符合我国国情的后位继承制度。[4]

3. 我国司法实践中的后位继承

虽然我国法律没有后位继承制度的规定,裁判文书似乎也刻意回避使用"后位继承"概念,但在司法实践中,但不乏一些实质上具有后位继承内容的遗嘱,其效力均得到了法院的认可,如沈阳市中级人民法院(2004)沈民(1)权终字第1917号民事判决书、南京市中级人民法院(2015)宁民再终字第38号民事判决书、上海市第二中级人民法院(2018)沪02民终7348号民事判决书等。

二、德国后位继承制度略述

如前所述,遗嘱人有安排后位继承的意愿,但我国法律没有后位继承制度,这个意愿在实现过程中就会面临各种问题。后位继承的核心问题在于,在遗嘱指定的条件成就或期限到来前,即后位继承开始之前,前位继承人已通过继承取得了遗产的所有权,而与此同时,后位继承人对将来条件成就、期限到来时继承遗产具有期待利益。于是,前位继承人的所有权和后位继承人的期待利益之间产生了冲突,需要平衡。在已建立后位继承制度的国家,其法律提供了怎样的问题解决方案?下面以后位继承制度较为完备的德国、瑞士为例,作简要介绍。

---

[1] 参见杨震、孙毅:《论后位继承制度的立法选择及法的构成》,载《求是学刊》2002年第5期。

[2] 参见孙若军:《继承法》,中国人民大学出版社2004年版,第162~163页;孙若军:《继承法原理与案例教程》,中国人民大学出版社2008年版,第192页。

[3] 参见刘琳:《论后位继承制度》,载《湖湘论坛》2007年第6期。

[4] 参见周子凡:《比较法视野下的后位继承研究》,载《净月学刊》2016年第2期。

1. 前位继承人的主要权利义务

(1)受限制的所有权

被继承人死亡即继承开始时,前位继承人即可取得遗产所有权,但这种所有权尤其是其中的处分权能受到限制。根据《德国民法典》第 2112 条的规定,该法并未绝对禁止前位继承人对遗产的处分,但在第 2113 ~2115 条对处分作出了限制。其中第 2113 条规定,如果前位继承人对于作为遗产的土地、土地上的权利、已登记船舶或者在建船舶进行处分的,损害了后位继承人在法律上的利益,则该处分不生效力。第 2113 条第 2 款规定前位继承人无偿处分以及履行赠与约定而为的处分行为,亦受到限制。此外,关于对前位继承人的强制执行处分,第 2115 条也作了限制。需注意,这些处分只有在后位继承开始时才归于无效。

(2)用益权

根据第 2134 条的规定,前位继承人可以为自己的利益而使用遗产标的,同时应承担在后位继承开始后向后位继承人偿还价额的义务。根据《德国民法典》第 2135 条的规定,前位继承人将遗产出租的,如租赁关系在后位继承开始时仍存续,则准用买卖不破使用租赁之规定。可见,前位继承人在后位继承发生前,对遗产享有用益权。

(3)管理义务

根据《德国民法典》的规定,前位继承人对通过前位继承所获得的遗产负有适当管理义务(第 2130 条),前位继承人对遗产的管理以前位继承人在自己的事务中通常所尽的注意义务为限(第 2131 条),对于适当使用所引起的遗产物变更或毁损无须负责任(第 2132 条)。

(4)担保义务

《德国民法典》第 2128 条第 1 款规定,因前位继承人的行为或因其不利的财产状况,后位继承人有理由认为权利将受显著侵害时,可要求前位继承人提供相应担保。

(5)交出遗产和报告义务

《德国民法典》根据第 2130 条的规定,前位继承人在后位继承开始后,有义务向后位继承人交出遗产,并根据后位继承人的请求提出计算报告。

2. 后位继承人的主要权利义务

(1)编制遗产目录、提供担保、提存有价证券、登记的请求权

在后位继承发生前,后位继承人虽不对遗产直接享有权利,但对前位继承人享有多项请求权,具体包括:《德国民法典》第2121条规定后位继承人有权请求前位继承人编制遗产目录并通知后位继承人,以明确遗产的具体内容。和前述第2128条第1款中前位继承人的担保义务相对应,后位继承人有请求前者提供担保的权利。第2116条第1款规定后位继承人可请求前位继承人向特定的提存机构提存有价证券。根据《德国土地登记法》第51条,在前位继承人被登记于土地登记簿时,登记部门必须依职权将后位继承人一并登记。在前位继承人未告知登记部门后位继承之存在时,后位继承人可主动向登记部门提出将自己一并登记的请求,避免第三人对土地或土地权利的善意取得。

(2)询问权

《德国民法典》根据第2127条的规定,在有理由认为前位继承人因其管理而显著地侵害后位继承人的权利时,后位继承人可以请求前位继承人答复关于遗产状态的询问。

(3)赔偿请求权

《德国民法典》根据第2134条的规定,前位继承人为自己的利益而使用遗产标的的,后位继承开始后,后位继承人有权请求前位继承人偿还价额。如果因前位继承人过错而发生损害,前位继承人应承担损害赔偿等责任。

(4)允许特定处分义务

《德国民法典》根据第2120条的规定,前位继承人为了适当管理遗产或者为了清偿遗产债务,有必要处分遗产时,如果该处分系前位继承人不能以对后位继承人的效力作出的,则后位继承人有义务对这项处分予以允许。

(5)偿还义务

《德国民法典》根据第2124条以及第2125条第1款的规定,后位继承开始后,就前位继承人为遗产而支付的特定费用,后位继承人负有向前位继承人偿还的义务。

3. 当事人死亡的特殊情况

(1)前位继承人死亡的

关于后位继承发生前,前位继承人死亡的情况,《德国民法典》没有直接规定。根据《瑞士民法典》第489条第2款的规定,遗产经提供担保后,由前位继承人的继承人取得遗产。[1] 此时,后位继承的基本结构并未发生变化,前位继承人的继承人成为了新的前位继承人,待后位继承发生时,再由后位继承人继承。

(2)后位继承人死亡的

关于后位继承发生前,后位继承人死亡的情况,《德国民法典》第2108条对附条件的后位继承和附期限的后位继承作了区分。对于附条件的后位继承,准用《德国民法典》第2074条的规定,后位继承人死亡将导致条件不能成就,后位继承的指定失效,遗产确定地由前位继承人最终取得。对于附期限的后位继承,后位继承人死亡的,其权利转移给他的继承人,待期限届至时后位继承人的继承人才能请求交付。但《瑞士民法典》未作此区分,根据其第492条第2款的规定,只要被继承人无另外处分,后位继承人在条件成就、期限到来前死亡的,遗产即属于前位继承人。显然,前种立法例认为期限必定会到来,故附期限的期待利益确定会实现;而后种立法例则认为附期限的后位继承也隐含着一个条件,即期限届至时后位继承人仍在世。

以上内容远非德国法、瑞士法关于后位继承制度的全部规则,管中窥豹,可看出其规则之精细。就我国的司法实践而言,这些规则不能被直接适用,要建立一整套后位继承制度,也非一日之功。

三、我国法律现有诸制度的适用可能性

近年来对后位继承制度进行系统研究的多篇论文,都关注到后位继承制度与其他制度的对比,但重点大多放在二者的差异上。[2] 本书认为,在我国法律

---

〔1〕《瑞士民法典》第489条规定:如处分指定了另外的移交继承遗产时期,且该时期在前位继承人死亡时尚未发生,遗产经提供担保后,得移交于前位继承人的继承人。

〔2〕参见蒋方园:《后位继承制度研究》,华东政法大学2018年硕士学位论文,第15~21页;李睿:《后位继承制度研究》,西南政法大学2018年硕士学位论文,第4~6页;徐成龙:《论后位继承遗嘱的效力》,上海交通大学2018年硕士学位论文,第7~11页。

没有后位继承制度的情况下,更应在现行法律框架内解释遗嘱内容,关注不同制度的相似之处,讨论对相关遗嘱适用现有制度规则的可能性。这是个意思表示解释的问题,不能说一份遗嘱天然地是后位继承遗嘱或者其他什么遗嘱,进而寻找相应规则,在我国法律上若找不到就不知所措;而是应看其内容更适合于什么规则,进而确定它是哪类遗嘱。在必要的情况下,甚至要突破文义而就其实质,对意思表示进行法律定性。正如《民法典》第 142 条第 2 款所规定的,对遗嘱这样无相对人的意思表示的解释,“不能完全拘泥于所使用的词句”。

1. 附条件、附期限遗嘱制度的适用

遗嘱是典型的单方法律行为。我国《民法典》第 158 条至第 160 条规定了附条件、附期限的民事法律行为,并未把遗嘱排除在外。尽管我国法律对附条件、附期限遗嘱没有具体规定,学界也尚存争议,[1] 但通说认为,遗嘱是可以附条件、附期限的。

附生效条件(生效期限)的遗嘱,条件(期限)在遗嘱人去世后成就(届至)的,遗嘱在条件成就(期限届至)时生效,继承人得以继承遗产。这种情况在《德国民法典》上有规定,继承人就是后位继承人,而条件成就(期限届至)之前被继承人的法定继承人即为前位继承人(第 2105 条第 1 款)。

附解除条件(终止期限)的遗嘱,条件(期限)在遗嘱人去世后成就(届满)的,遗嘱在条件成就(期限届满)时失效,原继承人不再享有遗产利益。根据《德国民法典》,假定被继承人在此时去世,他有哪些法定继承人,这些法定继承人就是后位继承人(第 2104 条)。

由此可见,德国法将此种附条件、附期限遗嘱继承视为后位继承,或者说是一种非典型的后位继承。其特殊之处仅在于,前位继承人是法定继承人,后位继承人是遗嘱继承人;或前位继承人是遗嘱继承人,后位继承人是法定继承人。遗嘱人当然也可以在遗嘱中同时指定前位继承人和后位继承人,即为典型的后位继承。

后位继承制度正是以附条件、附期限遗嘱继承作为理论前提。后位继承可

---

〔1〕 参见李锡鹤:《民法原理论稿》(第 2 版),法律出版社 2012 年版,第 755 页。

看作两次在时间上相继、内容上相斥的继承的统一，其连结点就是遗嘱所附条件或者期限。该条件(期限)同时构成前位继承的解除条件(终止期限)，以及后位继承的生效条件(生效期限)。没有必要刻意区分后位继承遗嘱与附条件、附期限遗嘱，二者在本质上是同一的。

附条件、附期限法律行为的理论，足以说明此类遗嘱生效、失效以及遗产先后归属的原理，但未能说明在这个过程中当事人的具体权利义务及变化情况，在有的场合就会发生法律依据的缺位。这是它相较后位继承制度的不足之处。

2. 附义务遗嘱制度的适用

我国《民法典》第1144条规定了附义务遗嘱继承(包括遗赠，以下同)。遗嘱负有义务的，继承人应当履行义务，否则，法院可依法取消其接受相应遗产的权利。从体系看，附义务又称附负担，与附条件、附期限并称为法律行为的附款。它与附条件的区别在于，条件有使法律行为暂不发生效力的作用，但并无强制性；反之，义务虽有强制性，但无停止法律行为效力的作用。对于某些遗嘱内容，可以解释成附义务遗嘱，使之发生相应法律效果。

如贵阳市中级人民法院(2014)筑民一终字第1356号民事判决书显示，系争房屋系由遗嘱人遗产中的某套房屋置换而来，遗嘱人在遗嘱中表示，该房屋产权归其子张某，其遗孀曾某可在该房屋居住。一审法院认为，诉争房产的所有权归张某所有。现张某不同意曾某入住房屋，因此对曾某要求居住该房屋的诉请，法院不予支持。二审法院认为，对物享有的所有权在特定情形下是可能受到相应限制的。本案中，张某虽然可以依遗嘱取得系争房屋的所有权，但该所有权继受于其养父的遗嘱，根据遗嘱曾某有权在该房屋内居住使用。该遗嘱对于张某而言是附义务遗嘱，张某若要继承该财产，就必须履行遗嘱中规定的义务，确保曾某对系争房屋可以居住和使用。

除了上述消极容忍他人居住使用房屋的不作为义务外，附义务遗嘱也可以附加积极的作为义务，如指定继承人在一定条件或期限到来时，将遗产转移给第三人。此种情形和典型的后位继承更加类似。

附义务的遗嘱继承中，继承人是确定的，负有向第三人为特定给付的义务，第三人享有的仅是债权。假设继承人另外负有债务，或继承人去世且存在必留份情形,都会影响到尚未履行的交付义务的履行。

3. 遗嘱信托制度的适用

《民法典》第1133条第4款规定:“自然人可以依法设立遗嘱信托。”结合《信托法》的相关规定,设立遗嘱信托在我国完全没有法律障碍。被继承人可以在遗嘱中表示将其全部或部分遗产作为信托财产,在其死亡后设立信托,由受托人按遗嘱人的意愿并以自己的名义,为受益人的利益或者特定目的,对信托财产进行管理或者处分。这种意思表示有时并不直接,即便遗嘱中始终未出现“信托”二字,只要其内容与遗嘱信托相符,法院也可以认定遗嘱人的真实意思是设立信托。被称为“遗嘱信托第一案”、由上海市静安区人民法院一审以及上海市第二中级人民法院二审的(2019)沪02民终1307号(二审案号)遗嘱继承纠纷案,就是这种情况。

在信托关系中,受托人未必是专业金融机构,自然人可以担任民事信托的受托人,当然不排除由被继承人的继承人担任。根据《信托法》的规定,受托人可以同时是受益人,只要不是同一信托的唯一受益人即可,这样的“委托人、受托人(兼受益人)、受益人”三方当事人结构,与后位继承的“被继承人、前位继承人、后位继承人”结构是契合的。以遗嘱作为信托文件,委托人即遗嘱人不但可以设定复杂的条件、期限安排,还可以设定信托目的、信托财产的管理方法等事项。既可以让不同受益人相继受益,还可以让他们同时受益,可能实现的遗嘱自由程度远高于后位继承。此外,《信托法》明确规定信托财产与受托人固有财产相区别,不因受托人死亡发生继承,不因受托人债务导致清算,受托人更不能违反信托目的处分信托财产。这就在很大程度上解决了后位继承人期待利益保护的问题。在遗产最终归属上,信托终止时信托财产依法可以归属于信托文件规定的人,并无特别限制,这就与后位继承的最终结果殊途同归。

事实上,即便遗嘱人表示其所立遗嘱是后位继承遗嘱,他真正关心的大概也不是发生了几次继承、遗产所有权如何流转、前后手的权利是何性质。他的目的不外乎在他去世之后,遗产能够按照他的意愿被管理、使用和处分,并由他所希望的对象受益。就这个目的而言,我国法律上现有的遗嘱信托制度具有得天独厚的优势。典型的遗嘱信托未必是后位继承,但后位继承可以是遗嘱信托。

但是,由于《信托法》第10条规定,依法应当办理登记手续的信托财产在办理信托登记之后,信托才产生效力。假如遗产涉及不动产、股权等需要登记的财产,如何解决遗嘱信托登记问题,尚待制度完善和实践探索。

4.居住权制度的适用

我国《民法典》在"物权编"增设了"居住权"一章。通常情况下,居住权需通过订立书面合同的方式设立。但根据《民法典》第371条的规定,以遗嘱方式设立居住权的,参照适用该章的有关规定。居住权是用益物权。根据法律规定,遗嘱可以设定居住权的期限,如未设定期限的,居住权人死亡时居住权消灭,实际上也是终止期限。关于遗嘱人能否设定居住权的解除条件,法律未明确规定但也未禁止,如为遗孀设定的居住权以其改嫁为解除条件应无不可。总之,居住权遗嘱必然会有一个条件或期限,在此之前居住权人对遗产住宅有权占有、使用,在此之后居住权消灭,所有权人恢复完整权能,从而呈现与后位继承类似的利益格局。

从理论上说,居住权人并不是继承人,故从未享受遗产住宅的所有权,继承发生后该房屋的所有权人即为最终的继承人。而后位继承则存在前、后位的继承人,前位继承人也能够取得所有权,虽然可能只是暂时的。这似乎构成了居住权制度和后位继承制度的区别,但这样的区别未必有实际意义。首先,前位继承人的所有权性质本身就很可疑,"前位继承人对承受的遗产所享有的权利被后位继承人的权利所制约,几乎趋同于用益权人"。[1]《奥地利普通民法典》第613条就规定,"被指定的前位继承人取得有限的所有权,享有用益权人的权利,负担用益权人的义务,直到用益取代开始"。[2] 其次,遗嘱人即使在遗嘱中对前位继承人使用了"继承"二字,其真实意愿也未必是令其取得遗产住宅的所有权,而很可能只是为了保障其居住利益。

---

〔1〕 杨震、孙毅:《论后位继承制度的立法选择及法的构成》,载《求是学刊》2002年第5期。

〔2〕 《奥地利普通民法典(2012年7月25日修改)》,周友军、杨垠红译,清华大学出版社2013年版,第101页。

现实中，大量后位继承的遗产标的是住宅，在此类后位继承遗嘱中，大部分目的是保障前位继承人的长期居住利益，以及后位继承人最终享有房产权利。考虑到我国法律并无后位继承制度，将这样的遗嘱解释为居住权遗嘱，可以在不影响住宅所有权最终归属的前提下，实现居住权人对该住宅的长期居住利益，即实现遗嘱人的真实意愿。

但是，居住权制度无法顾及住宅以外的其他遗产，无法实现遗嘱人更为丰富的意愿需求。

四、小结

后位继承的核心问题是前位继承人的所有权和后位继承人的期待利益之间的冲突和平衡。为解决这一问题，有外国立法例通过后位继承制度提供了完备的方案。但在我国尚未建立该制度的背景下，讨论后位继承规则仅具有立法论研究的意义，不能解决司法实践的规则适用问题。

通过对当事人遗嘱内容的解释，可以将后位继承的意思表示归入我国现有的附条件、附期限遗嘱，附义务遗嘱，设立遗嘱信托的遗嘱，设立居住权的遗嘱等规范框架内，从而找到可以适用的具体规则。其中，遗嘱信托制度能够赋予被继承人相较于后位继承遗嘱更大的遗嘱自由度，居住权制度能够实现实践中最重要的遗产——居住房屋的后位继承目的，因此有理由质疑另行建立后位继承制度的必要性。当然，上述制度也存在各种不足之处，没有一项制度能够解决全部问题，对此不必求全责备。

回到文初案例，根据具体情况，既可以将该遗嘱理解为附期限的遗嘱，乙的死亡对于乙的继承而言是终止期限，对于丙的继承而言是生效期限；也可以将其理解为设立了遗嘱信托，乙是信托财产即该房产的受托人，对该房产进行管理、维持，并可以居住使用，乙去世时信托终止，房产归最终受益人丙所有；还可以将其理解为设立了乙的终身居住权，而继承人实际上是丙。

法条链接

《民法典》

第142条 有相对人的意思表示的解释，应当按照所使用的词句，结合相关条款、行为的性质和目的、习惯以及诚信原则，确定意思表示的含义。

无相对人的意思表示的解释，不能完全拘泥于所使用的词句，而应当结合相关条款、行为的性质和目的、习惯以及诚信原则，确定行为人的真实意思。

第158条 民事法律行为可以附条件，但是根据其性质不得附条件的除外。附生效条件的民事法律行为，自条件成就时生效。附解除条件的民事法律行为，自条件成就时失效。

第159条 附条件的民事法律行为，当事人为自己的利益不正当地阻止条件成就的，视为条件已经成就；不正当地促成条件成就的，视为条件不成就。

第160条 民事法律行为可以附期限，但是根据其性质不得附期限的除外。附生效期限的民事法律行为，自期限届至时生效。附终止期限的民事法律行为，自期限届满时失效。

第371条 以遗嘱方式设立居住权的，参照适用本章的有关规定。

第1144条 遗嘱继承或者遗赠附有义务的，继承人或者受遗赠人应当履行义务。没有正当理由不履行义务的，经利害关系人或者有关组织请求，人民法院可以取消其接受附义务部分遗产的权利。

《信托法》

第10条 设立信托，对于信托财产，有关法律、行政法规规定应当办理登记手续的，应当依法办理信托登记。

未依照前款规定办理信托登记的，应当补办登记手续；不补办的，该信托不产生效力。

28. 冲突的合同和遗嘱,哪个应得到履行?

案情导入

一对老夫妻有子女甲、乙、丙、丁四人。按照房改政策,这对老人可以按照较低价格购买其单位的一套福利住房,但因资金有限,遂与四位子女协商并签订家庭购房协议约定,购房款由子女出资,房屋归四位子女,各享有1/4份额,产权登记在老人名下,由两位老人终身居住。照此约定购房完成后,各方相安无事。数年后,老太太去世;又过了几年,甲去世;再后来,老先生去世。就在甲的丈夫A、儿子B与乙、丙、丁协商处理该房产时,丁拿出一份老先生在老太太去世后立的遗嘱,内容为该房屋由丁一人继承。问:该房屋应如何处理?

裁判法理

在上述案例中,家庭内部购房协议和甲的遗嘱内容是冲突的。履行购房协议和执行遗嘱,结果大相径庭。对于类似的问题,司法实践中的做法并不一致。

一、观点一:在后的遗嘱优先

该观点认为,房屋产权人以遗嘱否认了原先通过合同对房屋权利的处分,在后的行为具有优先效力,应执行遗嘱。

上海市普陀区人民法院(2015)普民四(民)初字第2315号民事判决书中,法院即持此观点。该案系争房屋的登记权利人杨某某曾出具证明书,内容包括“兹证明子长路×××弄×××号×××-×××室住房由我儿子王某某出资购买,其房产权归王某某所有”“该房无论是转让、出售、出租我始终享有居住权”。后杨某某又订立遗嘱,对房屋归属另作安排。法院认为:“2008年杨某某又以公证遗嘱的形式对系争房屋的产权在其死亡后进行了处分,据此杨某某于2008年否认了原先对房屋权利的处分,同时也说明杨某某对系争房屋权利并未放弃,因此原告再以2000年杨某某的意思表示作为依据主张系争房屋的权利,不符合法律规定。”

但该观点回避了一个问题:杨某某在证明书中认可购房款是由王某某出资的,并承诺房屋产权归王某某。如果将证明书中关于产权归王某某所有、杨某某有权终身居住的内容视为杨某某和王某某在当时达成的协议,继续履行这一协议,甚至在必要时将房屋产权登记至王某某名下,是杨某某负有的合同义务,该义务应如何处理?进一步说,该合同法律关系应如何处理。一个人可以用新的遗嘱撤回或者变更旧的遗嘱,但怎么能用单方法律行为的遗嘱否认双方法律行为的合同?如果允许当事人这样做,合同的债权债务去了哪里呢?《合同法》第91条、《民法典》第557条规定的合同债权债务终止的情形,显然不包括“当事人订立相冲突的遗嘱”。

因此,遗嘱优先的观点不符合《民法典》合同编的规定,于法无据。

二、观点二:在后的遗嘱无效

该观点认为,根据合同约定,房屋产权人已将房屋权利处分给了他人,此后订立遗嘱对该房屋另作处分,是在遗嘱中处分他人的财产,该遗嘱应属无效。

上海市嘉定区人民法院(2010)嘉民一(民)初字第5719号一审民事判决书、上海市第二中级人民法院(2011)沪二中民一(民)终字第397号二审民事判决书均持此观点。该案中,系争房屋登记在被继承人吴某某和黄B名下。之后经家庭成员讨论达成协议,被继承人吴某某将其在系争房屋的份额给黄D,由黄D补偿黄A、黄C、黄E各5000元,黄D已按此履行。再后来,被继承人吴某某在黄A的陪同下立下公证遗嘱,明确其在系争房屋的份额由黄A继承。法院认为:“系争房屋内被继承人吴某某的份额已经在其2005年6月5日立下公证遗嘱之前被处分了,该份额属黄D所有……遗嘱人在遗嘱中处分了他人的财产,根据司法解释的相关规定,该遗嘱应属无效。”该案判决援引的规定是当时的《继承法解释》第38条:“遗嘱人以遗嘱处分了属于国家、集体或他人所有的财产,遗嘱的这部分,应认定无效。”《民法典继承编解释(一)》第26条承继了该规定的主要内容。

但该观点也存在漏洞：根据《物权法》第9条和第14条、《民法典》第209条和第214条的规定，除特定情形外，不动产物权的变动自登记时发生效力，未经登记不发生效力。当事人以合同约定房屋权利归属，黄D获得的只是合同债权而非系争房屋的物权。既然黄D尚未取得物权，吴某某仍是该房屋登记的所有权人，就吴某某而言，该房屋就不能视为他人的财产，故不能适用上述司法解释认定遗嘱无效。

因此，遗嘱无效的观点不符合《民法典》物权编的规定，也于法无据。

三、观点三：遗嘱和合同都具有法律效力

该观点认为，作为民事法律行为，如果不存在法定的效力瑕疵情形，内容冲突的合同和遗嘱都有效，应按照《继承法》第33条的规定，未放弃继承的继承人应当以遗产的实际价值为限，先清偿被继承人生前遗留的债务。这里的债务不局限于金钱债务，还包括合同项下的一切给付义务，即应当先履行合同，再按照遗嘱处置剩余遗产。《民法典》建立了遗产管理人制度，遗产分割前清偿债务的主体不再是继承人而是遗产管理人，但被继承人债务的责任财产仍然以遗产为限，故这一变化不影响遗产的最终归属。

民法理论中，法律行为是指以意思表示为要素，因意思表示而发生一定私法效果的法律事实。[1] 我国立法上称为民事法律行为。《民法典》第133条规定："民事法律行为是民事主体通过意思表示设立、变更、终止民事法律关系的行为。"根据行为主体的单复数，可将法律行为分为单方法律行为和多方法律行为。单方法律行为指由当事人一方的意思表示而成立的法律行为，遗嘱是典型的单方法律行为。多方法律行为则需要多方主体达成合意，又分为由双方当事人互异而相对立的意思表示合致（相向的一致）而构成的契约，我国法律称为合同；由多方当事人同一内容的意思表示合致（平行的一致）而构成的共同行为。《民法典》第134条规定："民事法律行为可以基于双方或者多方的意思表示一致成立，也可以基于单方的意思表示成立。"[2]

---

〔1〕 参见王泽鉴：《民法总则》，北京大学出版社2009年版，第234页。

〔2〕 共同行为的特殊情况为决议行为，可采用不同的表决规则，不要求全体意思表示一致。

《民法典》第143条规定了民事法律行为的生效要件,包括行为人具有相应的民事行为能力,意思表示真实,不违反法律、行政法规的强制性规定,不违背公序良俗。此外,《民法典》总则编还规定了民事法律行为无效、可撤销、效力待定等效力瑕疵的具体情形,是民事法律行为发生效力的"负面清单"。在符合生效要件、不存在效力瑕疵的情况下,民事法律行为就应被评价为有效,即发生设立、变更、终止民事法律关系的法律效果。

案例所涉的合同和遗嘱,都是民事法律行为,以《民法典》的相关规定对其进行审查,并不存在效力瑕疵。作为债权的合同权利,本身就具有兼容性。不同的甚至相冲突的债权与债权、债权与物权、债权与继承权即使不能同时实现,但在效力上可以并存。因此,内容相冲突的合同和遗嘱,在效力上无须作非此即彼的选择。无论遗嘱继承人是否接受继承,被继承人遗留的以遗产为标的物的合同债务都应首先得到履行。但这并不意味着遗嘱没有存在意义,如案例中甲早于老先生去世,老先生继承了该子女的部分合同权利,而该部分权利的归属不在原合同的约定范围内,所对应的房产份额作为老先生的遗产,应按照遗嘱执行。

从民事法律行为理论出发,这一观点能够解决前述观点一(在后遗嘱优先)、观点二(在后遗嘱无效)无法解决的问题,同时符合《民法典》合同编、物权编、继承编的规定。在上海市奉贤区人民法院(2017)沪0120民初13044号案件中,笔者代理的原告就持此观点,得到了法院的支持。

四、引申问题:"借名购房"的法律性质

现实中,有当事人或因所谓规避限购,或为追求优惠贷款条件,或因其他原因,借用他人名义购买房屋,此种情况一般被称为"借名购房"或者"房屋代持"。日后如果名义购房人和实际购房人之间发生争议,对于借名购房发生的是物权效力还是债权效力,司法实践中认定不一。

有案例将此类纠纷的案由定为所有权确认纠纷,依据的是《物权法》第33条,即《民法典》第234条,实际上持物权效力的观点,认为在借名购房的情况

下，实际购房人是系争房屋的所有权人。[1] 本书认为该观点与前述观点二存在同样的问题。无论有没有书面协议，借名购房当事人之间形成的应为合同关系，发生债权效力，实际购房人享有的只是合同债权，案由应当是合同纠纷。在没有履行障碍的前提下（包括实际购房人已具备登记为产权人的购房资格），实际购房人有权请求名义购房人将系争房屋过户至自己名下，但在过户完成之前，名义购房人作为系争房屋的登记权利人，仍享有物权。在笔者代理的上海市闵行区人民法院（2018）沪0112民初30683号案件中，这一观点也得到了法院支持。

五、小结

本篇案例问题虽由继承纠纷引发，但问题的解决不能只看《民法典》继承编，还要看总则编，尤其是关于民事法律行为的规定。无论是合同、遗嘱，还是“借名购房”，只要牢牢抓住其民事法律行为的本质属性，相关问题就可迎刃而解。案例中，家庭购房协议和老先生的遗嘱作为民事法律行为都是有效的。在购房之初，房屋无疑是老先生和老太太的夫妻共同财产。家庭购房协议约定甲、乙、丙、丁各享有系争房屋1/4的产权份额，是合同债权（债务人是老先生和老太太）。老太太去世后，四子女基于合同债权，从老太太的遗产中各取得系争房屋1/8的产权份额，并继续享有可取得1/8产权份额的合同权利（债务人是老先生）。由于甲早于老先生去世，其1/8产权份额、可另取得1/8产权份额的合同权利按法定继承由老先生、甲的丈夫A、儿子B继承，其中老先生继承的代表1/24产权份额的合同权利因债权债务同归于一人（债的混同）而消灭，至此，老先生享有13/24的产权份额。老先生去世后，其遗产首先用于清偿债务，A、B又各得1/24产权份额，乙、丙、丁又各得1/8，剩余1/12因老先生的遗嘱由丁继承取得。最终，A、B对系争房屋各享有1/12的产权份额，乙、丙各享有1/4的产权份额，丁享有1/3的产权份额。这样计算虽然烦琐，但可清晰体现物权、债权的完整变动过程。

---

〔1〕 如上海市宝山区人民法院民事判决书，（2014）宝民三（民）初字第987号。

法条链接

《民法典》

第209条 不动产物权的设立、变更、转让和消灭,经依法登记,发生效力;未经登记,不发生效力,但是法律另有规定的除外。

依法属于国家所有的自然资源,所有权可以不登记。

第214条 不动产物权的设立、变更、转让和消灭,依照法律规定应当登记的,自记载于不动产登记簿时发生效力。

第234条 因物权的归属、内容发生争议的,利害关系人可以请求确认权利。

第557条 有下列情形之一的,债权债务终止:

(一)债务已经履行;

(二)债务相互抵销;

(三)债务人依法将标的物提存;

(四)债权人免除债务;

(五)债权债务同归于一人;

(六)法律规定或者当事人约定终止的其他情形。

合同解除的,该合同的权利义务关系终止。

29. 遗产分离时夫妻共同财产是否一人一半?

案情导入

甲、乙系夫妻关系,名下有一套房屋,为夫妻共同财产。甲、乙二人感情不和,矛盾尖锐。甲在乙的饮用水中投入致命药物将乙毒死,被判处死刑,缓期两年执行。乙的父母以甲为被告提起"法定继承纠纷"民事诉讼,主张因甲存在严重过错,该房屋在分割时不应考虑甲的份额,而应全部作为乙的遗产,且甲因杀害被继承人丧失继承权。问:乙父母的主张是否有理？假如乙系自然死亡，但在夫妻关系存续期间存在出轨、家庭暴力等过错情形，财产处理是否应予以考虑？假如甲、乙对夫妻共同财产的贡献显著悬殊，又当如何？

裁判法理

一、现行法律的相关规定

被继承人生前与他人共有的财产，在被继承人去世后，需要分两步处理。第一步是在共有财产中将被继承人所占的份额分离出来作为遗产，第二步才是对遗产进行继承，即所谓“先析产，后继承”。之所以如此，是因为未经析产，不能确定被继承人在共同共有财产中的份额，即遗产范围尚不明确，故无法进行继承。有学者将第一步称为“遗产分离制度”〔1〕。本篇也采用这个概念，这里的遗产分离，说的就是“先析产”。本篇要讨论的就是关于遗产分离的规则。

案例中，甲故意杀害被继承人乙且既遂，符合《民法典》第1125条第1款第1项规定的丧失继承权情形，其不得参与上述第二步继承，应无争议。有争议的是，在第一步遗产分离中，是否需要考虑共有人甲的过错，使其少分或者不分夫妻共同财产？从案例引申出：除了共有人的过错之外，财产的具体情况、照顾子女、女方权益等因素，在遗产分离时是否应一并考虑？

根据《民法典》第1153条，若夫妻中的一方去世，在对夫妻共同财产进行遗产分离时，不需要考虑上述因素，而应将夫妻共同财产的一半分出为配偶所有，剩下的另一半才是被继承人的遗产。至于遗产在家庭共有财产中的情况，当然也要先进行遗产分离，但遗产分离或者说析产的比例，法条没有明确。而遗产在其他类型的共同共有财产中的情况，该条文就没有涉及了。这条规定直接源于《继承法》第26条，两相比较，除个别字词略有改动外，基本含义无变化。

---

〔1〕　参见杜志红：《遗产分割制度研究》，西南政法大学2016年博士学位论文，第27页。该文认为，遗产的分离是将遗产与其他财产区分开来，保持其独立性。在我国，遗产的分离主要是指在共有财产中将被继承人所占的份额分离出来作为遗产。而在外国主要是指被继承人的遗产和继承人的遗产不混同。

二、司法实践中的不同观点及评析

尽管法律条文中使用了“分出一半”的明确措辞,但司法实践中仍有如下不同观点。

1. 遗产分离不是离婚财产分割,夫妻共同财产应“一人一半”

吉林省伊通满族自治县人民法院(2014)伊环民初字第289号法定继承纠纷案中,因被告周某某故意杀死丈夫田某某,死者的父母作为原告主张,田某某与周某某的共同财产即位于伊通镇永丰路北侧的双成专业钣金喷漆修理厂及厂内设备应归田某某个人所有,均为田某某的遗产。对此法院认为,周某某与死者田某某原系夫妻,原告委托代理人阐述的上述观点是在离婚诉讼中依据《婚姻法》的相关规定主张权利的情形。但本案是继承纠纷,在夫妻关系存续期间田某某死亡,并不是离婚诉讼,故本案应适用《继承法》而不是《婚姻法》,即依据《继承法》第26条“夫妻在婚姻关系存续期间所得的共同所有的财产,除有约定的以外,如果分割遗产,应当先将共同所有的财产的一半分出为配偶所有,其余的为被继承人的遗产”的规定,上述财产的一半为周某某所有,另一半为田某某的遗产。

此观点对法律条文采用严格的文义解释,但其弊端也是明显的。根据《民法典》第1092条、《婚姻法》第47条的规定,夫妻之间侵害对方的财产权都会导致侵权人少分或者不分夫妻共同财产,侵害生命权反而不影响侵权人享有夫妻共同财产的比例,明显不合理。

对此,《民事审判指导与参考》一书认为:“离婚和配偶死亡是完全不同的语境,离婚和继承是两个不同的法律关系,不能把处理离婚纠纷的规则适用于继承纠纷。遗产分割时对夫妻共同财产一人一半的原则是继承法的规定,民法典继承编沿用了这个规则,不可以从财产来源、一方存在过错等方面进行突破。配偶已经去世,不能再要求一个去世的人承担责任,过错问题只能在离婚诉讼中进行判断,一方死亡则丧失了探究的基础。民法典婚姻家庭编中的第一千零八十七条规定了离婚时分割夫妻共同财产应按照照顾子女、女方和无过错方权益的原则判决,这是处理离婚案件的实体规定,即夫妻双方均生存情况下解除婚姻关系的处理规则；而继承编规定的是配偶一方死亡情形下遗产分割的处理规则，两者不能混淆。死亡和离婚是导致婚姻关系解除的两个不同原因，在遗产分割时不存在考虑配偶过错的适用空间。"[1]

2. 遗产在共有财产中的份额尚存争议，故继承纠纷诉讼不予处理

湖南省花垣县人民法院（2019）湘3124民初1057号法定继承纠纷案判决书显示，林某与罗某系夫妻关系，林某与黄某存在不正当男女关系。因感情纠葛，2018年9月20日，黄某用折叠刀、菜刀伤害罗某致其死亡。在继承纠纷诉讼中，罗某父母主张林某在未离婚的情况下，长期与他人保持不正当关系，引发纠纷，导致罗某被害。林某的行为与罗某死亡有因果关系，林某有严重过错，对于夫妻共同财产，林某应不分割或少分割。法院认为，现原告主张林某存在严重过错不应分割或者少分割与罗某的夫妻共同财产，被告则主张其与罗某的夫妻共同财产应由林某、罗某各有一半。"由此，对上述房产、现金存款的分割，原、被告尚存争议，应将罗某的个人合法财产依法分割明确后才为其遗产进行继承。"遂未在该案中处理有争议的夫妻共同财产。

这种处理方式其实是在回避矛盾，未解决任何问题，徒增当事人讼累。最高人民法院刊物《人民司法》曾以来信答复的形式指出："继承案件应先确定继承财产的范围，进而确定如何继承，即对可继承财产有争议的，通过析产确定继承财产的范围是人民法院审理继承案件的前提。所以，对于来信提到的继承纠纷中原告提出对讼争房屋享有部分所有权的情况，没有必要要求其另行提起析产之诉。审判实践中，对于此类情况为了减少当事人讼累，一般作为析产继承案件予以直接审理，不再要求原告另行提起析产之诉。"[2]花垣县人民法院的上述做法，与这一精神是不符的。

3. 过错方在遗产分离时应予少分

北京市朝阳区人民法院（2016）京0105民初19726号民事判决书显示，王某

---

〔1〕 最高人民法院民事审判第一庭编：《民事审判指导与参考》（2020年第2辑）（总第82辑），人民法院出版社2021年版，第229页。

〔2〕 《人民司法》研究组：《继承之诉中能否一并处理析产与继承?》，载《人民司法》2010年第15期。

与李某系夫妻,李某是被继承人。王某主张:"自2006年起李某转入监狱服刑,在这期间我们虽未实际解除夫妻关系,但是在一方限制人身自由丧失创造经济价值的情况下,另一方劳动所得还按夫妻共有财产处理,于情于理于法都是矛盾。分割夫妻共同财产时应该考虑双方有无过错,照顾女方等具体情况。如果讨论过错,那总不能是我吧,并不是只有出轨或家暴才会被认定过错吧。如果法院认定房屋是共同财产的话,是不是也要考量一下双方对房屋的贡献,考虑李某已经没有个人财产,从而确定相对合理的分配比例。"法院认为:"802房屋虽登记在王某名下,系王某在其与被继承人李某婚姻关系存续期间购得,应属于王某与李某的夫妻共同财产。考虑到李某在其与王某婚姻关系存续期间存在过错,本院确定802房屋李某享有40%的份额,该部分属李某的遗产。"

本案法院以被继承人李某存在过错为由,未按照《继承法》第26条的字面意思将夫妻共同财产的一半作为李某遗产,而是在遗产分离时就调整了李某的份额比例,可视为对《继承法》第26条的目的性限缩。但是,李某的经济犯罪能否作为婚姻关系中的过错值得商榷,似乎以财产的具体情况作为调整理由,更为恰当。

4.遗产分离时夫妻共同财产"一人一半",继承时考虑财产贡献再作调整

笔者代理的上海市杨浦区人民法院(2017)沪0110民初3436号法定继承纠纷中,原告杨某某系被继承人陆某忠之母,被告王某某与被继承人系夫妻。系争房屋原系承租公房,最早的承租人是陆某忠之父、杨某某的丈夫陆某成(已于2000年8月去世),后变更为被继承人陆某忠。2011年陆某忠按照上海市公房出售政策,仅出资1.6万余元购得系争房屋产权。陆某忠于2012年5月14日因工伤死亡。诉讼时,系争房屋市场价值为321.9万元。法院认为,系争房屋的取得方式系婚后用夫妻共同财产购买,宜认定为夫妻共同财产,故系争房屋的一半产权系遗产。因系争房屋购买时被继承人的父亲已经死亡,计算购买价格时考虑了原告杨某某的工龄、被继承人的职级、家庭人口数量等因素,故原告杨某某在继承时可以酌情多分。

本案系争房屋的最初来源是原告丈夫承租的公有住房,公有住房的承租人只能记载一个人,但实为原告夫妇早已取得的住房福利。此外,购买公房产权时

还考虑了原告的工龄。购房贡献中真正来自被继承人夫妻共同财产的，只有一万余元购房款。为兼顾《继承法》第26条的规定和利益平衡，法院在遗产分离时“分出一半”作为死者遗产，在继承时考虑财产贡献，使原告得以多分。但这样处理仍存在问题：贡献因素并非《民法典》第1130条（《继承法》第13条）规定的可以不均等分配遗产的情形，以此为由调整遗产继承比例，缺乏法律依据。

三、现行规定的不足及克服

1. 现行规定的不足

（1）将遗产分离限定在夫妻共同所有和家庭共有，逻辑不周延

从物权法角度看，共有类型分为共同共有和按份共有。被继承人与他人按份共有财产的，因遗产份额明确，不需先进行遗产分离。而只要是共同共有财产，共有人之一死亡的，都需要先析产，再继承。通说认为，共同共有以存在共同关系为前提。共同关系不仅限于婚姻关系、家庭成员关系，至少还包括继承关系、合伙关系。之所以要适用遗产分离制度，仅在于被继承人是共同共有人，故基于继承的共同共有和基于合伙的共同共有，也应一并适用。《民法典》第1153条（《继承法》第26条）仅规定夫妻共同所有的财产和家庭共有财产这两种情况，并不周延。

（2）离婚财产分割和遗产分离具有同质性，前者未必“一人一半”，后者亦应如此

关于离婚时的财产分割，1980年《婚姻法》和2001年修正的《婚姻法》规定为“根据财产的具体情况，照顾子女和女方权益的原则判决”。《民法典》第1087条规定为“根据财产的具体情况，按照照顾子女、女方和无过错方权益的原则判决”，可见采用的是公平原则而不是均等原则。这并非不可以对半分割，当对半分割恰好符合公平原则时，当然无妨，多数情况下也如此。本书强调的是不必然对半分割。根据具体案情，夫妻双方分得的比例相差可能还很悬殊。诚如1993年《离婚案件财产分割问题意见》第8条所规定的：“夫妻共同财产，原则上均等分割。根据生产、生活的实际需要和财产的来源等情况，具体处理时也可以有所差别。”

根据《民法典》第303条(《物权法》第99条)的规定,共同共有人因共有基础丧失,可以分割共同共有物。就夫妻共同财产而言,共有基础是婚姻关系。离婚和死亡都是婚姻关系消灭、共有基础丧失的情形,本质是一样的。[1] 无论是离婚时的财产分割,还是一方死亡时的遗产分离,都是共有基础丧失时对夫妻共同财产的清算,以此明确双方各自的份额。共同共有作为不区分份额的共有,只是在共有时不区分份额,不代表潜在的份额不存在;或者说,在共有时不探知各自份额,但法定分割事由一旦发生,在这个时间点上,各自份额应该是确定的、可探知的。诚如有学者所述:"这种份额是潜在的,只有在共同关系结束并需要对共有物加以分割时才会显现出来。"[2] 如果一个人对共有财产的份额多少,取决于下一秒发生的是离婚还是死亡。这不符合法律应有的规范、预测和指引功能。

(3)遗产分离和遗产继承具有异质性,双重评价不可偏废

如文初案例和上述法院判例所显示的,此类法定继承纠纷中,死者配偶具有双重身份——既是系争财产的共有人,又是死者的法定继承人。遗产分离确定了遗产在共同财产中的比例,同时是对死者配偶作为共有人所能享有的财产份额作出评价;遗产继承是对其作为继承人所能继承遗产的份额作出评价。这是两个并行的、不冲突的评价系统,法律依据也不同。前者属于夫妻财产制度的范畴,后者属于继承制度的范畴。

前者的具体评价标准,如前所述,是财产的具体情况,以及"照顾子女、女方、无过错方权益"的原则。后者的评价标准,则在于是否存在丧失继承权的法定情形,是否"生活有特殊困难又缺乏劳动能力",是否"对被继承人尽了主要扶养义务或者与被继承人共同生活",是否"有扶养能力和有扶养条件但不尽扶养义务"。有的事实,在双重评价中都会起作用,如遗弃被继承人(配偶)既是婚姻关系中的过错,又是丧失继承权的情形;更多的情况,评价标准并不重合。法律评价标准,应细致而不是粗疏,应全面而不是片面。若采双重评价,即使个别评价标准是重合的,尚可以灵活掌握该因素的影响;若采单一评价,被偏废的评价

---

〔1〕 参见最高人民法院物权法研究小组编著:《〈中华人民共和国物权法〉条文理解与适用》,人民法院出版社2007年版,第310页。

〔2〕 刘家安:《物权法论》,中国政法大学出版社2015年版,第126页。

标准将彻底失去适用空间。

(4)规则设定应具有合理性

就规则设定的逻辑而言,趋利避害是人的天性。如果过错会带来不利,当事人就趋向避免过错;如果对方死亡会减轻、消除不利影响,当事人就可能追求这一后果。若按照《民法典》第1153条(《继承法》第26条)的文义,一旦夫妻一方死亡,无论双方对夫妻共同财产出资多么悬殊,无论婚姻存续时间多么短暂,无论其他任何因素,甚至是杀害配偶这样的极端情况,该财产都是"一人一半",这样的设定除了不合理之外,恐怕还隐藏着不小的道德风险。

2. 对现行规定不足的克服

现行相关规定的上述不足,在司法实践中的后果就是,对同一问题有截然不同的观点和处理方式。这显然不是立法者所追求的,即出现了法律"违反计划的不圆满性"。进一步说,在对夫妻共同财产进行遗产分离时,法律虽然已有明确的规则即"分出一半",但有理由认为该规则未考虑需要调整分割比例的情形,"依其意义及目的而言,对此类事件并不适宜,于此即有'隐藏的'漏洞存在"。填补法律隐藏的漏洞,主要方法是目的性限缩。具体而言,《民法典》第1153条中的"分出一半",文义虽无歧义,但依法律的目的应予限制,仅适用于符合法律规整目的或意义脉络的范围,即不需要对夫妻共同财产分割比例作出调整的情形。假如存在诸如财产情况特殊、女方或直接抚养子女一方需要特殊照顾、一方过错尤其是严重过错的情形,则遗产分离与一般情形就有法律意义上的区别,不同的事件就要作不同处理,进而不予适用"分出一半"的规则。

仅仅通过目的性限缩排除"分出一半"规则的适用,尚不能解决问题。因为前述调整分割比例的因素,在《民法典》中仅针对离婚财产分割。此时又出现了法律"开放的漏洞",即针对遗产分离中的这些特定类型事件,法律欠缺依其目的本应包含的适用规则。填补法律开放的漏洞,主要方法是类推适用。具体而言,将法律针对离婚财产分割的规则,转用于法律所未规定但与离婚财产分割具有同质性的遗产分离上,对二者作相同评价。"基于正义的要求,同类事物应作相同处理。"[1]

四、小结

前述北京市朝阳区人民法院(2016)京0105民初19726号民事判决书,就适用了"目的性限缩——类推适用"的法学方法,排除了法律条文中"分出一半"的明确规定,将离婚财产分割的规则适用于遗产分离,调整了夫妻在共同财产中所占比例。虽然以"照顾无过错方"而不是"财产具体情况"作为调整理由,值得商榷,但这一整体路径,值得赞同。

当然,目的性限缩和类推适用,都是在承认法律漏洞存在这一前提之下的法的续造方法。根本上填补法律漏洞,则在于立法论上的规则完善。本书建议,《民法典》第1153条可修改为:"夫妻共同所有的财产,除有约定的外,遗产分割时,应当先参照适用本法第一千零八十七条的规定分出配偶的财产,其余的为被继承人的遗产。"遗产在其他共同共有财产之中的,遗产分割时,应当先分出他人的财产。

回到文初案例的问题:甲投毒杀害乙,在婚姻关系中存在严重、极端的过错,在夫妻共同财产中应对其少分或者不分。若存在其他有必要调整夫妻共同财产分割比例的情形,在遗产分离时均应予以考虑。经过遗产分离,甲分得的份额之外就是乙的遗产,甲因杀害被继承人丧失继承权,不能参与遗产分配。

法条链接

《民法典》

第303条 共有人约定不得分割共有的不动产或者动产,以维持共有关系的,应当按照约定,但是共有人有重大理由需要分割的,可以请求分割;没有约定或者约定不明确的,按份共有人可以随时请求分割,共同共有人在共有的基础丧失或者有重大理由需要分割时可以请求分割。因分割造成其他共有人损害的,

---

〔1〕 参见[德]卡尔·拉伦茨:《法学方法论》,陈爱娥译,商务印书馆2003年版,第249~272页。

应当给予赔偿。

第1130条　同一顺序继承人继承遗产的份额，一般应当均等。

对生活有特殊困难又缺乏劳动能力的继承人，分配遗产时，应当予以照顾。

对被继承人尽了主要扶养义务或者与被继承人共同生活的继承人，分配遗产时，可以多分。

有扶养能力和有扶养条件的继承人，不尽扶养义务的，分配遗产时，应当不分或者少分。

继承人协商同意的，也可以不均等。

第1153条　夫妻共同所有的财产，除有约定的外，遗产分割时，应当先将共同所有的财产的一半分出为配偶所有，其余的为被继承人的遗产。

遗产在家庭共有财产之中的，遗产分割时，应当先分出他人的财产。

30.《民法典》中的遗产管理人制度是什么以及为什么？

案情导入

2014年12月28日，甲、乙签订房屋买卖合同，约定乙将名下的某房屋以182万元的价格出售于甲，双方应于2015年3月16日前完成房产过户手续。此后，甲依约向乙支付首期购房款50万元。至2015年2月15日，甲接到警方电话告知，乙于两天前自杀身亡。经查，乙未留下遗嘱，未婚无子女，也无其他法定继承人。问：甲能否完成此次交易取得该房屋？

裁判法理

《民法典》继承编第1145～1149条是遗产管理人制度在我国立法上的首次

全面亮相。[1] 谁可以担任遗产管理人？遗产管理人应履行哪些职责？设置遗产管理人制度有何背景和意义？

一、遗产管理人的人选

1.《民法典》关于遗产管理人人选的规定

之所以说遗产管理人制度和每个人密切相关，这是因为只要有继承发生，就会有遗产管理人制度的适用。尽管遗产管理人履行职责的具体内容和程度不尽相同，在一些简单的继承关系中似乎发挥不了什么作用，但这个法律地位是普遍存在的，也就是说，它可以闲置，但不能缺位。根据《民法典》第 1145、1146 条的规定，遗产管理人通过以下方式产生：

(1)遗嘱中指定遗嘱执行人的，以遗嘱执行人为遗产管理人；

(2)遗嘱中未指定的，由继承人推选；

(3)继承人未推选的，由继承人共同担任；

(4)没有继承人或者继承人均放弃继承的，由被继承人生前住所地的民政部门或者村民委员会担任；

(5)有争议的，利害关系人可以申请法院指定。

2. 关于遗嘱执行人担任遗产管理人

根据我国《继承法》第 16 条的规定，公民可以在遗嘱中指定遗嘱执行人。但关于遗嘱执行人在继承过程中是何地位、有哪些权利义务、如何履职等问题，法律缺乏具体规定，在实务中该角色影响有限。《民法典》保留了遗嘱执行人，又新增了遗产管理人。如果被继承人在遗嘱中指定了遗嘱执行人，继承发生后，被指定的遗嘱执行人自动成为遗产管理人；如果被继承人未指定，则通过其他方式产生遗产管理人。在大多数情况下，指定遗嘱执行人作为产生遗产管理人的方式之一存在，被纳入遗产管理人制度。

之所以在有遗嘱执行人的情况下由遗嘱执行人担任遗产管理人，一方面是因为被继承人对遗嘱执行人的信任，由遗嘱执行人管理遗产更符合被继承人意

[1] 我国法律上，此前只在《民法总则》第 194 条、《信托法》第 39 条出现过该概念，但未规定具体制度。

愿；另一方面遗嘱执行人执行遗嘱本来就需要处理遗产，由其担任遗产管理人也更为便利。[1] 假如被继承人仅指定某人担任其部分遗产的执行人，他能否成为全部遗产的管理人？本书认为不可以，理由是：

（1）指定遗嘱执行人本身是意定的遗产管理人产生方式，但令该执行人管理全部遗产未必符合被继承人的意愿。

（2）对于遗嘱指定之外的遗产，该执行人并不存在处理上的便利。

（3）假如被继承人通过遗嘱针对不同遗产分别指定了多个执行人，若让这些执行人均担任全部遗产的管理人，更会陷入不必要的复杂局面。

因此，应对《民法典》第1145条中遗嘱执行人作限缩解释，仅指以处理全部遗产为内容的遗嘱的执行人。

3. 能否在继承人之外推选遗产管理人

关于继承人推选遗产管理人，有观点认为，“推选的遗产管理人可以在继承人之列，也可以是继承人之外的人”，“双方在内部关系上可以类推适用委托合同的规定”。[2] 近日，某公证处为一家律师事务所开出了据说是首张遗产管理人的公证书，正是基于全体继承人推选该事务所担任遗产管理人。[3] 本书认为这样理解是错误的。理由是：

（1）在文义上，“推选”按照中文的习惯用法指众多行为人从内部推荐、推举代表，而非从外部对象中进行选择。立法上对该词的使用，如《证券法》第95条“投资者提起虚假陈述等证券民事赔偿诉讼时……可以依法推选代表人进行诉讼”；《村民委员会组织法》第25条“村民代表由村民按每五户至十五户推选一人”；《民事诉讼法》第56条“当事人一方人数众多的共同诉讼，可以由当事人推选代表人进行诉讼”等，莫不如此。

（2）遗产管理是法定职责，在被继承人未指定遗嘱执行人的情况下，理应由不放弃继承的继承人或他们内部推选出的代表承担履行该职责所导致的责任，

---

〔1〕 参见黄薇主编：《中华人民共和国民法典继承编释义》，法律出版社2020年版，第112页。

〔2〕 王葆莳、吴云煐：《〈民法典〉遗产管理人制度适用问题研究》，载《财经法学》2020年第6期。

〔3〕 参见罗慧怡、李安琪：《宝安公证处开出首张遗产管理人公证书》，载“宝安湾”2021年2月23日，https://appdetail.baoanone.com/cms/content/2021-02/23/content_37720.html。

而不应允许他们把责任转移给另外的主体。即使全体继承人或者推选出的继承人作为遗产管理人,另行委托他人处理管理事务,对外的责任主体仍然是继承人,而不能是继承人委托的人。接受委托的主体只是遗产管理人的代理人。

(3)对《民法典》的相关权威解读也持此观点,例如,黄薇主编的《中华人民共和国民法典继承编释义》一书认为:“所谓推选,就是全体继承人共同推举出其中1名或数名继承人为遗产管理人。”[1]又如,最高人民法院民法典贯彻实施工作领导小组主编的《中华人民共和国民法典婚姻家庭编继承编理解与适用》一书认为:“这里推选的遗产管理人应是有继承权的继承人,而不是继承人以外的人。”[2]

法律虽未规定继承人推选遗产管理人必须达成一致同意,但司法实践中已有生效判决不支持按少数服从多数的原则产生遗产管理人。[3]

4. 如何理解无人承认继承情况下的遗产管理人

《民法典》第1145条规定:“没有继承人或者继承人均放弃继承的,由被继承人生前住所地的民政部门或者村民委员会担任遗产管理人。”第1160条又规定:“无人继承又无人受遗赠的遗产归国家或集体所有制组织所有。”需注意,这两条所述情形并非对应关系,不一定发生“遗产管理人和所有权人主体重合”,更不能说“由民政部门或村民委员会代表国家或集体所有制组织行使权利”。[4]理由是:

(1)第1145条规定的是没有继承人或者继承人均放弃继承,即理论上称为无人承认继承的情况下由谁担任遗产管理人,第1160条规定的是无人继承且无人受遗赠的情况下遗产的归属。虽无人继承但有人受遗赠的情形,仍应按第1145条确定遗产管理人,但第1160条无适用的余地。

(2)我国的集体所有制组织不仅有农村集体经济组织,还包括城镇集体所

[1] 黄薇主编:《中华人民共和国民法典继承编释义》,法律出版社2020年版,第112页。

[2] 最高人民法院民法典贯彻实施工作领导小组主编:《中华人民共和国民法典婚姻家庭编继承编理解与适用》,人民法院出版社2020年版,第620页。

[3] 参见天津市第三中级人民法院民事判决书,(2021)津03民终515号。

[4] 王葆莳、吴云煐:《〈民法典〉遗产管理人制度适用问题研究》,载《财经法学》2020年第6期。

有制单位,[1]后者职工的遗产,假如无人继承又无人受遗赠,应归集体所有制单位所有,[2]但遗产管理人是民政部门。

(3)根据《民法典》第99条和第101条的规定,农村集体经济组织和村委会是不同的法人主体,只有在未设立村集体经济组织的情况下,村委会才依法代行村集体经济组织的职能。不能当然认为村委会是农村集体经济组织的代表。

二、遗产管理人的职责

1.《民法典》关于遗产管理人职责的规定

根据《民法典》第1147条的规定,遗产管理人的法定职责包括:

(1)清理遗产并制作遗产清单;

(2)向继承人报告遗产情况;

(3)采取必要措施防止遗产毁损、灭失;

(4)处理被继承人的债权债务;

(5)按照遗嘱或者依照法律规定分割遗产;

(6)实施与管理遗产有关的其他必要行为。

2.遗产管理人基于何种法律地位履行职责

关于遗产管理人的法律地位,大陆法系传统一直有代理说和固有权说之争。代理说分为被继承人代理说、继承人代理说和遗产代理说,固有权说包括机关说、限制物权说和任务说。

除了《民法典》人格权编关于死者人格利益保护的特别规定外,我国法律不承认被继承人死亡后的人格,故不能将遗产管理人视为被继承人的代理人。

除非继承人共同担任遗产管理人,否则遗产管理人和继承人的利益并不一致,现实中遗产管理人履行职责遭遇的阻碍往往来自继承人,更何况在无继承人或继承人均放弃继承的情况下,遗产管理人仍不能缺位,故遗产管理人也不能被视为继承人的代理人。

---

[1] 最高人民法院民法典贯彻实施工作领导小组主编:《中华人民共和国民法典婚姻家庭编继承编理解与适用》,人民法院出版社2020年版,第695页。

[2] 司法实践中的判例,如江苏省南京市秦淮区人民法院民事判决书,(2016)苏0104民特12号。

根据《民法典》第230条的规定,我国不采用英美法系的间接继承,不能将遗产本身视为财团法人,故遗产管理人也不是遗产的代理人。根据该条规定,继承发生时继承人立即取得遗产的所有权。又根据《民法典》第1160条的规定,无人继承又无人受遗赠的遗产归国家或集体所有制组织所有,故遗产管理人也不是享有遗产所有权的限制物权人。

虽然被继承人可以通过指定遗嘱执行人来选择遗产管理人,但遗产管理人并不确保被继承人的意愿得以实现。当遗嘱包含不符合法律规定的内容时,比如,没有为缺乏劳动能力又无生活来源的继承人保留必要的遗产,管理人还应当"忤逆"被继承人的意愿而遵从法律的规定。故被继承人也不是法律所认可的被继承人的利益机关。

任务说认为,遗产管理人因执行任务而享有独立的法律地位,遗产管理人基于其遗产管理人的资格享有遗产管理权和遗嘱执行权。我国《民法典》中遗产管理人的法律地位,采固有权中的任务说最为合适,相关职责于遗产管理人而言就是一项法定任务,同破产管理人类似,不代表其他任何主体的利益,不听命于其他任何当事人,包括继承人共同担任遗产管理人的情况也是如此。

《民法典》虽然没有规定遗产管理人的退出机制,但正是因为遗产管理人的独立地位,其他当事人无权解任遗产管理人,由继承人推选遗产管理人的情况也不例外,一经推选确定,继承人不得将其解任。

3. 遗产清算由谁主导

部分国家或地区继承立法设置了遗产清算制度,但遗产清算的含义不一致,有的仅将清偿遗产债务视为遗产清算,有的将遗产管理与清偿遗产债务视为遗产清算。[1] 本篇将继承开始后直至遗产分割完毕前的整个遗产处理过程称为遗产清算。遗产具有阶段性,清算完成后,遗产即转化为债权人、继承人、受遗赠人、继承人以外的依靠被继承人扶养的人、继承人以外的对被继承人扶养较多的人等主体的个人财产,或者遗嘱信托的信托财产,而不再是遗产。在这个清算过程中,遗产管理人和作为遗产所有权人的继承人,以何者为主导?

---

〔1〕 参见谭启平、冯乐坤:《遗产处理制度的反思与重构》,载《法学家》2013年第4期。

(1)关于占有控制遗产

通常情况下,对财产的占有控制是采取保管措施的前提,由遗产管理人职责中"采取必要措施防止遗产毁损"可知,遗产管理人是有权占有控制遗产的。但《民法典》第1151条又规定:"存有遗产的人,应当妥善保管遗产,任何组织或者个人不得侵吞或者争抢。"据此,遗产管理人不是唯一有权占有控制遗产的主体。如果存有遗产的人不愿意保管遗产,或者遗产管理人因为清理、管理遗产的需要,要求存有遗产的人交出遗产,存有遗产的人就应当将遗产交由管理人统一管理,以便遗产管理人清理遗产、制作遗产清单并依法对遗产进行分割。[1] 而继承人并无权利要求遗产管理人交出遗产。可见,在遗产的占有控制上,遗产管理人具有主导地位。

(2)关于处分遗产

在限定继承的框架下,遗产是被继承人债务的责任财产,对遗产的处分,通常是为了清偿被继承人的债务,当然也不排除对不宜保存、容易毁损的遗产变现以保留其现金价值。就清偿债务而言,清偿主体是谁?

遗产管理人职责中包括处理被继承人的债权债务。这里的"处理",包括对债务的清偿。"遗产管理人如果发现被继承人生前负有债务的,应当以遗产偿还此债务。"[2]"从遗产管理人制度设置的初衷来看,清偿债务是遗产管理人存在的最重要价值之一,公正中立的遗产管理人有效清偿遗产债务是保障遗产债权人利益得以不受侵害的重要途径。"[3]如果被继承人的债务较多,超过遗产价值且涉及多个债权人,遗产管理人在清偿债务时应更加慎重,包括制定公平合理的分配方案并和债权人充分协商,避免因对个别债权人的清偿而损害其他债权人的利益。

遗产管理人可以成为清偿债务的主体,应无疑义,但是否排除继承人乃至受遗赠人在遗产清算阶段对债权人的清偿?《民法典》第1159条、第1162条刻意

---

〔1〕 参见黄薇主编:《中华人民共和国民法典继承编释义》,法律出版社2020年版,第127~128页。

〔2〕 黄薇主编:《中华人民共和国民法典继承编释义》,法律出版社2020年版,第119页。

〔3〕 最高人民法院民法典贯彻实施工作领导小组主编:《中华人民共和国民法典婚姻家庭编继承编理解与适用》,人民法院出版社2020年版,第631页。

设计成没有主语的规范,并未明确清偿主体;第1161条、第1163条的文义也认可继承人、受遗赠人清偿被继承人遗留债务。但需注意,第1161条、第1163条中继承人、受遗赠人清偿债务以其所得遗产价值为限,而在遗产清算阶段,各个继承人、受遗赠人能得到多少遗产尚不确定。《民法典》权威释义认为,该两条规范针对的是遗产分割之后新发现被继承人债务的情况,并不适用于遗产清算阶段。[1] 本书认为,遗产清算阶段的债务清偿主体仍应是遗产管理人。继承人处分其保管的遗产为个别清偿的,如适当,遗产管理人可予以追认;如不当,遗产管理人可予以制止。

如前所述,我国的遗产管理人法律地位应采任务说。比较法上,德国、瑞士亦采任务说。任务说认为遗产管理人因执行任务而享有独立的法律地位,继承人丧失了作为遗产所有人的管理权、处分权和遗嘱执行权。[2] 这也可佐证,在遗产的处分上,遗产管理人具有主导地位。

(3)关于分割遗产

继承发生后,遗产的所有权即转移至继承人,有多位继承人的,遗产由继承人共同共有。根据《民法典》物权编的相关规定,分割共有物本应由共有人进行。但在遗产清算中,遗产必须先用于清偿税款和债务,如有剩余,才能进行最终的分割。按照遗嘱或者依照法律规定分割遗产是遗产管理人的法定职责,当然,这并不排除继承人协商分割方案。

从上述内容可以看出,在遗产清算的过程中,相较于继承人,遗产管理人占据主导地位。

4.遗产管理人的诉讼主体资格

遗产管理人主导的遗产清算过程中,因各方利益不一致,协商不成的纠纷难免需要进入司法程序。遗产管理人是否具有诉讼主体资格参与相关诉讼,是遗产管理人制度能否落实的关键所在。对此本书认为:

基于“采取必要措施防止遗产毁损、灭失”“处理被继承人的债权债务”等职

---

〔1〕 参见黄薇主编:《中华人民共和国民法典继承编释义》,法律出版社2020年版,第156、159页。

〔2〕 参见王葆莳、吴云煐:《〈民法典〉遗产管理人制度适用问题研究》,载《财经法学》2020年第6期。

责要求,遗产管理人应具有诉讼主体资格。遗产毁损、灭失既包括物理上的,也包括法律上的,对于后者,采取法律上的措施包括提起诉讼。如果被继承人生前有债权的,遗产管理人可以通过包括诉讼在内的各种方式依法请求债务人偿还。法定职责所系,遗产管理人与相关案件具有直接利害关系,符合《民事诉讼法》第122条对起诉主体的要求。如果遗产管理人发现被继承人所遗留的债权债务仍处于诉讼程序之中的,也应当积极参与相关诉讼。[1] 总之,参与诉讼既是遗产管理人履行职责的现实需要,也是法律要求。

基于诉讼担当的需要,遗产管理人应具有诉讼主体资格。有的被继承人去世后,虽留有遗产,但没有继承人和受遗赠人。如被继承人不是集体所有制组织成员,根据法律规定其遗产归国家所有,国家不是民事主体,此时他的债权人向谁提起诉讼就成了难题。以往的司法实践中,有法院创造性地采用认定财产无主特别程序处理被继承人所涉的房屋买卖合同纠纷,[2]其实是在规则缺位情况下的无奈之举。遗产管理人制度的重要功能之一,就是解决这类诉讼担当难题,由遗产管理人作为诉讼当事人。另外,根据《民法典》第194条第1款第3项的规定,在诉讼时效期间的最后6个月内,因继承开始后未确定继承人或者遗产管理人,不能行使请求权的,诉讼时效中止。由此可见,未确定继承人,或者未确定遗产管理人,都会导致请求权人不能提起诉讼。

《民法典》实施前,关于遗嘱执行人能否作为相关案件的诉讼主体,在司法实践中有争议。肯定者,如浙江省瑞安市人民法院在(2012)温瑞商初字第3245号民事判决书中认为,原告作为遗嘱指定负责相关存款现金提取的事务执行人,有权代为被继承人于被告银行处提取存款,在其取款请求遭拒后,有权提起诉讼,享有诉权。否定者,如成都市成华区人民法院在(2015)成华民初字第1544号民事裁定书中认为,根据我国《继承法》之规定,各继承人自被继承人死亡时就开始当然承受被继承人的遗产,从继承开始时起至继承分割时止对被继承人的遗产共同共有。本案中被继承人在公证遗嘱中指定自己的遗嘱执行人为李某某,李某某以自己的名义向本院提起诉讼,要求以遗嘱执行人身份,从被继承人

---

[1] 参见黄薇主编:《中华人民共和国民法典继承编释义》,法律出版社2020年版,第119页。

[2] 参见上海市徐汇区人民法院民事判决书,(2016)沪0104民初156号。

单位处领取被继承人死后的丧葬费、抚恤金、住院补助费三项费用，该做法在我国目前尚缺乏法律依据，也与我国《继承法》衍生出来的法意相悖。

《民法典》实施后，要完全扫清遗产管理人参加诉讼的障碍，还需对《民事诉讼法》第153条、第154条作出相应修正，使其与遗产管理人制度相协调。[1] 另需注意，基于继承人的遗产所有权人身份，以及继承人与案件处理结果有法律上的利害关系，现行法律并不否认继承人也可参加相关诉讼。

5.遗产管理人的法律责任和报酬

根据《民法典》第1148条的规定，遗产管理人因故意或者重大过失造成继承人、受遗赠人或者债权人损害的，应承担民事责任。该民事责任应指侵权责任，承担责任的形式主要包括返还财产、恢复原状、损害赔偿等。[2] 考虑多数情况下遗嘱管理人会在继承人中产生，这条规定也给企图隐匿、侵吞遗产的继承人戴上了"紧箍咒"。

根据《民法典》第1149条的规定，遗产管理人履行职责，可以依照法律规定或者按照约定获得报酬。法律目前尚无关于遗产管理人报酬的直接规定。参照破产管理的规则，遗产管理人报酬应从遗产中优先支付。关于报酬标准，如果被继承人在遗嘱中作出规定，若遗产管理人认为偏低，可以拒绝担任遗产管理人；若客观上认为偏高，可解释为变相的遗赠或者遗嘱继承。遗产管理人还可以和继承人协商报酬标准，但要避免发生双方恶意串通损害债权人利益的情况，故在遗产不足以清偿债务的情况下应允许债权人参与协商，协商不成的，可由法院判定。此外，"如果是人民法院指定遗产管理人的，人民法院可以酌情确定遗产管理人的报酬"。[3]

---

〔1〕 如《民事诉讼法》第150条规定的中止诉讼的情形，理应包括等待遗产管理人参加诉讼；第151条中，"原告死亡，没有继承人，或者继承人放弃诉讼权利"也未必导致诉讼终结，而应由遗产管理人继续进行诉讼。

〔2〕 参见最高人民法院民法典贯彻实施工作领导小组主编：《中华人民共和国民法典婚姻家庭编继承编理解与适用》，人民法院出版社2020年版，第637页。

〔3〕 黄薇主编：《中华人民共和国民法典继承编释义》，法律出版社2020年版，第122页。

三、遗产管理人制度的背景和意义

《民法典》第1145～1149条的规则背后，遗产管理人制度更深层次的内在逻辑是什么？

1.遗产管理人制度的背景

（1）继承客体的复杂性

继承的客体是遗产，关于遗产的范围，通常有两种立法例，一是认为遗产包括积极财产和消极财产（债务），如德国、瑞士、日本等国。二是认为遗产不包括债务，继承开始后先清偿被继承人生前债务，剩余的财产才是遗产，如英美法系国家。[1] 此外，形成权、法律或契约上的地位等，也在一些域外立法例以及学理上被视为继承的客体。[2]

还需注意，这些客体处于动态变化中。债权有实现，债务有受偿，物权对应的物的价值也在随时发生变化，形成权是否行使，地位如何继承，均是需要考虑的问题，体现了继承客体的复杂性，不容忽视。

我国《继承法》将遗产定义为公民死亡时遗留的个人合法财产，通说认为仅限于积极遗产而不包括消极遗产，[3]即既不包括也未扣除债务。但同时又规定继承遗产须以遗产实际价值为限清偿被继承人生前债务（《继承法》第33条）。对此应当理解为，债务不作为遗产被继承，但继承遗产的继承人对这些债务依法负有清偿义务。该义务不是继承来的，而是法律专门规定的。

（2）限定继承和概括继承的权衡

无论是继承债务，还是对债务依法负有清偿义务，依继承人承担被继承人生前债务的范围，有限定继承和概括继承的区分。所谓限定继承，指继承人以遗产

---

〔1〕 参见杨立新：《家事法》，法律出版社2013年版，第381页。

〔2〕 参见史尚宽：《继承法论》，中国政法大学出版社2000年版，第158～161页。

〔3〕 对此也有不同观点。如陈苇、魏小军认为遗产仅限于积极财产，参见陈苇、魏小军：《论我国遗产范围立法的完善》，载《河南财经政法大学学报》2013年第6期。刘素萍认为遗产包括债务，参见刘素萍：《继承法》，中国人民大学出版社1988年版，第161页。梁慧星、王利明、徐国栋、张玉敏、陈苇、杨立新等学者的立法建议稿均认为继承人分割遗产的范围仅限于积极遗产而不包括消极遗产，参见杜志红：《遗产分割制度研究》，西南政法大学2016年博士学位论文，第169页。

为限偿还被继承人债务;而概括继承,又称无限继承,则需继承人对债务承担无限责任。两种模式各有利弊,一般情况下,限定继承更有利于继承人,无限继承更有利于债权人。[1]

大陆法系大部分国家,如德国、意大利、日本、法国等,都优先适用概括继承,即推定继承人对被继承人债务承担无限责任,除非继承人选择限定继承或放弃继承。继承人想要选择对自己更为有利的限定继承,是有前提条件的。至于条件具体如何,各国的规定大同小异,都以制定财产目录清册为核心。[2]

我国《继承法》优先适用限定继承,继承人当然地在遗产价值范围内偿还被继承人的债务,除非继承人选择自愿清偿超过遗产价值部分的债务,或者选择放弃继承。但《继承法》忽略了制定财产目录清册等限定继承的必要前提条件,使继承人得以无条件地享受限定继承带来的好处,在继承人和债权人之间产生了利益失衡。

(3)债权人和继承人之间利益的冲突

继承纠纷,似乎大多是发生在继承人之间的矛盾。实际上,被继承人的债权人和继承人之间也存在根本的利益冲突。[3] 双方的利益此消彼长,甚至你有我无。人总是趋利的,可以想见,继承人将利用掌握遗产线索和实际占有遗产的优势,力图减少对债权人的清偿;债权人则会全力予以反制。从遗产处理的顺序来看,债权人和全体继承人的矛盾是在先的,各继承人之间的矛盾反而退居其次。

我国《继承法》颁布于1985年,在社会经济生活相对单调、个人财富相对有限、法律关系相对简单的当时,债权人和继承人的矛盾并不突出。《继承法》及其司法解释的规定,基本上以继承人利益作为主要保护的对象,对债权人的利益保护不足。遗产离债权人太远,离继承人太近。

2. 遗产管理人制度的意义

《民法典》建立的遗产管理人制度,就是在上述背景下,对相关主体利益失

---

〔1〕 但并非一定如此,在继承人有较多负债的情况下,无限继承可能反而对债权人不利。参见陈汉:《限定继承刍议》,载《苏州大学学报(法学版)》2014年第4期。

〔2〕 参见陈汉:《限定继承刍议》,载《苏州大学学报(法学版)》2014年第4期。

〔3〕 除了债权人、继承人之外,受遗赠人、遗赠扶养协议的扶养人、有资格分得遗产人等主体也是遗产利益相关方。

衡局面的纠偏。根据《民法典》的规定，继承发生后，遗产必须首先经过清算阶段。在这个过程中，需要检视和完成诸多事项，包括继承人是否放弃继承，受遗赠人是否接受遗赠，债权、债务的处理，必留份的保留等。清算的最后一步，才是对剩余的遗产进行分割，至此，相应部分的遗产才能由继承人、受遗赠人实际取得。根据实际情况，清算阶段可繁可简，但绝非可有可无。

新规定明确了遗产清算是由遗产管理人，而不是继承人主导的，这是《民法典》较之《继承法》的一个重大变化。以债务清偿为例，实际上，《继承法》和《民法典》都将继承发生后的债务清偿分为两个阶段，第一个阶段是遗产分割前，此时是以遗产的总额为限清偿债务，[1]“遗产债务需要用遗产来偿还”。[2] 第二阶段是遗产分割后，继承人、受遗赠人已实际取得遗产的所有权，此时如果发现尚未清偿的被继承人债务的，继承人、受遗赠人以各自取得的遗产为限分别清偿。[3] 新旧法的区别在于，在第一个阶段也就是遗产清算阶段，《继承法》规定的清偿义务主体是继承人，而《民法典》中则是遗产管理人。尽管继承人也可担任遗产管理人，但就角色立场而言，遗产管理人显然是中立的，这样还一举解决了继承人缺位情况下的诉讼担当问题。

新规定凸显了遗产的独立性。在遗产清算阶段，继承人（如果有的话）只是遗产名义上的所有权人，[4]但尚未实际取得遗产，不能当然获得遗产利益或对遗产行使权利。遗产首先是被继承人债务的责任财产，只有在清偿完被继承人的债务之后，才可以对继承人、受遗赠人进行分配，并作为继承人、受遗赠人债务

---

〔1〕 参见《继承法》第33条、《民法典》第1159条。

〔2〕 黄薇主编：《中华人民共和国民法典继承编释义》，法律出版社2020年版，第150页。

〔3〕 参见《继承法解释》第62条，《民法典》第1161条、第1163条。

〔4〕 关于遗赠，较之《物权法》第29条，《民法典》第230条删除了受遗赠取得物权自受遗赠开始时发生效力的规定，但受遗赠人何时取得物权仍有争议。梁慧星教授认为《继承法》上只有“继承开始”，没有“受遗赠开始”，在《物权法》第29条基础上只需要删除“受遗赠开始”即可。参见梁慧星：《对物权法草案的修改意见》，载《云南大学学报》2006年第6期。孙宪忠教授认为“受遗赠取得物权应属于基于法律行为的物权变动，受遗赠人还有一个是否接受遗赠的意思表示的必要，如果受遗赠人不接受遗赠，遗赠就不能生效”。参见孙宪忠：《中国物权法总论》（第4版），法律出版社2018年版，第366页。崔建远教授认为“受遗赠人自其知道受遗赠的两个月内表示接受遗赠时取得遗产的物权”，他也赞同受遗赠取得物权属于基于法律行为的物权变动。参见崔建远：《物权法》（第4版），中国人民大学出版社2017年版，第69页。

的责任财产。[1] 当然,被继承人的债务也不牵涉继承人固有的财产。

四、小结

文初案例改编自前文提到的上海市徐汇区人民法院(2016)沪0104民初156号民事判决书。在该案中,面对售房人突然去世又无继承人的局面,法院采用认定财产无主特别程序,解决了无人可作被告的难题,最终判决系争房屋归购房人所有,购房人应将未付的购房款132万元付至法院,该钱款作为无主财产收归国有。但这样处理,其实是在认定财产无主案件中审理房屋买卖合同纠纷,显然超出了特别程序的审理范围。《民法典》施行后,遗产管理人就可以成为被告,类似问题即可迎刃而解。

诉讼担当是遗产管理人制度应用的典型场景之一,但不是全部。继承发生后,利益相关主体面临的问题,不外乎债务怎么还、遗产怎么分。《民法典》新规定的遗产管理人制度,通过设置由遗产管理人主导的遗产清算程序,对继承人的权限有所限制,对债权人的利益加强保护,以应对继承发生后各方当事人之间错综复杂的财产关系。该制度与我国社会经济发展阶段相适应,与立法上采取的推定限定继承原则相匹配,有助于解决被继承人的债权人和继承人等主体之间的利益冲突,有利于对遗产的公平处理。

法条链接

《民法典》

第99条 农村集体经济组织依法取得法人资格。

法律、行政法规对农村集体经济组织有规定的,依照其规定。

第101条 居民委员会、村民委员会具有基层群众性自治组织法人资格,可以从事为履行职能所需要的民事活动。

未设立村集体经济组织的,村民委员会可以依法代行村集体经济组织的

[1] 在司法实践中,有法院在对继承人债务的执行中,执行尚未分割的遗产,如吉林省抚松县人民法院民事判决书,(2018)吉0621民初1352号。

职能。

第230条 因继承取得物权的,自继承开始时发生效力。

第1159条 分割遗产,应当清偿被继承人依法应当缴纳的税款和债务;但是,应当为缺乏劳动能力又没有生活来源的继承人保留必要的遗产。

第1161条 继承人以所得遗产实际价值为限清偿被继承人依法应当缴纳的税款和债务。超过遗产实际价值部分,继承人自愿偿还的不在此限。

继承人放弃继承的,对被继承人依法应当缴纳的税款和债务可以不负清偿责任。

第1162条 执行遗赠不得妨碍清偿遗赠人依法应当缴纳的税款和债务。

第1163条 既有法定继承又有遗嘱继承、遗赠的,由法定继承人清偿被继承人依法应当缴纳的税款和债务;超过法定继承遗产实际价值部分,由遗嘱继承人和受遗赠人按比例以所得遗产清偿。

《民事诉讼法》

第122条 起诉必须符合下列条件:

(一)原告是与本案有直接利害关系的公民、法人和其他组织;

(二)有明确的被告;

(三)有具体的诉讼请求和事实、理由;

(四)属于人民法院受理民事诉讼的范围和受诉人民法院管辖。

第153条 有下列情形之一的,中止诉讼:

(一)一方当事人死亡,需要等待继承人表明是否参加诉讼的;

(二)一方当事人丧失诉讼行为能力,尚未确定法定代理人的;

(三)作为一方当事人的法人或者其他组织终止,尚未确定权利义务承受人的;

(四)一方当事人因不可抗拒的事由,不能参加诉讼的;

(五)本案必须以另一案的审理结果为依据,而另一案尚未审结的;

(六)其他应当中止诉讼的情形。

中止诉讼的原因消除后,恢复诉讼。

第154条 有下列情形之一的,终结诉讼:

（一）原告死亡，没有继承人，或者继承人放弃诉讼权利的；

（二）被告死亡，没有遗产，也没有应当承担义务的人的；

（三）离婚案件一方当事人死亡的；

（四）追索赡养费、扶养费、抚育费以及解除收养关系案件的一方当事人死亡的。